Hans-Jürgen Fründt

Costa Blanca

„El olor de mar unge las piedras, las celosías,
los manteles, los libros, las manos, los cabellos.
Y el cielo de mar y el sol de mar
glorifican las azoteas y las torres,
las tapias y los árboles."

(Der Geruch des Meeres salbt die Steine, die Gitterfenster,
die Tischtücher, die Bücher, die Hände, die Haare.
Und der Himmel über dem Meer
und die Sonne über dem Meer
verherrlichen die Dachterrassen und die Türme,
die Mauern und die Bäume.)

Gabriel Miró
(spanischer Schriftsteller, 1879–1930)
über Alicante und seine Küste

Impressum

Hans-Jürgen Fründt
Reise Know-How Costa Blanca

erschienen im Reise Know-How Verlag Peter Rump GmbH
Osnabrücker Str. 79, 33649 Bielefeld

© Reise Know-How Verlag Peter Rump GmbH
   2002, 2004, 2007, 2009, 2011, 2013, 2016
8., neu bearbeitete und aktualisierte Auflage 2019
Alle Rechte vorbehalten.

ISBN 978-3-8317-3242-5

Gestaltung und Bearbeitung
Umschlag: Günter Pawlak, Peter Rump (Layout);
   Michael Luck (Realisierung)
Inhalt: Günter Pawlak (Layout);
   Andrea Hesse (Realisierung)
Karten: Catherine Raisin, B. Spachmüller, der Verlag
Fotonachweis: Hans-Jürgen Fründt (jf),
   Susanne Muxfeldt (sm), Turespaña Frankfurt (te),
   Spanisches Fremdenverkehrsamt Frankfurt (sf),
   www.fotolia.de ©Bianka_Hagge,
   adobe.stock.com(Autorennachweis jeweils am Bild)
Lektorat: Anja Fröhlich
Lektorat (Aktualisierung): Katja Schmelzer

Druck und Bindung
Himmer GmbH, Augsburg

Reise Know-How Bücher finden Sie in allen gut sortierten
Buchhandlungen. Falls nicht, kann Ihre Buchhandlung
unsere Bücher hier bestellen:
D: Prolit, prolit.de und alle Barsortimente
CH: AVA Verlagsauslieferung AG, ava.ch
A, Südtirol: Mohr Morawa Buchvertrieb, mohrmorawa.at
B, LUX, NL: Willems Adventure, willemsadventure.nl
oder direkt über den Verlag: **www.reise-know-how.de**

Bildlegende Umschlag und Vorspann
Titelbild: „Stadt der Künste und Wissenschaften"
   in Valencia (jf)
Vordere Umschlagklappe: Peñón de Ifach;
   Festung von Alicante (jf)
S. 1: Mädchen aus der Region (jf)
S. 2/3: Strand bei Villajoyosa (jf)
Umschlag hinten: Kirche in Altea (jf)
Hintere Umschlagklappe: lokaltypische Menükarte (jf)

Wir freuen uns über Kritik, Kommentare und Verbesserungsvorschläge, gern auch per E-Mail an info@reise-know-how.de.

Alle Informationen in diesem Buch sind vom Autor mit größter Sorgfalt gesammelt und vom Lektorat des Verlages gewissenhaft bearbeitet und überprüft worden.

Da inhaltliche und sachliche Fehler nicht ausgeschlossen werden können, erklärt der Verlag, dass alle Angaben im Sinne der Produkthaftung ohne Garantie erfolgen und dass Verlag wie Autor keinerlei Verantwortung und Haftung für inhaltliche und sachliche Fehler übernehmen.

Die Nennung von Firmen und ihren Produkten und ihre Reihenfolge sind als Beispiel ohne Wertung gegenüber anderen anzusehen. Qualitäts- und Quantitätsangaben sind rein subjektive Einschätzungen des Autors und dienen keinesfalls der Bewerbung von Firmen oder Produkten.

Hans-Jürgen Fründt

COSTA BLANCA

Vorwort

Die „Weiße Küste", wie die Costa Blanca zu übersetzen ist, trägt ihren Namen vollkommen zu Recht, denn sie ist gesegnet mit einer Vielzahl von schönen, hellsandigen Stränden. Auf einer Strecke von rund 212 Kilometern, zwischen Dénia im Norden und dem südlichsten Ort Pilar de Honradada, liegt an fast jedem Ort mindestens einer von ihnen.

Diese Schönheiten entdeckten bereits vor etwa 100 Jahren wohlhabende Spanier aus dem Inland, vor allem Madrilenen, die hier ihre Ferien verbrachten. Damit begann der hiesige Tourismus, aber so richtig in Schwung kam er erst ab den 1960er Jahren, als die breite Masse der Spanier, und wenig später auch ausländische Touristen, an die Costa Blanca reisten. Heute ist diese Region eines der gefragtesten Reiseziele Spaniens. Viele spanische Familien kauften sich hier gleich eine Ferienwohnung, auch darin folgten ihnen später viele europäische Kälte- und Winterflüchtlinge. Das alles veränderte das Erscheinungsbild der Küste und etlicher Orte, zum Glück aber nicht alle.

Nein, es kann nicht verschwiegen werden – einige Küstenabschnitte wurden regelrecht zubetoniert. Zahlreiche Apartments, ja ganz neue Stadtviertel entstanden vielerorts. Die bauliche Spitze wurde in Benidorm erreicht, denn dort baute man in die Höhe. Heute erinnert die Stadt mit ihrer Skyline an den Stadtteil Manhattan in New York und ist damit auch in Spanien einzigartig. Solche Orte bieten aber auch immer eine ganze Menge – viele Menschen fühlen sich hier erkennbar wohl, weil die touristische Infrastruktur stimmt. Langeweile kommt kaum auf. Aber es gibt ja auch noch die vielen nicht-betonlastigen und weniger touristischen Orte, die in diesem Buch ebenfalls vorgestellt werden.

Welchen Ort man auch immer bevorzugt, eines gilt generell: Das Klima in dieser Region ist durchweg sehr angenehm. Während man im winterlichen Norden Europas noch friert, erlebt die Costa Blanca Frühlingstemperaturen – ein ganz starkes Argument für dieses Reiseziel. Die hier lebenden Menschen zeichnet ein ausgesprochen entspannter,

> Am Hafen von Alicante

mediterraner Charakter aus, zugleich sind sie aber auch zukunftsorientiert und geschichtsbewusst. Viele Kulturen siedelten hier und hinterließen ihre Spuren, was in vielen spektakulären Festen in Städten wie Alicante, Elche, Alcoi und Valencia gebührend gefeiert wird.

Überhaupt Valencia! Auch die drittgrößte Stadt Spaniens stellen wir in diesem Buch vor, denn sie liegt nicht sehr weit von der Costa Blanca entfernt. Valencia ist ein Touristenmagnet erster Güte, bietet hochmoderne Sehenswürdigkeiten wie die „Stadt der Künste und Wissenschaften", aber auch eine historische Altstadt mit prächtigen Kirchen, engen Gassen, Tapas-Bars und uralten Läden. Von den meisten Orten an der Costa Blanca ist Valencia gut zu erreichen, Tagesausflüge dorthin werden von praktisch allen Reisebüros angeboten.

Insgesamt bietet die Costa Blanca ein angenehmes Klima, schöne Strände, attraktive Ausflugsziele, eine gute Küche (ja, das auch, vor allem Reisgerichte!), und die betonlastigen Orte, die nehmen wir hin oder meiden sie einfach. Geht beides. Also, auf zur Costa Blanca!

Buen viaje!

Inhalt

Vorwort	4
Exkursverzeichnis	8
Kartenverzeichnis	8
Begriffe und Abkürzungen	9
Hinweise zum Gebrauch dieses Buches	9
Die Regionen im Überblick	10
Wahl des Urlaubsortes	12
Costa Blanca und Valencia: Zu jeder Zeit	14
Zehn Orte zum Staunen	16
Zehn Orte zum Entdecken	18

1 Nördliche Costa Blanca **20**

Überblick	22
Dénia	25
Jávea	35
Teulada-Moraira	44
Benissa	47
Calpe	50
Altea	57
Guadalest	62
Les Fonts de L'Algar	63
Alfas del Pí	64
Benidorm	65
Alcoi	77
Villajoyosa	78
Xixona	83
El Campello	85
Coves del Canelobre	88
San Juan de Alicante	88

2 Alicante **90**

Überblick	92
Die Strände	93
Anreise	93
Geschichte	94
Städtisches Leben	95
Praktische Tipps	107

3 Südliche Costa Blanca **112**

Elche	115
Santa Pola	123
Guardamar del Segura	130
Torrevieja	135
Lagunas de la Mata y Torrevieja	141
Orihuela	142
Torre de la Horadada	144

4 Valencia **146**

Überblick	148
Anreise	149
Geschichte	149
Spaziergang	155
Sehenswertes	159
Ausflug zum Strand	181
Praktische Tipps	183
Feste	188

5 Praktische Reisetipps von A bis Z **192**

Autofahren	194
Camping	200
Diplomatische Vertretungen	201
Essen und Trinken	201
Feste und Feiertage	210
Formalitäten	218
Geldfragen	218

Gesundheit	220
Hin- und Rückreise	221
Infostellen	227
Mit Kindern unterwegs	228
Notfälle	229
Öffentliche Verkehrsmittel	231
Öffnungszeiten	232
Post	233
Radfahren	234
Reisezeit	234
Sicherheit	234
Sport und Erholung	235
Sprache	236
Telefonieren	236
Unterkunft	238
Versicherung	246
Zollbestimmungen	248

6 Land und Leute 250

Geografie	252
Klima	256
Die Menschen	258

7 Staat und Gesellschaft 264

Die Comunitat Valenciana	266
Geschichte	267
Die autonome Region Valencia heute	283
Architektur – Bauliches und kulturelles Erbe	285

8 Anhang 290

Literaturtipps	292
Kleine Sprachhilfe	293
Register	297
Der Autor	300

Auf der Isla de Tabarca bei Alicante

Exkurse

Nördliche Costa Blanca
Die spanische Kunst
   des Flanierens   31
Cerrado por vacaciones –
wegen Ferien gechlossen   73

Alicante
Leben auf der Plaza   104

Südliche Costa Blanca
Habaneras –
   das kubanische Erbe   138

Reisetipps von A bis Z
Die Paella   204
La propina oder
die Würde des Kellners   209
Der Kampf mit
den Stieren   240

Land und Leute
Hacer puente –
eine Brücke bauen   262

Karten

Nördliche Costa Blanca **Umschlag vorn**
Südliche Costa Blanca **Umschlag hinten**
Die Regionen im Überblick **10**

Übersichtskarten

Costa Blanca Norden   22
Costa Blanca Süden   114
Alicante und Umgebung   92
Valencia und Umgebung   150

Stadtpläne

Alicante   96
Benidorm   66
Dénia   26
Elche   116
Valencia   156

Thematische Karten

Tram – die Küstenbahn   24
Emirat und Kalifat 756–1031   270
Herrschaft der Taifas 1031–1086   271
Almoraviden/
   Almohaden bis 1212   272

Begriffe und Abkürzungen

In diesem Reiseführer werden Leser bei Ortsangaben, Adressen oder auch im beschreibenden Text wiederholt auf ihnen unbekannte Begriffe oder Abkürzungen stoßen; diese werden in der folgenden Übersicht übersetzt bzw. erklärt (s.a. „Das Geheimnis der Adressen", S. 246). Oft ist neben der spanischen auch die valencianische Form angegeben, da das Valencianische an der Costa Blanca weit verbreitet ist.

Avenida oder *Avinguda*	Allee; breite Straße
Barrio oder *Barri*	(Stadt-) Viertel
c/	Abkürzung für Straße
Cala	kleine Bucht
Cabo oder *Cap*	Landspitze
Calle oder *Carrer*	Straße
Carretera	Überlandstraße
Casa	Haus
Castillo	Burg
Centro oder *Centre*	Zentrum
Ciudad oder *Ciutat*	Stadt
GRÚA	span. Abschleppdienst
Iglesia oder *Església*	Kirche
Mercado oder *Merca*t	Markt
Mirador	Aussichtspunkt
Museo oder *Museu*	Museum
Paseo oder *Passeig*	breite, wichtige Straße (oft am Meer entlang)
Playa oder *Platja*	Strand
Pueblo oder *Poble*	Dorf
Punta	Landspitze
Puig	Berg
s/n (= sin número)	ohne Hausnummer
Torre	Turm
Urbanización	Neubaugebiet, meist aus Ferienwohnungen bestehend
Vila	Stadt

Hinweise zum Gebrauch des Buches

Preiskategorien der Unterkünfte
(jeweils DZ in der Hauptsaison)
① bis 40 €
② 40–70 €
③ 70–100 €
④ über 100 €

Nicht verpassen!
Die Highlights der Region erkennt man an der **gelben Hinterlegung.**

MEIN TIPP: ...
... steht für spezielle Empfehlungen des Autors: abseits der Hauptpfade, persönlicher Geschmack.

Der Schmetterling ...
... zeigt an, wo man besonders gut Natur erleben kann oder Angebote im Bereich des nachhaltigen Tourismus findet.

Kinder-Tipps
Das Symbol kennzeichnet Sehenswürdigkeiten und Aktivitäten, an denen auch kleine Spanien-Urlauber ihre Freude haben.

Party-Tipps
Die Discokugel kennzeichnet besonders empfehlenswerte Party-Lokalitäten.

Verweise auf die Stadtpläne
1 Die **farbigen Nummern** in den „Praktischen Tipps" der Ortsbeschreibungen verweisen auf den jeweiligen Karteneintrag.

Updates nach Redaktionsschluss
Auf der Produktseite dieses Reiseführers in unserem Internetshop finden Sie zusätzliche Informationen und wichtige Änderungen.

Die Regionen im Überblick

Nördliche Costa Blanca | 20

Der klangvolle Name „Costa Blanca" („Weiße Küste") weckt hohe Erwartungen, und das zu Recht: schöne Sandstrände, ruhiges Wasser, viel Sonne und hübsche Dörfer, im Hinterland schützende Gebirgszüge, die Regenwolken fernhalten. Das Ganze garniert mit einem angenehmen Klima, das den Herbst wie einen Frühling erscheinen lässt und sogar den Winter erträglicher macht – das alles bietet die nördliche Costa Blanca tatsächlich und lockt deshalb seit Jahrzehnten Millionen Urlauber unterschiedlichster Nationen an.

Alicante | 90

Alicante ist die größte Stadt im Bereich der Costa Blanca und die zweitgrößte (nach Valencia) der Comunitat Valenciana. Die moderne Stadt wird vor allem von ihrem Hafen geprägt, dessen von Palmen gesäumte Promenade zum Flanieren einlädt. An der Explanada wartet ein gutes Dutzend Lokale mit großen Terrassen auf Gäste. Auch einige Sehenswürdigkeiten und die überschaubare Altstadt mit jeder Menge Tapas-Bars und Restaurants locken zum Tagesausflug nach Alicante.

Die Regionen im Überblick

3 Südliche Costa Blanca | 112

Südlich von Alicante folgen Küstenorte, die unterschiedlich stark vom Tourismus geprägt sind. Während es in **Guardamar del Segura (S. 130)** noch recht beschaulich zugeht und **Santa Pola (S. 123)** eher mit seinem großen Hafen punktet, zählt **Torrevieja (S. 135)** zu einer der größten Feriensiedlungen im ganzen Umkreis. Schöne Strände finden sich überall, je näher an Alicante gelegen, desto feinsandiger und mehr von Dünen begrenzt. Unweit von Alicante liegt **Elche (S. 115),** eine ungewöhnliche Stadt, denn mitten im Ort wachsen Hunderttausende von Palmen – so etwas gibt es sonst in ganz Spanien nicht, wohl sogar nirgends in Europa.

4 Valencia | 146

Nur etwa 100 km nördlich des nördlichsten Ortes der Costa Blanca, Dénia, liegt Valencia. Nicht nur Hauptstadt der gesamten Region, sondern auch touristische Destination ersten Ranges. Gut zu erreichen ist die Stadt, und viel gibt es zu sehen. Die Wege sind kurz, so liegt die Altstadt gleich gegenüber dem Bahnhof. Dort steht eine wuchtige Kathedrale mit einem hohen Glockenturm, von dem man einen formidablen Rundblick genießt. Weitere Kirchen, urige Shops, eine schöne Markthalle und Tapas-Bars, alles ist in den engen Gassen der Altstadt zu finden. Und mit der „Stadt der Künste und Wissenschaften" liegt etwas außerhalb ein hochmoderner Gebäudekomplex, der bei einem Valencia-Besuch nicht ausgelassen werden sollte. Wer nach so viel Programm nun ermattet ist, fährt rasch raus an den Strand, den gibt es nämlich auch noch.

Wahl des Urlaubsortes

Die Costa Blanca (übersetzt: Weiße Küste) ist ein erfundener Begriff, der die **Küstenlinie der Provinz Alicante** beschreibt. Wobei dies die eng gefasste, spanische Lesart ist. Unter ausländischen Reiseveranstaltern geht man mit diesem Begriff durchaus etwas großzügiger um. Manche packen gleich noch die gesamte weiter nördlich gelegene Küste von Valencia dazu, andere dehnen den Begriff Costa Blanca noch sehr viel weiter nach Süden aus. In spanischer Definition tragen diese Küsten aber eigene Namen, weswegen sie in diesem Buch auch nicht mit vorgestellt werden.

Kennzeichnend für die Costa Blanca sind **schöne, hellsandige Sandstrände** und ein durchweg **angenehmes Klima,** das nur im Hochsommer der typischen spanischen Hitze weicht. Im restlichen Jahr aber bleibt es angenehm, im Winter fast milde. Kein Wunder, dass sich viele Winter- und Kälte-Flüchtlinge hier niedergelassen haben, nicht nur aus den nördlicheren Ländern, sondern auch aus Spanien. Im Sommer platzt die Küste aus allen Nähten, die Einwohnerzahl vieler Orte verdoppelt sich.

Bei einer derartig großen Nachfrage konnte es nicht ausbleiben, dass entsprechend **gebaut** wurde. Es lässt sich nicht verschweigen – idyllische kleine Fischerdörfer gibt es hier nicht mehr. Um es deutlich zu sagen – es wurden Küstenabschnitte teilweise regelrecht zubetoniert. Man möchte es gerne milder ausdrücken, aber es ist leider nicht zu übersehen. Beispielsweise hat **Benidorm,** einst ein winziger Ort mit herrlichem Strand, mit Dutzenden von Hochhäusern, die 20 oder 30 Etagen zählen, mittlerweile beinahe die Skyline von Manhattan angenommen. Wobei dies allerdings eine Ausnahme ist. In vielen Orten ging man baulich nicht so sehr in die Höhe, sondern mehr in die Breite. Viele Einzelhäuser, Reihenhäuser oder Apartmenthäuser eines Küstenortes entstanden in dessen Hinterland , wie z.B. in Dénia oder Jávea geschehen.

Und damit wären wir beim Positiven. Denn selbstverständlich gibt es auch noch die reizvollen und charmanten Orte oder wenigstens Ortskerne – hier soll **Altea** an erster Stelle genannt sein. Wie ein weißes andalusisches Dorf thront der Ort auf einem Hügel. Er lockte schon früh Freigeister und Künstler an, was dem Ort seinen ganz eigenen Charakter gab. Auch das historische **Jávea** oder **Villajoyosa,** oder auch **Calpe** mit seinem hochaufragenden Berg, haben ihre charmanten Ecken. Überall findet man allerdings auch hier Neubausiedlungen, wo in- und ausländische Gäste teils dauerhaft, teils nur wochenweise im Jahr wohnen. So manches Ortsbild wurde dadurch schon deutlich verändert, was man in **Dénia** gut sehen kann.

Diese Entwicklung hat allerdings auch eine gute Seite, denn Sprachprobleme gibt es kaum. Praktisch überall betreiben Landsleute ein Geschäft, ein Lokal, eine Reiseagentur, es gibt landsmännische Ärzte, und für viele Kellner sind zumindest Grundkenntnisse der wichtigsten europäischen Fremdsprachen Pflicht. Das alles gibt vielen ausländischen Urlaubern an der Costa Blanca ein großes **Sicherheitsgefühl.**

Wahl des Urlaubsortes

Die Hauptstadt **Alicante** verfügt jedoch nicht über eine so ausgeprägte touristische Infrastruktur. Zwar gibt es auch dort einen schönen Strand mitten in der Stadt, der aber wird immer noch mehrheitlich von der Stadtbevölkerung genutzt. Urlauber zieht es eher nur als Tagesgäste nach Alicante, das auch tatsächlich so einiges zu bieten hat.

Südlich von Alicante verändert sich die Lage an der Küste zunehmend. Hier gibt es schöne Strände, aber der internationale Tourismus dominiert hier nicht so sehr. Orte wie **Santa Pola** oder **Guardamar del Segura** sind nicht von Hotel-Komplexen geprägt, hier spielt sich noch immer kleinstädtisches spanisches Leben ab. Wer ein wenig neugierig ist und ohne landsmännische Sicherheit auskommt, ist hier gut aufgehoben. Etwas anderes ist es wieder in **Torrevieja**, dem südlichsten Ort an der Costa Blanca. Diese Stadt hat einen hohen Ausländeranteil, und sie hat sich baulich sehr stark ausgedehnt. Der alte Kern ist noch vorhanden, macht flächenmäßig aber nur noch einen Bruchteil der Stadt aus.

Das nahe **Hinterland** bietet einige reizvolle Ausflugsziele, vor allem im nördlichen Bereich der Costa Blanca, wie die Orte **Guadalest**, die Wasserwelt **Fonts de L'Algar**, die **Höhlen von Canelobre, Xixona**, die Stadt der Süßware *Turrón*, oder auch **Elche** mit ihrem innerstädtischen Palmenwald. Diese Orte sind leicht zu erreichen, ansonsten zeigt sich das küstennahe Hinterland ziemlich gebirgig und auch sehr trocken.

Ergänzend zur eigentlichen Costa Blanca wird in diesem Buch noch die größte Stadt der Region, **Valencia**, beschrieben. Sie ist ein Touristenmagnet, bietet hochmoderne Sehenswürdigkeiten wie die „Stadt der Künste und Wissenschaften", aber auch eine historische Altstadt mit Kirchen, engen Gassen, Tapas-Bars und uralten Läden. Von den meisten Costa-Blanca-Orten ist Valencia gut zu erreichen, Tagesausflüge bieten praktisch alle Reisebüros an.

Sportinteressierte Urlauber finden an der Costa Blanca nicht so viele Möglichkeiten. Fahrradfahren ist wegen fehlender geeigneter Landstraßen nur eingeschränkt möglich. Segeln kann man in einigen wenige Häfen, Wanderer finden an den felsigen Küsten zwischen Benidorm und Jévea ein Revier.

Die **Küste** kann man ohne eigenes Fahrzeug gut erkunden, da eine **Schmalspurbahn** von Alicante bis hoch nach Dénia fährt. Allerdings dauert diese Fahrt auch ziemlich lange, da sie in jedem Ort stoppt. Ausgehend von Alicante verkehren in alle Orte auch **Busse.** In Richtung südliche Costa Blanca gibt es keine Bahnverbindung, sondern nur einen Fernbusverkehr.

Kulturell Interessierte finden in dieser Region so einige Highlights. Es gibt spektakuläre Feste, z.B. in Valencia, Elche, Alicante oder Alcoi, sowie sehr sehenswerte Museen (z.B. in Alicante und Valencia), und prachtvolle Kirchen stehen eigentlich überall.

Und wer einmal für einen Tag *Robinson* spielen möchte, der kann die winzige und sehr ruhige **Insel Tabarca** besuchen. Der Mini-Ort der Insel ist vielleicht der stillste an der gesamten Costa Blanca, dennoch gibt es hier auch einige Hotels.

Costa Blanca und Valencia: Zu jeder Zeit

Ostern (Semana Santa)
In ganz Spanien wird die Osterwoche, die *Semana Santa*, mit Prozessionen gefeiert. In größeren Städten finden sie täglich statt, auch in Alicante und Valencia. Etwas Besonderes sind die Prozessionen am Meer, organisiert von den Bewohnern ehemaliger Fischerdörfer, die heute zu Valencia gehören.

Mildes Winterklima
Die Sonne wärmt tagsüber schon ganz ordentlich, aber das Wasser ist kalt und nachts kühlt es sich ziemlich ab, auch Regen ist möglich. Dennoch kommen viele Winterflüchtlinge aus dem Norden und erfreuen sich an den milden Temperaturen.

Sant Joan
Die fast kürzeste Nacht wird am 24. Juni mit Tanz und Abbrennen eines Feuers am Strand gefeiert, in Alicante vier Tage lang, inkl. Unterhaltungsprogramm.

JAN | FEB | MÄR | APR | MAI | JUN

Las Fallas in Valencia
Eines der spektakulärsten Feste ganz Spaniens. Vom 15. bis zum 19. März werden riesige, äußerst kunstvolle Monumente aus Holz und Pappmaschee auf den wichtigsten Plätzen und Kreuzungen der Stadt aufgebaut, die das aktuelle Zeitgeschehen übertrieben und satirisch abbilden und die in der Nacht vom 19. März verbrannt werden.

Heilige Drei Könige
Die Heiligen Drei Könige ziehen am Abend des 5. Januars in die Stadt ein und bringen am nächsten Morgen die Weihnachtsgeschenke. Der Einzug wird in vielen Orten mit großem Pomp gefeiert.

Karneval
Zumeist im Februar wird Karneval gefeiert. In vielen Orten gibt es dabei fröhliche Straßen-Umzüge.

Moros y Cristianos (Mauren und Christen) in Alcoi
In vielen Orten wird die Schlacht bei der finalen Rückeroberung durch christliche Truppen nachgespielt, als sie die Stadt aus den Händen der muslimischen Mauren „befreiten". In Alcoi macht man vom 22. bis 24. April daraus ein dreitägiges Spektakel.

Costa Blanca und Valencia: Zu jeder Zeit

Gute Reisezeit
September und Oktober sind eine sehr gute Reisezeit, denn es ist noch warm, aber der sommerliche Besucheransturm ist vorbei.

El Misteri d'Elx (das Mysterium von Elche)
Vom 14. bis 15. August findet ein beeindruckendes Mysterienspiel um Tod und Wiederauferstehung der Jungfrau Maria statt. Es wird in der Basílica de Santa María in valencianischer Sprache aufgeführt.

Saisonende
Im November schließen viele Hotels und Campingplätze und gehen in die Winterpause, die bis etwa kurz vor Ostern andauert.

| JUL | AUG | SEP | OKT | NOV | DEZ |

9. Oktober: Tag der Autonomen Region Valencia
1238 eroberte Jaime I. mit einem christlichen Heer die Stadt Valencia, und dieser Tag wird nun als regionaler Feiertag mit Umzügen, Tanz und Konzerten begannen.

Sommerferien
Im Juli und August ist es heiß, ganz Spanien schaltet einen Gang runter und fährt ans Meer. Viele Spanier urlauben an der Costa Blanca, die Städte im Landesinneren sind halbleer.

Moros y Cristianos in Alicante
Vom 4. bis 8. Dezember wird auch hier die entscheidende Schlacht zwischen christlichen und muslimischen Truppen detailliert nachgespielt.

ZEHN ORTE ZUM STAUNEN

Palmenwald von Elche | 117
Sind es tatsächlich eine Million? Oder gar mehr? Könnten auch weniger sein, aber sehr viele sind es. Überall in der Stadt wachsen sie, die Palmen von Elche. Schon seit den Zeiten der Mauren vor 800 Jahren, sie überdauerten alle Stürme der Zeit. Mehrere Palmenhaine sind rund um das Zentrum verteilt, vereinzelt stehen sie auch an zentralen Plätzen als gern genutzte Schattenspender.

Wasserwelt Les Fonts de L'Algar | 63
Es sprudelt und rauscht, kühles Wasser bahnt sich seinen Weg durch Felsen, schießt mal kaskadenhaft herunter, mal fließt es gemächlich in eine Stauzone. Aus einem Fluss, der sich so seinen natürlichen Weg sucht, wurde eine Wasserwelt geschaffen. Auf markierten Pfaden folgen Besucher diesem Wasserlauf, können unter Wasserfällen duschen oder in einem ziemlich kühlen Naturpool baden.

Bergmassiv Peñón de Ifach | 52
300 Meter hoch ragt dieser Felsen am Strand von Calpe auf, hat eine sehr markante Form. Unverwechselbar, sodass er zu einer Art Symbol für den Ort geworden ist. Besucher können hochsteigen. Ganz einfach ist diese Bergtour nicht; wer es aber geschafft hat, wird mit einem formidablen Rundblick über Calpe, das Meer und – angeblich – bis nach Ibiza (80 km) belohnt.

Sanddünen von Guardamar del Segura | 130
Ein Sandstrand am Meer kann ein Segen sein. Aber nicht, wenn ständig ein Wind vom Meer weht. Der treibt und bläst nämlich beständig den Sand vor sich her. Schaufelt ihn zu Dünen auf, die mit der Zeit alles bedecken, sogar ganze Häuser. Bis die Bewohner Pinien pflanzten und die Wanderschaft der Dünen stoppten. Und so entstand ein großer Pinienwald auf sandigem Boden direkt am Meer, einzigartig an der Costa Blanca.

Höhlen von Canelobre | 88
Eine Höhle, die schon von ganz früh von Menschen bewohnt war, was Schädelfunde belegen. Kühl ist es hier, Stalagmiten und Stalagtiten wachsen beständig, gespeist aus der tropfenden Feuchtigkeit. Konnten sich über unvorstellbare Zeiträume zu eigenartigen Gebilden formen, die die Fantasie der Besucher anregen. Einige erinnern an Kandelaber (mehrarmige Kerzenständer), andere werden mit der Kirche Sagrada Família in Barcelona verglichen.

Zehn Orte zum Staunen

Salzlagunen von Santa Pola | 128

Salzgewinnung war schon früher äußerst wichtig, konnten so doch Fleisch und Fisch haltbar gemacht werden. Und in Santa Pola wird in flachen Gewässern schon sehr lange das „Weiße Gold" gewonnen, blanke Salzberge türmen sich gut sichtbar am Straßenrand zum Trocknen auf. Obendrein haben sich die Salinen zu einem Refugium für Vögel entwickelt. Besucher können sich auf Rundwegen nähern und beispielsweise Flamingos beobachten.

Felsküste und Aussichtspunkte von Jávea | 35

Südlich der Stadt Jávea schiebt sich ein zerklüftetes Felsmassiv weit ins Meer. Unten öffnen sich vereinzelt schmale Buchten, oben entlang der Straße sind Aussichtspunkte (Mirador) eingerichtet, von denen Besucher die spektakuläre Natur betrachten können. Eine Straße windet sich entlang dieser Küste bis zur Spitze, dem Cabo de la Nao, zugleich westlichster Punkt der Region Valencia, wo ein Leuchtturm steht.

Guadalest | 62

Ein Ort, der wie ein Adlerhorst auf einem Felsmassiv sitzt. Schon von dieser natürlichen Lage fast uneinnehmbar, wurde überdies noch eine Festung dazugesetzt. Heute liegt dort ein sehr kleiner, hübscher Ort, der nur durch einen Tunnel erreicht wird. Schier atemberaubend thront das winzige Glockentürmchen der kleinen Kirche etwas abseits auf einer Felsnase, wie ein Symbol der Unerreichbarkeit. Und man fragt sich unweigerlich: wie hat man dieses Häuschen dort bloß bauen können?

Umgestaltung eines Flussbettes in einen Park in Valencia | 172

Ein Fluss bringt Wasser, das wichtigste Lebenselixir. Aber zu viel Wasser kann auch zerstören, wie es Valencia mehrfach erlebte mit seinem Fluss Río Turia. Die Lösung: Das Wasser nicht durch die Stadt fließen lassen, sondern vorher umleiten. Und aus dem nun trockenen Flussbett einen ganz zauberhaften Park gestalten mit sehr viel Grün und Sportstätten. Ein wahrer Ruhepol inmitten der quirligen Großstadt.

Berg mit einer Festung in Alicante | 103

Ein 166 Meter hoher Felsen, direkt vor dem Hafen gelegen, das ist strategisch ziemlich günstig. Was schon die frühen Bewohner vor 1000 Jahren erkannten, und oben gleich eine Festung, das Castillo de Santa Bárbara, bauten. Schwer einzunehmen dank der Lage und der mühsamen Wege, die hochführen. Das ist noch heute so, aber was für ein Fernblick wird einem von oben geboten!

Zehn Orte zum Entdecken

Isla de Tabarca | 129
Tabarca ist eine der ganz wenigen unbekannten spanischen Inseln. Sie ist bewohnt und liegt nur eine knappe Stunde Schiffsfahrt von Alicante entfernt. Ein Besuch dort kommt einem Zeitsprung gleich. Das einzige Dorf ist winzig, Autos gibt es nicht, die Wege sind sowieso staubig und enden alle am Meer. Der Lebensrhythmus tickt ein paar Schläge langsamer. Genau richtig zum Entschleunigen und sei es nur für einen Tag. Hotels warten auf Gäste.

Die bunten Häuser von Villajoyosa | 79
Wie findet ein Fischer, vom Meer kommend, seinen Weg zurück in den Hafen? Durch Erfahrung, durch einen Leuchtturm oder durch buntbemalte Häuser. In Villajoyosa steht eine ganze Reihe von schlanken, drei- bis vierstöckigen Häusern mit Blick zum Meer. Alle sind bunt angestrichen, wechselnd in blau, grün, ocker, gelb. So bekommt der Ort seine unverwechselbare Note und die Fischer finden leichter zurück in den richtigen Hafen.

Altea, fast wie ein andalusisches weißes Dorf | 57
Malerisch-fotogen klebt der kleine Ort Altea an einem Hang oberhalb der Küste. Die Häuser sind strahlend weiß gekalkt, fast wie in einem andalusischen „Weißen Dorf". Unregelmäßig verlaufen Gassen durch dieses Dorf, enden vor einem gemütlichen Platz mit einem ebenso gemütlichen Terrassenlokal. Und das Ganze wird gekrönt durch einen blauen Farbklecks der Kuppel einer alles überragenden Kirche.

Wolkenkratzer von Benidorm | 65
Dieser Ort ist einmalig, so viel geballter Beton an einer wahrlich betonlastigen Küste ist schon wieder sehenswert. Ein Wald aus Hochhäusern erhebt sich vor dem Meer, ragt in Benidorm in den Himmel. Häuser von 12 Etagen gelten als klein, 20 bis 30 Etagen sind die Norm. Das höchste Hotel Europas steht natürlich auch hier, es erreicht 52 Etagen. Aber direkt dahinter befindet sich auch ein wunderbarer Strand, der Auslöser für den Bauboom.

Flanierpromenade Explanada in Alicante | 99
Wer hat sie gezählt? Die kleinen Mosaiksteinchen, die ein sich ständig wiederholendes Wellenmuster in rot, schwarz, cremefarben formen auf dieser wunderbaren Flaniermeile am Meer, mitten in Alicante. Gesäumt von Palmen, gesprenkelt mit Ruhebänken und Terrassenlokalen, ergänzt um fliegende Händler und die unverwüstlichen Rentner, die sich hier durch den Tag palavern. Es sind übrigens 6,6 Millionen Steinchen …

Zehn Orte zum Entdecken

Schmalspurbahn entlang der Küste | 24
Von Alicante nach Dénia, dem nördlichsten Ort der Costa Blanca, kann man schnell reisen (Auto/Bus) oder gemächlich. Sehr gemächlich, denn die Züge halten unterwegs schier überall. Macht nichts, hier ist der Weg das Ziel, denn die Bahn fährt teilweise sehr nah am Meer. Mal fast direkt am Strand, mal schön erhöht oberhalb der felsigen Küste, gewährt sie so immer wieder spektakuläre Ausblicke zum Genießen.

Stadt der Künste und Wissenschaften in Valencia | 174
Was passiert, wenn man einen Star-Architekten sich einmal so richtig austoben lässt, das kann man sehr gut in Valencia bestaunen. *Santiago Calatrava* erschuf ein spektakuläres, futuristisches Gebäude-Ensemble, in dem alle Teile eine unterschiedliche Funktion haben. Es sind strahlend weiße Gebäude vor einem mediterranen Wasser-Blau in selten gesehenen Bau-Formen. Mit einem Wort: einzigartig!

Lucentum, eine römische Siedlung zwischen Wohnblocks | 89
Etwas am Ortsrand von Alicante liegt eine ehemalige römische Siedlung, die insgesamt etwa 2500 Jahre alt ist. Wie so oft geriet sie lange in Vergessenheit, wurde dann in der Neuzeit ausgegraben. Heute liegt sie freigelegt, aber umzingelt von eher unschönen Wohnblocks, was ein wenig befremdlich wirkt, ob dieser Nähe von geballter Historie und eher nüchterner Jetzt-Zeit.

Sternenweg in Alfas del Pí | 64
Wer hat schon einen echten „Walk of Fame", einen Weg des Ruhms für Kinostars? Hollywood natürlich, aber auch das kleine Alfas del Pí. Hier findet nämlich einmal im Jahr ein bekanntes Filmfestival statt, das vor allem spanische Schauspieler anlockt. Die bei diesem Festival geehrten Künstler bekommen einen Stern mit ihrem Namen, der auf der Strandpromenade verewigt wird. Ganz wie das große Vorbild in Hollywood.

Schmalstes Haus Europas in Valencia | 165
Ganze 107 Zentimeter ist es breit, wie ein Schild unmissverständlich anzeigt. Farblich klar abgegrenzt gegen die Nachbarn, ragt das Haus drei Etagen hoch, jeweils mit einem Fenster versehen. Kann das überhaupt sein? Früher vielleicht, heute nicht mehr. Die Wände sind eingerissen, ein echtes Haus ist es nicht, nur die Fassade steht noch. Beeindruckend bleibt es gleichwohl, und jeder versucht sich vorzustellen, wie man dort wohl leben konnte.

Überblick | 22
Alcoi | 77
Alfás del Pí | 64
Altea | 57
Benidorm | 65
Benissa | 47
Calpe | 50
Coves del Canelobre | 88
Dénia | 25
El Campello | 85
Guadalest | 62
Jávea | 35
Les Fonts de L'Algar | 63
San Juan de Alicante | 88
Teulada-Moraira | 44
Villajoyosa | 78
Xixona | 83

1 Nördliche Costa Blanca

An diesem Küstenabschnitt nördlich von Alicante mit seinen schönen Stränden und schmucken Ferienorten wird wohl jeder Urlauber etwas Passendes finden. In unmittelbarer Nachbarschaft liegen die Orte direkt an der Küste, alle mit hellem Sandstrand und schicker Promenade. Im Hinterland finden sich interessante Naturphänomene.

◁ Am Strand von Calpe

Costa Blanca Norden

Überblick

Das Bild der Costa Blanca hat sich im Laufe der letzten Jahrzehnte entscheidend verändert. Ehemals kleine Fischerdörfer entwickelten sich zu riesigen Gemeinden mit unzähligen Apartment-Häusern, Hotelanlagen und Zweitwohnungen. Und als das nicht mehr genügte, entstanden reine Wohnviertel, die hier **„urbanización"** genannt werden. Viertel, in denen man nichts Typisches mehr findet – keine spanische Bar und keine

Überblick

Nördliche Costa Blanca

henswerten Hafen. Außerdem wird so mancher Urlauber ganz dankbar sein für das breite Angebot an Service- und Dienstleistungen.

Die meisten touristisch interessanten Orte liegen an der Küste, vom Hinterland durch einen parallel verlaufenden Gebirgszug abgeschirmt. Eine mautfreie Nationalstraße, die N-332, verbindet diese Städte und Dörfer miteinander. Entsprechend herrscht hier ein starkes Verkehrsaufkommen. Als Ausweichmöglichkeit bietet sich die gebührenpflichtige Autobahn an, die teilweise in Sichtweite der Nationalstraße verläuft. Oder man lässt das Auto stehen und fährt mit der **Schmalspurbahn.** Diese Bahnlinie führt von Dénia nach Alicante, sie verbindet also einen Großteil der Orte an der nördlichen Costa Blanca miteinander, und die Züge halten auch in jedem Städtchen (siehe Kasten „Tram, die Küstenbahn" auf der nächsten Seite).

plaza, an der die *pensionistas,* die Rentner, das Verrinnen der Zeit beobachten. Es kann einfach nicht verschwiegen werden: Mancher Küstenstreifen wurde auf diese Art über viele Kilometer schlicht zubetoniert. Sehr große Siedlungen liegen im Bereich der nördlichen Costa Blanca um Dénia und auch um Altea, doch auf die Spitze getrieben hat man es in **Benidorm.** In ganz Spanien findet sich kein vergleichbarer Ort. Schon von der Autobahn sticht die zugegebenermaßen beeindruckende Silhouette ins Auge: **Hochhäuser,** wohin man schaut. Es müssen Dutzende sein, teilweise dreißig und mehr Etagen hoch.

Trotz allem gibt es noch genügend reizvolle Orte und Ecken. Abgesehen vom günstigen Klima locken vor allem **herrliche Strände,** die überwiegend aus feinem, hellen Sand bestehen. (Ganz im Gegensatz übrigens zur gar nicht so weit entfernten Costa del Sol.) Nicht vergessen werden sollten auch die **Altstadtbereiche** der meisten Orte. Viele haben noch einen urigen Kern und einen se-

NICHT VERPASSEN!

- Castillo und Hafen von **Dénia** | 28, 30
- Felsen **Peñón de Ifach** von Calpe | 52
- Die hübschen, weißen Häuser der **Altstadt von Altea** | 57
- Das malerische Dorf **Guadalest** | 62
- **Benidorm** – eine Silhouette fast wie New York | 65
- **Villajoyosa** mit seinen bunten Häusern | 78

Diese Tipps erkennt man an der gelben Hinterlegung.

Tram — die Küstenbahn

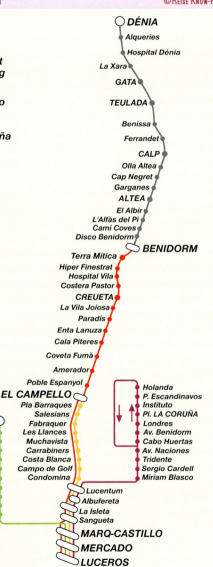

Dénia

Als **Naturphänomen** liegt ein nicht zu hoher Gebirgszug zwischen Jávea und Dénia, und in Calpe erhebt sich ein kleiner, steiler Berg, der fast schon zu einem Markenzeichen der Costa Blanca geworden ist. Weiter südlich, im Umfeld der Provinzhauptstadt Alicante wird es flacher, die Gebirge verschwinden. An der Küsten rollen sich kilometerlange Sandstrände aus. Die Ortschaften südlich von Benidorm sind nicht ganz so stark vom Tourismus geprägt.

- **Einwohner:** 44.700
- **PLZ:** 03700
- **Entfernung nach Alicante:** 100 km
- **Touristeninformation:** c/ Manuel Lattur 1 (beim Bahnhof), Tel. 966 422 367, http://de.denia.net, geöffnet: Mo–Sa 9.30–13.30, 16.30–19.30, So 9.30–13.30 Uhr.

Dénia ist einer der **beliebtesten Orte** für ausländische Touristen an der Costa Blanca. Für die Bewohner ist das nichts Neues, fremde Zungen waren hier schon immer vertreten.

Die **Römer** nannten den Küstenort Dianium und machten ihn zu einem wichtigen Stützpunkt auf dem Weg von Rom nach Nordafrika. Um das 5. Jh. dominierten die Westgoten, bevor um 713 der **Islam** Einzug hielt; von nun an hieß der Ort Deniya. Ab 1036 wurde er zum Fürstentum, zum Taifa de Deniya, aufgewertet, bis 1244 unter *Jaime I.* die **Rückeroberung** gelang. Dénia, wie es nun genannt wurde, erhielt im 14. Jh. den Status einer Grafschaft und ab 1612 Stadtrechte. Seit etwa Ende des 19. Jh. entwickelte sich der Ort zum **Urlaubsziel,** was die Stadt stärker geprägt hat als alle vorhergehenden Invasionen zusammen.

Das fällt sofort auf, wenn man von der Nationalstraße 332 in Richtung Küste abbiegt und sich Dénia nähert. Auf einer mehrspurigen Zufahrtsstraße rollt der Verkehr vorbei an etlichen Supermärkten, Handwerksbetrieben, Autohändlern, Swimmingpool-Verkäufern und Burger-Shops. Alle buhlen um die ausländische Kundschaft, wie man den **mehrsprachigen Hinweisschildern** entnehmen kann.

Tram, die Küstenbahn

Eine Bahnverbindung entlang der gesamten Küste verläuft von Alicante bis hoch nach Dénia. Allerdings kann man nicht durchfahren, es muss in **Benidorm umgestiegen** werden. Insgesamt exstieren fünf Linien, zwei davon (L4 und L2) laufen nur in der näheren Umgebung von Alicante. Die drei anderen Linien sind auch für Touristen interessant.

Linie L3 verläuft von **Alicante** (Bahnhof: Luceros) bis nach **El Campello** und hält unterwegs an jedem Bahnhof. **Linie L1** führt von **Alicante** (Bahnhof Luceros) bis nach **Benidorm** und hält unterwegs bis El Campello nur ganz selten. Von Benidorm verläuft die **Linie L9** weiter hoch bis **Dénia.**

Dénia

Auch in zentraler Lage finden sich Dienstleister für ausländische Residenten: Zahnärzte, Anwälte, Notare, Makler und Handwerker. Über hundert Immobilienmakler sollen in Dénia tätig sein, und das Touristenbüro listet insgesamt 167 *urbanizaciones* auf.

Dénia ist der Hauptort der **Comarca Marina Alta,** was etwa einem Landkreis entspricht. Als „Hauptstadt" dieser Verwaltungseinheit haben sich viele administrative Institutionen hier angesiedelt. Ebenso ist Dénia das medizinische und soziale Zentrum für die Region, deswegen kommen auch ständig viele Menschen mit ihren Anliegen hierher, und die Stadt wirkt immer **sehr geschäftig.** Und da hier auch, wie oben angeführt, viele Ausländer ihre Besorgungen machen, erlebt man in dem kleinen Städtchen an manchen Tagen tatsächlich eine Rushhour wie in einer Großstadt. Das aber legt sich ganz schnell, wenn man in den Ortskern spaziert.

Denn von all der Betriebsamkeit ist in der **Altstadt** wenig zu spüren. Dort ist Dénia eine spanische Stadt mit reizvollen Ecken, vor allem direkt unterhalb der großen Burganlage, die den Ort überragt. Weitere markante Punkte sind der gegenüberliegende Bergrücken Montgó und der weitläufige Hafenbereich.

Die Strände

Sowohl nördlich als auch südlich des alles beherrschenden Hafens liegen recht lange Strände. Der nördliche, **Platja de les Marines,** erstreckt sich auf immerhin 5 km Länge und verbreitert sich stellenweise auf 100 m, er besteht aus feinem, hellem Sand. Der südliche **Platja Mari-**

■ **Essen und Trinken**
2 La Casa de L'Arròs
5 Restaurant El Comercio
6 Tasca Eulalia
7 Restaurant Drassanes
8 Restaurant Can Broch
9 Restaurant El Raset

neta Casiana dagegen zeigt sich ziemlich schmal, hat aber eine Länge von 1200 m. Auch er ist feinsandig, aber angrenzend stehen schon gleich die ersten Bauten. Sowohl im nördlichen als auch im südlichen Bereich schließen sich noch **vereinzelte Strandbuchten** an.

Sehenswertes

El Castillo

Die **Burg** hat den Ort jahrhundertelang dominiert und überragt ihn noch heute. Schon während der römischen Epoche entstand ein erster Schutzbereich. Mauerreste aus dieser Zeit sind noch im östlichen Teil bei der Torre de Gallines erhalten. Während der arabischen Herrschaft entstand dann der doppelte Bereich, der noch gut zu erkennen ist. Im unteren Teil *(Al-bacar)* fanden die Bewohner ein Refugium bei Gefahr. Der obere Abschnitt *(Al-cazaba)* war den Herrschern vorbehalten.

Außerhalb der Burg erstreckte sich die Altstadt, die **Medina.** Der Zugang zur Burg führt wie einst durch das **Stadttor Portal de la Vila** aus dem 12. Jh. Wer die Anlage besichtigt, spaziert eigentlich durch eine terrassenförmig angelegte Parkanlage. Die Burg hat im Laufe der Jahrhunderte ihre ursprüngliche Schutzbedeutung verloren und teils auch Schaden genommen. Wer ganz hochsteigt, genießt aber einen wunderbaren **Weitblick** über die Dächer von Dénia und auf den gegenüberliegenden Berg Montgó.

Gemütlichkeit an der Carrer Marqués de Campo

Archäologisches Museum

Innerhalb der Burg findet sich auch dieses Museum, das im ehemaligen Gouverneurs-Palast untergebracht ist. Ausgestellt sind Fundstücke aus der iberischen, römischen, maurischen und der christlichen Zeit, Letztere umfasst den Zeitraum vom 13. bis zum 18. Jh.

■ **Burg und Archäologisches Museum:** Die Öffnungszeiten der Burg ändern sich fast monatlich, generell gilt: 10–18 Uhr (im Sommer länger, an manchen Tagen bis 0.30 Uhr, im Winter kürzer). Eintritt: Erw. 3 €, Kinder 1 €, Rentner und Studenten 2 €.

Die Altstadt

Unterhalb der Burg liegt das kleine historische Zentrum Dénias mit reizvollen Gebäuden aus dem 18. und 19. Jh. Die **Carrer Loreto** wurde zur Fußgängerzone umgewandelt. Dort kann man frei vom äußeren, geschäftigen Bereich Dénias recht gemütlich zum innerstädtischen Kern bummeln. Ein paar Lokale haben gleich die Situation genutzt und Tische hinausgestellt. Neben zahlreichen Bars findet man auch einige Restaurants.

So gelangt man recht entspannt zum zentralen Platz **Plaza de la Constitución**. Auffällig ist das **Rathaus** *(ayuntamiento)* aus dem 18. Jh. Ganz oben thronen eine große Uhr sowie eine Glocke. Der Eingang wird von etlichen Fahnen flankiert. Sechs Rundbögen prägen den unteren Bereich.

Hier befindet sich auch die helle Kirche **Iglesia de la Asunción,** welche im 18. Jh. zu Ehren Mariä Himmelfahrt erbaut wurde.

Museu Etnológic de la Ciutat

Das **Ethnologische Museum** liegt nur einmal ums Eck. Auf drei Etagen wird exemplarisch die Lebens- und Arbeitswelt eines durch den **Rosinenhandel** zu Wohlstand gelangten Bürgers gezeigt. Besichtigt werden können die Wohnräume, Arbeitsgeräte sowie alte Fotos, die den Prozess der Rosinenverarbeitung dokumentieren.

■ **Ethnologisches Museum,** Carre Cavallers 1, Tel. 966 420 260, Di–Sa 10.30–13 und 16–19 Uhr, So 10.30–13 Uhr, Eintritt frei.

Carrer Marqués de Campo

Zwei Blocks weiter verläuft diese Straße, die als **Hauptflaniermeile** der Stadt gilt. Sie führt vom hübschen, begrünten Platz Glorieta del País Valencià zum Hafen. Die Carrer Marqués de Campo wurde bereits im 19. Jh. geplant, aber erst 1917 durchgängig bis zum Meer führend realisiert. Ihr Name erinnert an einen Stadtentwickler, der im 19. Jh. verschiedene größere Projekte realisierte.

Besonders idyllisch ist diese Straße übrigens nicht, immerhin fließt der Autoverkehr ungehindert vorbei, aber man findet doch eine ganze Reihe von netten Lokalen und interessanten Geschäften in zumeist recht ansehnlichen Häusern. In bemerkenswerter Mischung liegen altehrwürdige Cafés neben ebenso altehrwürdigen Gebäude mit Banken, Geschäften und Restaurants. Große Bäume spenden Schatten, wo alle Lokale Tische platziert haben, sodass man dort recht nett sitzen kann. Trotz des Verkehrsaufkommens hat die Straße einfach Flair;

nicht umsonst finden die wichtigsten örtlichen **Festivitäten** hier statt.

Der Hafen

Der weitläufige Hafen war über viele Jahrhunderte der Lebensnerv der Stadt. Schon die Römer sandten von hier ihre Flotten, sowohl in kriegerischer als auch in friedvoller, nämlich merkantiler Absicht, bis nach Karthago (Tunesien). Heute liegen hier neben der Fischfangflotte vor allem Sportboote. Eine Fähre pendelt zu den Balearischen Inseln nach Ibiza. Auf einem Spaziergang entlang dem Paseo Marítimo passiert man die *Lonja,* die **Fischauktionshalle.** Dort wird seit jeher der Tagesfang versteigert. Ab etwa 17 Uhr kann man zuschauen.

Tatsächlich stehen dort zwei Hallen, in der einen wird vorsortiert, in der anderen versteigert, und zwar jeden Tag etwa 700 Kisten. Früher ging es klassisch zu, ein Preis wurde ausgerufen, und wer den akzeptierte, hob die Hand. Heute funktioniert die Versteigerung elektronisch, soll heißen: Ein Preis wird digital angezeigt und fällt! Interessenten spekulieren also auf fallende Preise. Wer den Preis akzeptiert, drückt einen Knopf, und der Kauf ist getätigt. Besucher können von einer Tribüne zuschauen.

Dort am Hafen liegt auch das **alte Fischerviertel Baix del Mar,** das bis in die 1970er Jahre ein gewichtiges Wörtchen in der örtlichen Ökonomie mitsprach. Der alte Charme wirkt noch nach, die niedrigen, etwas gedrungen wirkenden Häuser und die kleinen Plätze strahlen noch ein wenig das Ambiente eines Fischerdorfes des 19. Jh. aus. Allerdings hat der Tourismus mit entsprechenden Lokalen und Geschäften hier auch schon kräftig einen Fuß in der Tür.

Fast sieht man das Meer vor lauter Booten nicht

Denkmäler und Skulpturen

Entlang der Hafenmeile stehen einige Skulpturen, so beispielsweise ein gewaltiger Anker, der im Hafenbecken gefunden wurde. Etwas weiter steht das Denkmal „Bous a la Mar", das mit etwas Fantasie als Stier erkannt wird und an ein beliebtes Stadtfest erinnert, bei dem Stiere am Hafen vorbeigetrieben werden und flüchtende Menschen manchmal ins Wasser springen.

Mitten auf der kleinen, aber angenehmen Plaza Cervantes steht eine Büste vom Erfinder des *Don Quichote,* dem Autor *Miguel de Cervantes.*

Praktische Tipps

Unterkunft

Die Hotelliste von Dénia verzeichnet nur knapp zwei Dutzend Häuser. Die vielen Ausländer sind entweder Residenten, oder sie wohnen in Apartments. Davon gibt es tatsächlich viele Hunderte.

10 Hotel Rosa③, c/ Congre 3, Tel. 965 781 573, www.hotelrosadenia.com. Kleines, charmantes Boutique-Hotel mit 33 Zimmern und fünf Bungalows. Es liegt knapp außerhalb vom Ortskern am Strand und hat unterschiedlich große Zimmer, die auch für Familien geeignet sind. Schöner Garten mit Pool.

4 Hostal Loreto③, c/ Loreto 12, Tel. 966 435 419, www.hostalloreto.com. Eine nette Pension mit 43 Zimmern. Es ist ein mitten im Zentrum an einer Fußgängerzone gelegener Familienbetrieb, mit schöner Dachterrasse und einem Restaurant. WiFi.

7 Hotel La Posada del Mar④, Plaça Drassanes 2, Tel. 966 432 966, www.laposadadelmar.com. Tolles Hotel in einem Gebäude aus dem 13. Jh., das liebevoll restauriert und auf den neuesten technischen Stand gebracht wurde. Das Haus mit 20 Zimmern und fünf Suiten liegt beim Hafen, hat drei Etagen und kleine Balkone. Ganz in der Nähe befinden sich etliche Restaurants. WiFi.

3 Art Boutique Hotel Chamarel③-④, c/ Cavallers 13, Tel. 966 435 007, http://hotelchamarel.com. Kleines, charmantes Haus mit 20 Zimmern, das sehr ruhig in einer schmalen Fußgängerzone liegt. Die Zimmer, Dekoration und Fassade wurden stimmig im Stil des 19. Jahrhunderts gestaltet. Ganzjährig geöffnet.

Camping

11 Los Llanos, 1. Kategorie, N-332 am km 203/204 (Richtung Küste fahren.), Tel. 965 755 188, www.losllanos.net, ganzjährig geöffnet. Nicht allzu großer Platz unter Bäumen in der Nähe der Playa Marina mit Sandstrand. Ausgestattet mit Pool, Restaurant und behindertengerechten Einrichtungen.

11 Los Patos, 2. Kategorie, Carretera Dénia por la Costa, c/Racons 33, Tel. 965 755 293, www.camping-lospatos.com, ganzjährig geöffnet. Mittelgroßer, zweigeteilter Platz in Meeresnähe. Zu erreichen: Kurz vor El Verjer über die Straße Dénia por la Costa fahren, dann noch ca. einen halben Kilometer. WiFi.

Die spanische Kunst des Flanierens

Wie flaniert man richtig spanisch? Schlendern zwei Spanier tief versunken im Gespräch durch die Straßen, gehen sie nahe beieinander, fast auf Tuchfühlung, berichten dem anderen ausführlich, beleuchten eine Sache von mehreren Seiten. Unterstrichen wird die jeweilige Aussage durch heftige Bewegungen der Arme und der Hände, jeder Satz wird so gewichtet. Bei besonders wichtigen Argumenten „bremst" der Sprecher sein Gegenüber, fasst ihn am Arm, stoppt ihn, dreht ihn förmlich zu sich, hält den Arm fest und sagt mit der ganzen Kraft seiner Persönlichkeit, was er zu sagen hat. Der andere soll bitte seiner Argumentation folgen, das Ganze wird mit deutlichen Armbewegungen untermalt, die Hand wandert auf und ab, markiert jedes Wort. Etwa nach jedem dritten Satz wird ein „Entiendes?" („Verstehst du?") rhetorisch angehängt. Schließlich gibt er sein Gegenüber frei, aber nicht bevor er nach mehreren endlosen Pausen immer noch ein gewichtiges Argument nachgeliefert hat. So spazieren sie, stoppen alle paar Minuten und reden aufeinander ein.

Essen und Trinken

■ Die **Carrer Loreto** hat sich mittlerweile in eine Kneipenmeile verwandelt, wo es viele Bier- und Tapabars gibt.

6 Tasca Eulalia, c/ Marqués del Campo 39, Tel. 965 786 479. Stylish-modernes Ambiente, gute Auswahl an Tapas, aber auch Tagesgerichte sowie Kuchen. Es wird auch ein Mittagsmenü angeboten.

5 El Comercio, c/ Marqués del Campo 17, Tel. 965 785 691. Großes Lokal, das eine breite Auswahl an Gerichten bietet (Fisch, Fleisch, Mittagsmenü), wozu auch das interessante Menü *Comer de tapas* (Tapas essen) zählt.

7 Drassanes, Carrer del Port 15, Tel. 965 781 118. Liegt neben einem weiteren Dutzend Lokale an der Hafenmeile, hat eine große Außenterrasse und serviert vor allem Fisch- und Reisgerichte. Es gibt sowohl ein Mittags- als auch ein Abendmenü, Letzteres ist aber etwas teurer.

MEIN TIPP: 9 Restaurante El Raset, c/ Bellavista 7, Tel. 965 785 040. Lokal mit großer Terrasse am oberen Hafenbereich, bietet vorzügliche Fisch- und Reisgerichte. Nebenan liegen noch etliche weitere Lokale mit Terrasse.

2 La Casa de L'Arròs, Glorieta del País Valencià 7, Tel. 965 781 047. In diesem nett eingerichteten Lokal gibt es gute Reisgerichte.

8 Can Broch, c/ Pelota 5, Tel. 966 421 784. Mal was anderes: Neben den üblichen Fischgerichten werden auch Steaks serviert, insgesamt in einem schönen Ambiente. Mi geschlossen.

Karte S. 22, Stadtplan S. 26, Karte Küstenbahn S. 24 **Dénia** 33

Nützliche Adressen

■ **Bahnhof:** Passeig del Saladar (unmittelbar hinter der Touristeninformation gelegen). Stündliche Verbindung bis Benidorm, von dort Anschluss nach Alicante.
■ **Busbahnhof:** Plaça Arch. Carlos.
1 **Internet-Café:** *Ciberdenia,* c/ Senija 5, geöffnet 9–1 Uhr.
■ **Post:** c/ Ferrandiz 38.

Feste

■ **16.–19. März: Las Fallas** – wie beim großen Vorbild in Valencia werden selbst gefertigte Figurengruppen auf öffentlichen Plätzen aufgebaut und in der letzten Nacht verbrannt.
■ **Anfang Juli: Santísima Sangre de Cristo** – Patronatsfest, u.a. mit dem sogenannten Bous en la Mar, Stiertreiben am Hafen, wobei die Läufer auf der Flucht ins Wasser springen.
■ **14.–16. August: Moros y Cristianos** – die historische Schlacht zwischen Christen und Mauren wird nachgestellt.

Märkte

■ **Wochenmarkt:** Mo–Sa 7–14 Uhr in der c/ Magallanes.
■ **Fischversteigerung:** Mo–Fr am Nachmittag ab 17 Uhr in der Auktionshalle am Hafen, insgesamt in einem schönen Ambiente.

Das Rathaus von Dénia

Ausflüge

Bahnfahrt entlang der Küste

Zwischen Dénia und Alicante verläuft über **fast hundert Kilometer** eine Bahnlinie unmittelbar an der Küste entlang (s. Karte „Tram – die Küstenbahn"). Eine prima Möglichkeit, um einmal einen Blick auf die Küstenlinie zu werfen oder einen Nachbarort zu besuchen. Ein Trip ganz bis nach Alicante dauert allerdings 2½ Std., da die Bahn unterwegs 45 mal stoppt und Fahrgäste zudem in Benidorm umsteigen müssen!

Schiffstouren

Vom Hafen Dénias kann man per Fähre einen Abstecher zur Baleareninsel **Ibiza** unternehmen, Infos: www.balearia.com. Es werden auch Bootstouren entlang der pittoresken Küste nach Jávea oder sogar bis nach Altea angeboten sowie Touren zum Sonnenuntergang oder Schnorchel-Exkursionen. Die Fahrt nach Jávea dauert 30 Min., nach Altea 3 Std, www.mundomarinodenia.com.

Cova de Benidoleig

Die 440 m lange **Tropfsteinhöhle** – davon sind 300 m begehbar – liegt knapp 15 km westlich von Dénia entfernt an der Straße Pedreguer – Benidoleig am km 4. In dieser Höhle wurden bereits im 17. Jh. Reste prähistorischer Menschen gefunden. Heute staunen Besucher über die Vielfalt von Stalaktiten und Stalagmiten sowie über die 20 m hohen Kuppeln. Erstmals wurde die Höhle 1768 er-

Nördliche Costa Blanca

forscht, als der Naturforscher *Cavanilles* eher zufällig bei Bohrungen auf der Suche nach Wasser auf sie stieß. Im Inneren herrscht eine konstante Temperatur von knapp unter 20 Grad. Menschen hatten diese Höhle wohl schon vor ca. 40.000 Jahren entdeckt und bewohnt, darauf deuten archäologische Funde von Schädeln, Knochen, aber auch Pfeilspitzen und Knochen von Tieren hin. Wegen der Schädelfunde wird die Höhle auch *Cova de les Calavers,* Höhle der Schädel, genannt. Die Menschen kannten Feuer und zündeten es in der Höhle an, der Rauch schwärzte den Höhleneingang, was noch heute sichtbar ist. Im hinteren Bereich wachsen Stalagtiten und Stalagmiten. Der Boden ist heute auf einem Bohlenweg gut begehbar.

■ **Cova de Benidoleig,** geöffnet 9–18 Uhr, im Sommer bis 20 Uhr, Eintritt: 3,90 €, Kinder 2 €.

⌄ Die Küste bei Jávea

Jávea

- **Valencianisch:** Xàbia
- **Einwohner:** 33.300
- **PLZ:** 03730
- **Entfernung nach Alicante:** 90 km
- **Touristeninformation:** Plaza de la Iglesia 4, Tel. 965 794 356, www.xabia.org, Mo–Fr 9.30–13.30 und 16–19.30 Uhr, Sa 10–13.30 Uhr. Am Hafen: *Tourist Info Xabia Port*, Plaça President Adolfo Suárez 11, Tel. 965 790 736, Mo–Sa 9.30–13.30 und 16–19 Uhr, So 10–13.30 Uhr.

Jávea ist ein **dreigeteilter Ort.** Der **alte Ortskern** liegt gut 2 km von der Küste entfernt. Die Verlegung ins Hinterland war seinerzeit eine Schutzmaßnahme aufgrund der häufigen Piratenüberfälle. Direkt an der Küste befindet sich noch heute das kleine **Hafengebiet Aduanas del Mar.** Knapp 2 km entfernt erreicht man, der Promenade folgend, den breiten **Strand El Arenal.** Die drei Bereiche liegen aber keineswegs isoliert in der Landschaft, denn es wurde kräftig gebaut. In der gesamten Umgebung stehen Hunderte, vielleicht Tausende von Immobilien (jedoch keine Hochhausriesen). Hier leben all die Nord- und Mitteleuropäer, die das Klima genießen wollen. Jávea liegt nämlich geschützt zwischen zwei **Felsmassiven,** dem Cabo San Antonio und dem Cabo la Nao.

Die Strände

In direkter Nähe zum Hafen verläuft nur ein schmaler, steiniger Streifen. Zum Sonnenbaden in der Mittagspause reicht es, aber richtige Strandfreude kommt wohl eher nicht auf. Positiv: Eine angenehme Promenade von geschätzt 500 m verläuft dort am Meer entlang, wo man in einigen Lokalen richtig nett draußen am Wasser sitzen kann.

Weiter oben öffnet sich dann ein recht breiter Sandstrand zu einer Bucht, sogar einige Palmen stehen dort. Eine unspektakuläre, aber breite **Promenade** verläuft hier, einige wenige Lokale gibt es auch, reichlich Parkraum ebenso (jedenfalls außerhalb der Saison). Hier geht es schon eine ganze Spur geschäftiger zu als beim Hafen, hier ist aber auch der Strand zwei Spuren schöner.

Sehenswertes

Altstadt

Das *centre històric,* das historische Zentrum, liegt knapp 2 km von der Küste entfernt im Hinterland. Zwei mehrspurige Straßen verbinden dieses Viertel mit dem Hafengebiet. Entlang dieser **Zufahrtsstraßen** befriedigen Supermärkte, Handwerksbetriebe und andere Dienstleister die Kaufwünsche ausländischer Residenten, die zu Tausenden in und um Jávea leben.

Etwas außerhalb der Altstadt liegt auf der linken Seite ein sehr großer **Parkplatz** an der breiten Straße, die zum Hafen führt, man fährt automatisch daran vorbei.

Taucht man aber in die Altstadt ein, ist diese moderne Welt sofort vergessen. Hier, im historischen Zentrum, stehen hübsche Häuser aus vergangenen Zeiten. Rundgemauerte Torbögen und kunstvoll gestaltete Türen und Fenster mit schmiedeeisernen Gittern vollenden den **malerischen Gesamteindruck.** Man schlendert durch schmale Gassen, schaut in den einen oder anderen Tante-Emma-Laden und genehmigt sich einen Kaffee in einer urspanischen Bar. Direkt vor der Kirche verläuft die Straße Calle Major, wo auch einige nette Bars liegen.

Wie viele ursprünglich kleinere Orte, wuchs auch Jávea **rund um eine Kirche,** und hier entstanden dann auch die repräsentativsten Gebäude, wo Verwaltung, Kirche und Gerichtsbarkeit saßen. Aber auch Familien mit Geld, Adelstitel oder wenigstens Einfluss errichteten hier schicke Häuser, von denen etliche noch erhalten sind. So stehen in den Straßen Sor María Galart, Santa Marta, Sant Pere und natürlich an der Plaça de L'Esglèsia Gebäude aus dem 15. bis 17. Jh. Auch die im 18. bzw. 19. Jh. durch den Handel zu Wohlstand gekommenen Familien bauten sich schließlich eindrucksvolle Häuser im Umfeld der Kirche.

Die **Iglesia-Fortaleza Sant Bartomeu,** deren Bau im Jahr 1513 begann, trägt wie wohl kaum ein anderes Gotteshaus die Bezeichnung „Kirche-Burg" zu Recht. Mit Schießscharten, Zinnen und einem Wachturm versehen, der gleichzeitig als Glockenturm diente, bot das mit Ausnahme des Portals von außen schmucklose Bauwerk sowohl religiösen als auch weltlichen Beistand.

Unweit der Kirche liegt auch die **Markthalle,** in der montags bis freitags von 8 bis 14 und von 17 bis 21 Uhr gehandelt wird, samstags aber nur am Vormittag.

Das **Museo Arqueológico Soler Blasco** (Plaça dels Germans 1) gibt einen Überblick von der Prähistorie und iberischen Funden über die römische Zeit bis zur Moderne des 19. Jh. In zwei weiteren Sälen werden im oberen Stockwerk Gemälde des örtlichen Malers *J.B. Segarra Llamas* (1916–1994) gezeigt, sowie eine Ausstellung zur Unterwasser-Archäologie der vorgelagerten Küste.

◼ **Museo Arqueológico Soler Blasco,** geöffnet: Di–Fr 10–13 und 17–20 Uhr, Sa/So 10–13 Uhr, Juli–Sept. Di–Fr 10–13 und 18–21, Sa/So 10–13 Uhr.

◁ Für jeden Topf das passende Kräutlein ...

Am Rande der Altstadt liegt die kleine **Plaza Marina Alta.** Dort befindet sich die Post und eine Hand voll Bars lädt zum Verschnaufen ein.

Der Hafen

Über den Hafen floss Wohlstand in den Ort, und das kam so: 1700 verstarb der letzte spanische König aus dem Hause der Habsburger. Um die Nachfolge entbrannte alsbald ein heftiger Streit, der in kriegerischen Auseinandersetzungen mündete. Warum auch immer, aber selbst kleinere Orte mussten Partei ergreifen (und wahrscheinlich Soldaten stellen ...). Jávea jedenfalls stand auf Seiten der Bourbonen, die meisten Ortschaften der Umgebung hielten es mit den Österreichern, was falsch war. Der neue König kam dann doch aus dem Haus der **Bourbonen** (der aktuelle übrigens auch), und zum Dank erhielt Jávea die Erlaubnis, Weizen und Früchte über seinen Hafen zu verschiffen. Neben Weizen wurden besonders Rosinen im großen Stil gehandelt, die von der Landbevölkerung großflächig angebaut wurden. Der Weizen wurde zu Mehl weiterverarbeitet, weswegen schließlich etliche Windmühlen auf den Hängen gebaut wurden, vereinzelt sieht man sie noch heute. So ab dem 19. Jh. kamen einige Kaufleute durch den Handel mit Rosinen (auch nach Übersee übrigens) zu Wohlstand, der sich durch den Bau **beeindruckender Häuser** rund um die Kirche in der Altstadt ausdrückte.

Der Hafenbereich **Aduanas del Mar** zeigt sich deutlich touristischer als die Altstadt. Eine nett gestaltete Promenade verläuft unmittelbar am Meer entlang. Dort kann man angenehm auf der Terrasse eines der vielen Lokale verweilen und aufs offene Meer schauen.

Erwähnenswert ist auch die **Kirche Santa María de Loreto,** die zum Gedenken an die Schiffbrüchigen errichtet wurde; ihr Baustil erinnert an einen Bootskörper. Die 12 stützenden Säulen repräsentieren die Apostel.

El Arenal

Vom Hafenbereich verläuft die Avenida del Mediterráneo über 2 km bis hinüber zur **Strandzone** El Arenal. Ein Fußweg säumt die dem Meer zugewandte Seite, Villen und Einzelhäuser die gegenüberliegende. Glücklicherweise wurden hier keine Hochhausriesen hochgezogen, sodass sich ein recht homogenes Bild ergibt. In der Strandbucht versammeln sich immer viele Sonnenanbeter. Am Rande der Bucht steht auch der **Parador Nacional** in bevorzugter Lage.

Während das „alte Geld" durch den Weizen- und Rosinenhandel gemacht wurde, kamen Investoren in jüngerer Zeit zu „neuem Geld" durch Tourismus und Immobilienboom. Der eigentliche Ort Jávea war auf den schmalen Streifen zwischen Altstadt und Hafen beschränkt, erst die Touristen entdeckten Strand, Sonne und die Bauplätze. Heute ziehen sich die **Häuser in- und ausländischer Residenten** sowie Teilzeitbe-

▷ Jávea hat einen sehr breiten Strand

wohner über viele Kilometer entlang der Küste und auch schon ins Hinterland. So entstanden mehr oder weniger gelungene Siedlungen von Einzelhäusern, kleineren Wohnanlagen, ein Golfplatz, und schließlich folgten diverse Dienstleister, wie Handwerker, Anwälte, Ärzte etc. der jeweiligen Nationalitäten. Es wuchs ein Mikrokosmos der unterschiedlichen Nationen unter spanischer Sonne.

Das alles soll hier gar nicht gewertet oder gar kritisiert werden, aber da die Lage nun einmal so ist, wie sie ist, soll das Kind auch beim Namen genannt werden dürfen. Also: Jávea hat einen kleinen **reizvollen Altstadtbereich,** einen ähnlich kleinen **reizvollen Hafenbereich,** eine nette Strandbucht und Tausende von Ferienhäusern, die überwiegend jenseits des Strandes liegen, teilweise kilometerweit im Hinterland.

Praktische Tipps

Unterkunft

■ **Parador**④, Avda. Mediterráneo 233, Tel. 965 790 200, www.parador.es. Das moderne Haus liegt sehr schön direkt am Strand von El Arenal und hat einen hübschen Garten. Von den meisten der 70 Zimmer hat man Meerblick. WiFi.

■ **Hotel Miramar**②, Plaza Presidente Adolfo Suárez 12, Tel. 965 790 100, www.hotelmiramar.com.es. Kleineres Haus mit 26 Zimmern im Hafenbereich, teils mit Meerblick *(miramar)*. Die Zimmer sind relativ schlicht eingerichtet, aber insgesamt in Ordnung. Gäste schätzen hier vor allem die Lage, „nur 10 Meter vom Strand entfernt", wie der Besitzer stolz erklärt.

■ **Hotel Jávea**③, c/ Pio X. 5, Tel. 965 795 461, www.hotel-jevea.com. Das kleine Haus liegt im Hafenbereich, etwa 50 m vom Meer entfernt. Etwa die Hälfte der 24 Zimmer hat Meerblick. Wer länger

bleibt, bekommt einen Rabatt. Im 5. Stock befindet sich das Restaurant Áttico. WiFi.

■ **Hotel Solymar** ③-④, Avda. Mediterráneo 180, Tel. 966 461 919, www.solymar.javea.hotels-costa-blanca.com. Ein Haus mit 41 einfachen, aber korrekten Zimmern, in bevorzugter Lage mit Meerblick und nur durch eine Straße vom Strand El Arenal getrennt. Ein Frühstück wird angeboten, aber ein Restaurant gibt es nicht im Hotel. WiFi.

◳ An Plätzchen für die nachmittägliche Siesta herrscht in Jávea kein Mangel …

▷ … beispielsweise auf der Terrasse des Hotel-Restaurants Miramar am Hafen

Camping

■ **Jávea,** 1. Kategorie, Camí de la Fontana 10, Tel. 965 791 070, www.camping-javea.com. Ein mittelgroßer Platz, der etwa 500 m sowohl vom Hafen als auch von der Altstadt entfernt liegt. Das Gelände ist durch Hecken unterteilt und von Obstplantagen umgeben. Mattendächer spenden Schatten. Außerdem gibt es zwei Pools.

■ **El Naranjal,** 2. Kategorie, Camí dels Morers 15, Tel. 965 792 989, www.campingelnaranjal.com, ganzjährig geöffnet. Der Platz liegt etwa 500 m vom Strand El Arenal entfernt.

Essen und Trinken

■ **Mesón Puerto Casa Ángel,** Esplanada del Puerto s/n, Tel. 965 793 654. Liegt direkt am Hafen und bietet eine fundierte Küche mit Reis- und Fischgerichten, die auch noch so manchen Fischer locken. Mo geschlossen.

■ **Restaurante El Pósit,** Plaza Adolfo Suárez 11, Tel. 965 793 063, ab 10 Uhr durchgehend geöffnet. Gute Fischgerichte zu fairen Preisen, es gibt auch ein Abendmenü und ein Mittagsmenü.
■ **Attico,** am Paseo Marítimo, c/ Pío X 5, Tel. 965 795 461. Angesagtes, designtes Restaurant mit guter mediterraner Küche.
MEIN TIPP: La Bodeguilla, Av. Marina Española 19, Tel. 966 462 943. Tolle Lage direkt am Wasser auf Kiesboden, nur ein paar Meter entfernt brechen sich die Wellen. Spezialität: Fisch- und Reisgerichte.
■ **La Perla de Jávea,** Av. de la Libertad 21, Tel. 966 470 772. Dieses schick dekorierte Familienrestaurant liegt an der Strandpromenade von Arenal und bietet dadurch einen schönen Meerblick. Auf der Karte stehen hauptsächlich Reis- und Fischgerichte, die kreativ komponiert und verfeinert werden. Hat sich aus einer einfachen Taverne zum Gourmet-Lokal entwickelt.

Nützliche Adresse

■ **Busterminal:** Av. de Palmela, im Ortskern.

Feste

■ 27. April bis 3. Mai: Das **Patronatsfest** zu Ehren von *Jesús Nazareno*.
■ Letzter Samstag im Juli: **Ajedrez Viviente.** Das Fest wird unten am Hafen gefeiert. Die Kinder des Ortes führen ein Theaterstück auf, jedes Jahr ein anderes, das sich um das Thema „Schach" *(ajedrez)* dreht.
■ Dritte Woche im Juli: **Moros y Cristianos.** Wird auch am Hafen gefeiert. Es wird die maurische Invasion vom Meer nachgestellt, die Einrichtung einer Festung und schließlich die Erstürmung eben dieser Festung durch christliche Piraten.
■ 1. bis 8. September: **Nuestra Señora de Loreto** wird am Hafen mit Umzügen und Blumenschmuck gefeiert.

Ausflüge

Parque Natural del Montgó

Dieser 825 ha große **Naturpark** liegt zwischen Dénia und Jávea und kann auf Wanderwegen erkundet werden. Hier gibt es etliche endemische Pflanzen und sogar einige endemische Reptilien. Der **Gipfel des Montgó** misst 753 m. Experten sprechen von einem fünfstündigen Aufstieg, der allerdings mit einem phänomenalen Weitblick belohnt wird, an klaren Tagen soll man sogar Ibiza erkennen können (s. auch Kap. „Dénia").

Cabo de Sant Antoni

Dieser **Felsen** erhebt sich direkt an der Küste nördlich vom Hafen und zählt noch zu den Ausläufern des Montgó-Gebirgszuges. Er ragt etwa 160 m in die Höhe. Früher lebten hier Einsiedler, die eine kleine Kapelle zu Ehren des heiligen Antonius errichteten, heute steht hier ein 17 m hoher Leuchtturm.

> Kecke Bewohnerin der Felsküste

Molins de les Planes

Mitten im Montgó stehen auch elf **historische Windmühlen,** allerdings alle ohne Flügel. Die älteste stammt aus dem 14. Jh., fast alle anderen aus dem 18. Jh. Die 7 m hohen, in Zylinderform gebauten Steingebäude sind unterschiedlich gut erhalten. Einst wurden sie in dieser Zone gebaut, um den ständige wehenden Südwest-Wind zu nutzen und Getreide zu mahlen.

Santuari de la Mare de Dèu dels Ángels

Unweit der Windmühlen steht auch ein **Kloster,** dessen Geschichte weit zurückreicht. Im Jahr 1374 gewährte der Papst das Recht, hier oben im Montgó ein Kloster zu gründen, damals noch unter dem Namen Monasterio de San Jerónimo. So entstand auch eine kleine Kapelle, die den spanischen Namen Nuestra Señora de los Ángeles trug. Im Laufe der Jahrhunderte erlebte das Kloster Kriege und Plünderungen, die ihm (neben dem Zahn der Zeit) sehr zusetzten. 1964 wurde es dann grundlegend umgebaut, von dem frühen Gebäude ist nichts mehr erhalten. Die kleine Kapelle kann noch heute besichtigt werden.

Felsige Buchten und Aussichtspunkte

Südlich vom Hauptstrand von Jávea gibt es entlang der felsigen und zerklüfteten Küste einige schöne Buchten *(calas)* und erhöht, entlang der Küstenstraße, 15 herrliche Aussichtspunkte *(miradores).* Diese ganze Küstenlinie mit ihren versteckten Buchten und steil ins Meer abfallenden schroffen Felsen erinnert ein wenig an die ebenso schroffe Küste der Costa Brava, die nördlich von Barcelona liegt. Die Straße vom Hauptstrand Arenal windet sich entlang dieser Küste, ihr Name wechselt mehrfach. Eine schöne Bucht ist die **Cala Portitxol,** der eine Mini-Insel gleichen Namens vorgelagert liegt. Auf einer Anhöhe steht ein steinernes Kreuz, das Creu de Portitxol. Etwa 150 m weiter führt diese Küstenstraße zum ausgeschilderten **Mirador La Falzia,** bis schließlich der **Mirador Cap Negre** erreicht ist. Etwas weiter führt die Straße schließlich bis zum **Cabo de la Nao.** Dieser Felsvorsprung liegt südlich von Jávea und stellt zugleich den westlichsten Punkt der gesamten Region Valencia dar. Das Kap erhebt sich knapp 100 m aus dem Meer, und genau dort oben steht auch ein 20 m hoher Leuchtturm.

Noch ein Stückchen weiter liegt der **Mirador La Granadella.** Hier stand im 18. Jh. eine kleine Festung, die aber verschwunden ist. Unten befindet sich eine Bucht gleichen Namens.

Teulada-Moraira

- **Einwohner:** 15.200
- **PLZ:** 03724
- **Entfernung nach Alicante:** 75 km
- **Touristeninformation:** Avda. Madrid 15, Edificio Espai La Senieta, Tel. 965 745 168, www.turismoteuladamoraira.com.

Ein Dorf mit **zwei Ortsteilen,** die unterschiedlicher nicht sein könnten: hier das 6 km von der Küste entfernte, ruhige Teulada mit Schwerpunkt auf Landwirtschaft, dort das touristische, am Meer gelegene Moraira.

Geschichte

Jaime I. eroberte die kleine Stadt im Jahr 1244, danach hatte sie mehrere Statthalter, bevor sie 1386 unabhängig wurde. 1609 wurden die letzten konvertierten Mauren, *Moriscos* genannt, vertrieben und der kleine Ort verlor einen nicht geringen Teil seiner Bevölkerung. Danach wurde Teulada mehrfach von Piratenattacken heimgesucht, weswegen schließlich im 18. Jh. die Festung Castillo de Moraira am Strand von Moraira errichtet wurde.

Die Strände

Dominierend im Ort ist der Hafen, südlich davon einige relativ kleine Strandbuchten, mal mit feinem Sand, mal mit etwas gröberem Kiesel.

Moraira

Ursprünglich dachten die Bewohner gar nicht daran, an der Küste zu siedeln. Man betrieb Landwirtschaft im Hinterland und verschiffte gelegentlich die Ernte in die Nachbarorte. Das war einfacher, als den mühseligen Weg durch die Gebirgszüge zu wählen. Erst im 19. Jh. wurde der Hafen auch zum Fischfang genutzt. Eine Ansiedlung namens Moraira entstand.

Heute befindet sich hier ein großer Sportboothafen. Das Hinterland besteht aus einer sehr weitläufigen Zone von Ferienwohnungen, Apartments und Villen. Allzu viel Spannendes wird man im Hafenbereich nicht entdecken, dafür kann man aber eine angenehme **maritime Atmosphäre** genießen. Ein paar Lokalitäten locken mit großer Terrasse, von der man den Blick über das Meer schweifen lassen kann. Im Süden steht noch ein Rest der ehemaligen Festung und gegenüber die **Kapelle** zu Ehren Nuestra Señora del Carmen aus dem späten 19. Jh.

Aber auch hier gibt es **Veränderungen.** Zunächst wurde die Zufahrt verlegt. Aus der ehemaligen Zufahrtstraße wurde eine **Fußgängerzone,** und die neue, breite Zufahrt führt an einem sehr großen Parkplatz vorbei, der keine 200 m vom Hafen entfernt liegt.

Apropos Hafen: Einen wunderbaren Blick von einem erhöhten Punkt genießt man, wenn man durch die schmale erste Straße „hinter" dem Platz geht und anschließend die sehr rustikalen Stufen hochsteigt. Die kurze Mühe wird mit einem schönen Fernblick belohnt.

▷ Der Sportboothafen von Moraira

Teulada

Wer als Urlauber nur *urbanizaciones* oder Apartmentanlagen kennt, sollte unbedingt einen Spaziergang durch diesen netten kleinen Ortsteil unternehmen. Es soll hier kein Preis à la „unser schönstes Dorf" vergeben werden, aber Teulada ist ein **intakter spanischer Ort,** keine herausgeputzte Siedlung für Touristen. Das heißt, dass auch die nachmittägliche Siesta eingehalten wird, in der sich sogar die Hunde in den Schatten verkrümeln und bestenfalls eine Bar mit einem schläfrigen Wirt geöffnet hat.

Wirtschaftliches Standbein des Ortes ist die Produktion von **Möbeln** und **Dekorationsartikeln,** die Geschäfte liegen überwiegend an der Hauptstraße.

Ein Spaziergang führt durch schmale Gassen unweigerlich zur **Kirche Santa Catalina** aus dem 16. Jh. Das kompakte Gotteshaus fungierte früher auch als Trutzburg, wenn wieder einmal Piraten vorbeischauten. Reste der **alten Stadtmauer** sind hier noch erhalten. Unweit der Kirche erhebt sich das Gebäude **Sala de Jurats i Justicies,** wo sich die lokalen Vertreter der Behörden versammelten. Weiter unten im Ort liegt die Kapelle zu Ehren von *San Vicente Ferrer* aus dem 18. Jh. Auffällig heben sich die blau lackierten Ziegel des Daches gegen die helleren Wände ab.

Gleich nebenan liegt die **Bodega Cooperativa San Vicente Ferrer,** wo der örtliche Wein Moscatel de Teulada verkauft wird.

Diese historischen Gebäude wird man unschwer finden, aber ein zielloser Bummel durch den kleinen Ort mit einem neugierigen Blick auf Details sollte im Vordergrund stehen. Teulada ist klein genug, und ein Verlaufen wohl kaum möglich.

Praktische Tipps

Unterkunft

■ **Hostal Buigues**③, c/ Dr. Calatayud 16, Tel. 965 744 037. Kleines, familiengeführtes Haus mit 29 Zimmern, das in Moraira nur einen Steinwurf vom Hafen entfernt liegt. Vernünftig eingerichtet, aber ohne großen Komfort.

■ **Gema Hotel**③, c/ Cabo Estaca de Bares 11, Tel. 965 747 188, www.gemahotel.com. Insgesamt 39 Zimmer hat das Haus, das gut 1½ km vom Hafen entfernt unweit der Bucht Cala Andragó liegt. Es ist ein relativ nüchtern eingerichtetes Familienhotel, die Zimmer haben Balkon und ein größeres Bad. Es gibt ein vernünftiges Frühstück, ferner einen Pool und WiFi.

■ **Swiss Moraira**④, c/ Haya 175, Tel. 965 747 104, www.swisshotelmoraira.com. Das erste Haus am Platze hat nur 36 Zimmer. Es liegt näher zum Golfplatz im Hinterland als zum Hafen. Netter Pool. Schick und stilvoll eingerichtet mit Blick und Liebe fürs Detail. WiFi.

■ **Hotel Los Limoneros**④, c/ Mar Norte 20, Tel. 966 491 727, www.loslimoneros.com. Die Eigenbeschreibung trifft es gut: „5 Minuten vom Meer und von der Stadt entfernt" liegt das kleine Hotel mit 16 DZ bei Moraira. Die Zimmer sind geräumig, haben alle einen Balkon zum Garten, wo auch ein Pool zu finden ist. WiFi.

Camping

■ **Moraira,** 1. Kategorie, Camí del Paellero, Tel. 965 745 249, www.campingmoraira.com. Der kleine Platz liegt ca. 1 km vom Hafen entfernt etwas im Hinterland. Zu erreichen: der Küstenstraße nach Calpe folgen und beim km 1,3 abbiegen. April bis Dezember geöffnet.

Essen und Trinken

Alle Lokale liegen in Moraira in Hafennähe, dort gibt es auch einige mit großer Terrasse, wie das **Lloc del Poble** oder das **Cap d'Or.**

■ **Restaurante La Sort,** Avda. Madrid 1, Tel. 965 745 135. Angebot und Aufmachung unterscheiden sich beträchtlich von den meisten anderen Lokalen; die Küche ist gut und innovativ, es dominieren Fisch- und Reisgerichte.

◁ Schmucke Gasse in Teulada

■ **Mesón El Refugio,** Almacenes 5, Tel. 965 744 774. Authentisches, familiäres Restaurant, sozusagen in der zweiten Reihe. Gute Fisch- und Reisgerichte. Di geschlossen.

MEIN TIPP: Restaurante Le Dauphin, c/ Puerto Lápice 18, Tel. 966 490 432, Mo geschlossen. Ein beim Strand Portet in schöner Umgebung gelegenes Lokal mit Terrasse, das klassische französische Küche bietet. Die Einrichtung ist in provenzialischem Stil gehalten, obendrein werden Skulpturen und Lithografien aus dem 19. Jh. ausgestellt. Insgesamt etwas höherpreisig.

■ **Restaurant Vista Ifach,** c/ del Castillo 11, Tel. 966 492 494. Ein Lesertipp! Gutes Restaurant am Jachthafen mit moderaten Preisen. Serviert werden Tapas, Fisch-, Reisgerichte und Salate, außerdem gibt es einen netten Blick aufs Wasser dazu. Stilvoll in hellblauen Farben gehaltene Innen-Deko auf zwei Etagen.

Nützliche Adressen

■ **Einkaufen:** *Enoteca A Catarlo Todo,* Avda. Mediterráneo 106 (in Teulada), Tel. 965 740 399. Breit gefächerte Auswahl an Weinen und allem, was dazu gehört.

■ **Bus:** Avenida del Mediterrani 100.

Feste

■ **April:** Fest zu Ehren des Schutzheiligen *San Vicente Ferrer.*

■ **Juni (zweites Wochenende):** *Moros y Cristianos* in Moraira.

■ **Juli (erstes Wochenende):** *Font Santa* („Heilige Quelle") in der Wallfahrtskapelle.

■ **15./16. Juli:** *Virgen del Carmen* – mit Meeresprozession.

■ **September (erster Samstag):** *Moscatell* – mit Weinprobe.

Märkte

■ **Fischversteigerung:** c/ Dr. Calatayud 1, Mo–Fr ab 10 Uhr in der Auktionshalle.

■ **Wochenmarkt:** Mittwochs auf der Plaza V. Centenari in Teulada, freitags auf dem Parkplatz an der Straße von Moraira nach Calpe, 8.30–13.30 Uhr.

■ **Flohmarkt:** Sonntag, Ortseingang Teulada, im *Polígono Industrial,* 8.30–13.30 Uhr.

Benissa

Ein kleiner Ort von vielleicht 10.000 Einwohnern, etwas im Hinterland gelegen. Der mittelalterliche Ortskern zählt zu den hübschesten Vierteln überhaupt, viele historische Häuser und schmale Gassen prägen das Bild, es herrscht eine angenehme Atmosphäre. Mittendrin erhebt sich die nicht gerade kleine **Iglesia de la Purísima Xiqueta,** gewidmet der Schutzheiligen der Stadt. Ihr zu Ehren wird immer am vierten Sonntag im April ein großes Fest gefeiert. Die Kirche ist neogotisch gehalten und hat überraschend große Dimensionen. Die Bevölkerung nennt sie deshalb auch „Kathedrale der Region Marina", womit das Kreisgebiet von Benissa gemeint ist. Im Inneren befindet sich ein vergoldeter Altar. Vor der Kirche öffnet sich ein kleiner, hübscher Platz.

Viele historische Gebäude konzentrieren sich auf einen relativ engen Raum entlang der **Calle Purísima,** der längsten und immer noch wichtigsten Straße der Altstadt, oder in deren Seitengassen. So befindet sich das Rathaus an der **Plaza del Portal** in einem Gebäude aus dem Jahr 1790 (ehemaliges Hospital). Ein kleines Stück weiter erheben sich etliche herrschaftliche Häuser aus dem 18. Jh., heute sind hier Teile der Universität von Alicante untergebracht.

In der Calle Purísima steht auch das **älteste Gebäude der Stadt,** *La Sala del Consell,* es stammt aus dem späten 16. Jh. Es ist ein Haus, das schon verschiedene Funktionen hatte, anfänglich war es Getreidelager, später saß hier die Stadtverwaltung, dann das Stadtarchiv, kurzfristig war es Gefängnis und auch mal Lehranstalt.

Essen und Trinken

■ **Casa Paquita,** c/ Juan de Juanes 3, Tel. 652 315 583. Kleines, familiäres Lokal, in dem Hausmannskost gekocht wird, vor allem Fisch- und Reisgerichte. Günstige Preise, es liegt am Ortsrand Richtung Calpe. Mo geschlossen.
■ **Casa Cantó,** Av. del País Valencia 237, Tel. 674 121 909, Mo geschl. Di–So 13–16, Di–Sa 19.30–22.30 Uhr. Ein Traditionshaus seit 1979, es liegt knapp außerhalb vom Ortskern auf einer Anhöhe. Aufmerksamer Service, angenehmes Ambiente, regionaltypische Küche, es werden neben der üblichen Karte verschiedene Menüs angeboten.

Feste

■ **Anfang März:** *Mosta Gastronòmic,* eine gastronomische Schau, auf der sich viele Lokale und Geschäfte präsentieren.
■ **Vierter Sonntag im April:** Patronatsfest zu Ehren der *Purísima Xiqueta.*
■ **Letzter Sonntag im Juni:** *Moros y Cristianos*, die Eroberung der Stadt durch christliche Truppen wird nachgespielt.

> In Benissa

Calpe

- **Valencianisch:** Calp
- **Einwohner:** 36.600
- **PLZ:** 03710
- **Entfernung nach Alicante:** 62 km
- **Touristeninformation:** Avda. Ejércitos Españoles 44, Tel. 965 836 920, www.calpe.es, Mo–Fr 9–16.30 Uhr, Sa 10–14 Uhr.

Calpe blickt auf eine gut **3000-jährige Geschichte** zurück. Auf ein genaues Datum können sich Historiker nicht einigen, aber zumindest ist unbestritten, dass die Phönizier hier als Erste unterhalb des markanten Felsens einen Handelsplatz errichteten. Dieses Volk kannte schon den Felsen von Gibraltar, der eine entfernte Ähnlichkeit mit dem von Calpe aufweist. Zur Unterscheidung, so zumindest die Legende, sollen sie ihn „Cal-

pe" und „Hifach" genannt haben. „Calpe" wäre die Bezeichnung für eine Erhebung, während Hifach „Norden" hieße. Daraus wurde später der Name **Peñón de Ifach** oder auf Valencianisch Penyal d'Ifach.

Fremde kamen und gingen und hinterließen mehr oder weniger markante Spuren: Iberer, Griechen, Römer und Araber. Die einschneidendsten Veränderungen ergaben sich jedoch ohne Frage erst in der jüngeren Geschichte, und zwar durch den **Tourismus**. Wie auch in anderen Orten der Costa Blanca, entstanden in und um Calpe **Feriensiedlungen** im großen Stil. Vereinzelt baute man ungemein in die Höhe, besonders in Meeresnähe. Weiter im Hinterland bevorzugte man dagegen kleinere Einheiten, wie etwa Reihenhäuser. Dadurch erstreckt sich das Siedlungsgebiet von Peñón de Ifach heute über viele Kilometer, über 60 Siedlungen existieren, und alles wächst allmählich mit dem Nachbarort Teulada-Moraira zusammen.

Ein kleiner ursprünglicher Kern hat sich im Bereich des Ortseinganges noch erhalten können. Allerdings wird er von den Hochhausriesen in seiner Nachbarschaft schier erdrückt. Auch beim Hafen, direkt unter dem Peñón, finden sich noch **ein paar urige Ecken.**

Die Strände

Calpe hat **schöne Strände,** ein kleiner Teil liegt nördlich des Peñón de Ifach, die längeren Strände im südlichen Bereich. Diese Sandstrände verlaufen über 2 bis 3 km, sind ziemlich breit und werden von einer relativ unspektakulären Promenade begleitet. Hier liegen auch einige Lokale sowie einige **Überreste aus der römischen Besiedlungszeit.**

◁ Strandleben vor dem „Symbol der Costa Blanca", dem Peñón de Ifach

Sehenswertes

Peñón de Ifach

Als „das Symbol der Costa Blanca" wird dieser 332 m hohe, **steil aufragende Felsblock** auch bezeichnet. In der Tat hat der **Penyal d'Ifac**, wie er offiziell auf Valencianisch heißt (auf Spanisch: Peñón de Ifach) etwas Markantes, ragt er doch einen guten Kilometer ins Meer hinein, nur durch eine Landzunge mit dem Festland verbunden. Direkt unterhalb des Felsens hatte sich schon in grauer Vorzeit ein Fischereihafen etabliert. Oben hielt man nach Feinden Ausschau. Bei klarem Wetter soll man immerhin bis zur Baleareninsel Ibiza (ca. 80 km) sehen können. Bis 1987 war der Felsen in Privatbesitz bevor er in staatliche Hände überging und zum schützenswerten **Parque Natural** erklärt wurde.

Es besteht die Möglichkeit, den Gipfel zu Fuß zu erreichen, wobei es aber zu Wartezeiten kommen kann, da die Besucherzahl zu bestimmten Zeiten beschränkt ist. In Calpe ist der Zugang ausgeschildert. Zunächst geht es hoch bis zum **Info-Zentrum.** Direkt davor liegt eine kleine Picknick-Zone, und hier kann man auch auf einem kleinen Rundgang bis zum Klippenrand gehen und den fantastischen Weitblick über Calpe genießen. Das Info-Zentrum erklärt Flora, Fauna und die Geschichte des Naturparks; so wird nicht ohne Stolz berichtet, wie einst illegal errichtete Hotels schließlich gesprengt werden mussten. Neben dem Info-Zentrum beginnt der eigentliche Aufstieg an einer Sperre mit Zählwerk. Zunächst führt der Weg in Zickzack-Kurven nach oben, man passiert auch einen Tunnel. Danach folgt ein etwas steileres Stück. Schließlich wird nach einer Weggabelung ein **Aussichtspunkt** erreicht, danach geht es noch weiter hoch bis zum Gipfel. Hier ist der Aufstieg für Kinder offiziell verboten und man rät dringend zu **soliden Schuhen**, denn es geht sehr rustikal weiter. Gesamtdauer: ca. 1½–2 Stunden.

Das Besucherzentrum ist geöffnet: Mo–Fr 8.30–14.30 und Sa/So 9–14 Uhr.

„Archäologischer Spaziergang" Princep d'Astúries

Einen Eindruck vom gigantischen Felsen kann man auch von unten gewinnen, und zwar bei einem Spaziergang am Hafen vorbei zum Felsen. Dort verläuft der sogenannte „Archäologische Spaziergang" Princep d'Astúries. Hier wurde eine nette kleine **Promenade** mit liebevoll gepflegten Pflanzen angelegt. Man schaut fast ein wenig ehrfürchtig nach oben und versteht die Warnhinweise für Bergsteiger nun besser.

Lonja

Unterhalb des Felsens liegt auch der Hafen von Calpe mit der Lonja, wo heute noch täglich von Montag bis Freitag gegen 17 Uhr der **fangfrische Fisch versteigert** wird. Besucher können von einer Galerie aus dem Treiben zuschauen. Allerdings wird man als Ausländer wohl recht wenig verstehen, denn die Versteigerung erfolgt auf Valencianisch.

> Erinnerung an alte Zeiten

Saladar de Calpe

Ein weiteres Naturphänomen ist der **Salzsee** Saladar de Calpe, der ebenfalls zum Parque Natural deklariert wurde. Schon zu Zeiten der Römer gewann man hier Salz, und zwar so viel, dass die Besitzer damit Handel treiben konnten. Das rief wiederum die Herrschenden auf den Plan, die flugs eine Salzsteuer erfanden. Heute ist der Salzsee ein **Refugium für Vögel**. Zur richtigen Jahreszeit kann man hier Flamingos und Fischreiher stolzieren sehen, daneben diverse kleinere gefiederte Freunde.

Strandpromenade

Bei einem Spaziergang entlang der Promenade passiert man einige Zeugen der Vergangenheit, obwohl nicht mehr viel von ihnen zu erkennen ist. Der Turm **Torre del Molí** wurde einst unter König *Felipe II.* als Wehrturm zum Schutz der Küste vor den damals häufigen Piratenüberfällen erbaut. Ganz in der Nähe liegen auch die Fundstätten der **Termas Romanas** (Römische Thermen) und die **Banys de la Reina** („Bäder der Königin"). Beide sind Bestandteile der römischen Besiedlung. Zu dieser Zeit war hier

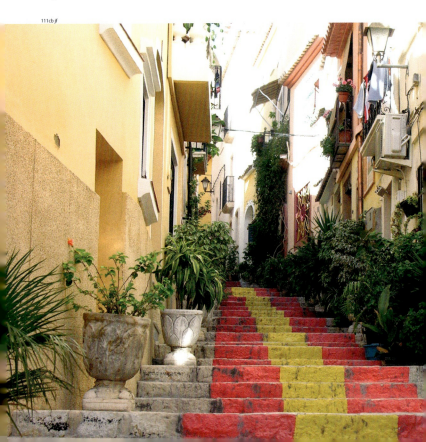

eine kleine Siedlung, von der heute noch nicht viel freigelegt ist. Man schätzt, dass es bislang nur etwa 25 % sind. Darunter sind auch einige reizvolle Mosaike, aber das meiste ist nach wie vor vergraben. Ebenfalls wurden Reste einer Therme freigelegt, eines römischen Dampfbades. Allerdings muss man derzeit als Besucher noch einige Fantasie aufbringen, um sich das Ganze vorstellen zu können, denn leider ist es nicht besonders gut aufbereitet. Weiterhin wurde ein System von sechs Wasserbecken am Meer entdeckt, die miteinander verbunden waren und wohl dem Fischfang dienten.

Altstadt

Die Altstadt von Calpe liegt gute 2 km vom Felsen entfernt. Aber der einst idyllische Kern hat sich in eine touristische Zone verwandelt. Eingerahmt von bis zu 20-stöckigen Blocks hat sich nur ein kleines Viertel mit Häusern aus dem späten 19./frühen 20. Jh. erhalten können. Dort liegt die **Plaça dels Mariners**, ein Platz, der am Tag der Virgen del Carmen (16. Juli) eingeweiht wurde zum Gedenken an die Seefahrer und Fischer aus Calpe. Ein Mosaik zu diesem Thema findet sich dort an den Häuserwänden.

Archäologisches Museum

Das Museum wird auch **Museu Casa de la Senyoreta** genannt, nach einer örtlichen Stiftung. Auf zwei Etagen werden Fundstücke aus Calpe und Umgebung gezeigt, die den geschichtlichen Bogen der Bronzezeit über die Iberer zu römischen Grabfunden schlägt. Außerdem wird ein Blick auf die mittelalterliche Zeit der Siedlung Calpe geworfen.

■ **Museo Arquéologico,** c/ Santísimo Cristo 7, an der Plaza de la Villa, geöffnet: Di–Sa 10–13 und 16.30–19.30 Uhr; der Eintritt ist frei.

◁ Liebevoll bepflanzte Gasse in der Altstadt

Kirchen

An der Plaza de la Villa steht eine Kirche aus dem 15. Jh., die einfach **Iglesia Antigua** („Alte Kirche") genannt wird. Ihre Stilrichtung ist gotisch-mudejar, weshalb sie als einzigartig in der Comunitat Valenciana gilt. Die ehemalige Stadtmauer stützt die alte Kirche.

Schräg gegenüber wurde in den 70er Jahren des 20. Jh. ein Gotteshaus errichtet, die **Iglesia Parroquial de Nuestra Señora de las Nieves.** Und schneeweiß (*nieve* = Schnee) zeigt sie sich auch, in einem für Kirchenarchitektur untypisch modernen und massiven Baustil. Auffällig die hübschen Mosaikarbeiten an der Außenwand, die Szenen aus dem Neuen und Alten Testament darstellen.

Praktische Tipps

Unterkunft

An großen Hotels und Apartments herrscht kein Mangel, hier ein paar Tipps zu kleineren Häusern:

■ **Hotel Porto Calpe**③, Explanada del Puerto 7, Tel. 965 837 332, www.portocalpe.com. Das sechsstöckige Haus liegt am Hafen unterhalb vom Peñón und hat 60 korrekte Zimmer. Von einigen schaut man auf den Berg, von der anderen Seite sehr schön aufs Meer und den Hafen. In der Nachbarschaft liegen etliche gute Fischlokale. WiFi.

■ **Pensión El Parque**②, c/ Portalet 4, Tel. 965 830 770, www.pension-el-parque-calpe.vivehotels.com. Das kleine Haus mit nur elf einfachen, aber korrekten Zimmern befindet sich im älteren Viertel von Calpe, ganz in der Nähe des zentralen Platzes Plaza de la Villa.

Camping

■ **Camping Calpemar,** 1. Kategorie, c/ Eslovenia 3, Tel. 965 875 576, www.campingcalpemar.com. Relativ kleiner Platz, der nur 300 m vom Strand entfernt auf halber Strecke zwischen Ortskern und Salinen liegt. Ganzjährig geöffnet. WiFi gegen Gebühr.

■ **La Merced,** 2. Kategorie, Avda. Jaume I. El Conqueridor 32, Tel. 965 830 097, www.campingcalpe.eu. Dieser Platz hat Kapazitäten für 200 Personen. Er liegt gut 700 m vom Strand Playa Levante entfernt in einer *urbanización* gleichen Namens. Ganzjährig geöffnet. WiFi.

Essen und Trinken

■ **Restaurante Baydal,** Avda. del Port 10, Tel. 965 831 111. Das Restaurant existiert bereits seit 1941 am Hafen und bietet leckere Fischküche; mit offener Terrasse, Tapas gibt es am Tresen.

■ **Casa Florencia,** Carrer del Mar, Tel. 965 833 584, So geschlossen. Liegt an einem netten kleinen Platz in der Altstadt und bietet Reis, Fisch und allgemein mediterrane Gerichte.

■ **La Viña de Calpe,** Av. Jaume I. el Conqueridor 1, Tel. 965 830 955. Charmantes Lokal, mit viel Liebe zum Detail und etwas verspielt dekoriert. Serviert werden Reis-, Fleisch- und Fischgerichte, bei gutem Wetter auch im Garten.

■ **Restaurant Capri,** Av. Gabriel Miró 40, Tel. 608 835 656. Ein Klassiker in Calpe seit 1978, hat eine beschauliche Lage direkt am Strand. Es gibt regionale Fisch- und Fleischgerichte, auch Salate und Menüs.

■ **Restaurante Los Zapatos,** c/ Santa María 7, Tel. 965 831 507, Di und Mi geschlossen. Kleines Lokal mit einer spannenden Küche, die französische Gerichte mit arabischen und auch mit spanischen Einflüssen vermengt.

Nützliche Adressen

- **Bahnhof:** Pda. Estación 1 (etwas außerhalb der Stadt).
- **Busbahnhof:** c/ Capitán Pérez Jordá (am Ortseingang).
- **Polizei:** Av. de Europa, Ecke c/ Holanda.

Einkaufen

- **Bodegas Avargues,** Avda. Gabriel Miró 4. Im Ortskern gelegene rustikale Bodega, in der *vino* und andere Alkoholika verkauft werden.

Feste

- **16. Juli:** *Virgen del Carmen* – mit Meeresprozession.
- **5. August:** *Virgen de las Nieves* – Patronatsfest mit Prozession.
- **22. Oktober:** *Stmo. Cristo del Sudor* – Patronatsfest.
- **Um den 22. Oktober:** *Moros y Cristianos*. Wie immer wird auch hier die Schlacht der Mauren und Christen nachgestellt, bei dem am Ende das christliche Heer siegreich bleibt.

Märkte

- **Wochenmarkt:** Sa 8–14 Uhr entlang der Av. Puerto de Santa María, am Rande der Altstadt.
- **Fischauktion:** Mo bis Fr ab 17 Uhr in der Fischauktionshalle, der *Lonja*, Avinguda del Port 15. Früher wurde der Fisch gleich am Strand mit lauter Stimme versteigert, später an der Hafenmole. 1979 wurde dann das erste feste Gebäude gebaut, dieses wurde 1991 von der aktuellen Halle abgelöst. Fisch wird heute von Montag bis Freitag gegen 17 Uhr versteigert. Die Fischer erreichen den Hafen in einer festgelegten, aber rollierenden Reihenfolge, und so gelangt auch jeweils ihr Fang zur Versteigerung, die in Calpe rückwärts läuft. Man startet mit einem hohen Preis, der stetig fällt, bis jemand den Preis akzeptiert. Alles läuft elektronisch mit einem Impulsgeber, über den jeder Käufer verfügt. Für jede Kiste gibt es einen Minimum-Preis, der nicht unterschritten werden darf. Besucher können von der Galerie aus zuschauen.

Ausflug

- **Küstenkreuzfahrt:** ab Hafen bis Benidorm oder nach Dénia und Jávea. Die Ticketbüros liegen am Hafen. Fahrpläne hängen dort ebenfalls aus.

Altea

- **Einwohner:** 24.000
- **PLZ:** 03590
- **Entfernung nach Alicante:** 51 km
- **Touristeninformation:** c/ Sant Pere 14, Tel. 965 844 114, www.altea.es, geöffnet: Mo–Fr 10–14, 16.30–19, Sa 10–14 Uhr.

Altea zählt fraglos zu den schönsten Orten an der Costa Blanca. Fast wie in einem andalusischen **„Weißen Dorf"** klebt die Altstadt an einem Hang, gekrönt durch das gleißende Blau der alles überragenden Kirche. Steile, verwinkelte Gassen verlaufen kreuz und quer durch das historische Viertel, schlagen Haken, enden abrupt. Man kann sich zwar leicht verirren, aber die grobe Richtung führt letztlich immer zum Ziel: Aufwärts geht es Richtung Kirche, abwärts zum Meer. Oben genießt man dann einen herrlichen Blick bis nach Benidorm und eine Erfrischung in einem netten Café.

Altea wird ein gewisser Hauch **Bohème** nachgesagt. Nicht wenige Künstler, Kunsthandwerker und Lebenskünstler, Privatiers, lässige Pensionäre leben hier und tragen zur angenehmen Atmosphäre bei. Altea unterscheidet sich so deutlich von vielen der benachbarten Orte, dass der Ort durchaus als **eine der letzten Perlen der Costa Blanca** bezeichnet werden darf. Obwohl der Platz rund um die Kirche sich durchaus schon etwas touristisch entwickelt hat.

Unten am Meer fließt der Verkehr auf der Nationalstraße 332 durch den Ort, was nicht gerade idyllisch wirkt. Aber sobald diese Verkehrsader überquert ist, erreicht man die hübsche Strandpromenade, und Entspannung setzt ein.

Die Strände

Im Ort verläuft der Strand **Playa la Roda** über knapp 1500 m. Er besteht aus gröberem Sand und ist auch von Steinen durchsetzt. Eine durchaus nette Promenade begleitet ihn, allerdings führt dort eine Straße entlang, erst auf der anderen Seite liegen eine Reihe von Lokalen.

◠ Alteas Shoppingmeile

▷ Iglesia Nuestra Señora del Consuelo

Altea

Sehenswertes

Altea zeigt sich schmuck, strahlend weiß und schweißtreibend. Das **historische Viertel,** *poble antic* genannt, liegt 65 Meter erhöht auf einem Hügel. Dadurch genießt man von vielen Punkten aus einen schönen Fernblick auf die Küste. Die engen Gassen verlaufen irgendwie quer durchs Viertel, führen bergauf und bergab. Auf einem Spaziergang passiert man kleine, hübsch dekorierte Häuser mit weiß getünchten Wänden, schmiedeeisernen Gittern vor den Fenstern und viel Blumenschmuck. Vereinzelt findet sich eine Bar oder ein kleines Geschäft.

Künstler ließen sich hier schon frühzeitig nieder, sodass fast folgerichtig auch eine Fakultät der Schönen Künste, die zur Universität Elche gehört, hier eine Dependance eröffnete. Heute stellen in der Altstadt Künstler ihre Werke aus oder arbeiten in offenen Werkstätten, es gibt kleine, nette Lokale, fast immer mit einer Terrasse, und sei sie auch noch so winzig. So hebt sich dieser schöne Ort noch mehr von den vielen massentouristisch geprägten Küstenorten in der Nachbarschaft ab.

Unten **an der Küste** entwickelte sich ein anderer Teil von Altea. In seiner Bauweise zwar angelehnt an das schöne Dorf

oben, aber eben viel mehr auf Touristen ausgerichtet. Kein Wunder, immerhin zählen acht Kilometer Strand zum Ortsgebiet. Außerdem verläuft hier eine relativ ruhige und nette Promenade. Ein **kleines Museum** stellt Werke des lokalen Künstlers *Navarro Ramón* aus, der 1903 in Altea geboren wurde.

■ **Museu de Pinturas** in der *Casa de la Cultura*, Costera Pont de Moncau 14, Mo–Fr 9–14, 16.30–21.30 Uhr, Sa 10–13 Uhr, Eintritt frei.

Die **Kirche Nuestra Señora del Consuelo** aus dem Jahr 1910 fällt schon von weitem durch die strahlend blauen Dachziegel ihrer Kuppel auf. Sie sticht aus dem Häusermeer hervor, ohne jedoch erdrückend zu wirken. Ein Glockenturm reicht bis zur Dachhöhe der Kirche. Von der oberen, quadratischen Plattform konnte man früher weit aufs Meer schauen, um mögliche Feinde rechtzeitig zu erspähen.

Der Aufstieg zur Kirche kann buchstäblich überall gestartet werden, aber ein guter Beginn wäre die Plaça del Convent, etwa in der Ortsmitte. Von dort läuft man ein Stück die Straße Pont de Moncan hoch. So richtig ins **Gassengewirr** eintauchen kann man dann bei der c/ Ángel Mestre Música und weiter über die c/ Salamanca. Schließlich erreicht man die c/ Major, wo schon genügend Bars und Shops auf die erschöpften Besucher warten. Am Ende betritt man den Kirchplatz, wo endgültig einige Lokale zur Pause einladen. Einmal um die Ecke kann man von einem Aussichtspunkt einen superben Blick über die Küste bis zu den Wolkenkratzern des benachbarten Benidorm werfen.

Die **Strandpromenade** fällt breit und adrett aus. Palmen wachsen hier, reichlich Ruhebänke locken zum „Aufs-Meer-hinaus-träumen", und für das leibliche Wohl sorgen einige Lokale mit Außenterrasse. Man kann angenehm flanieren und im oberen Teil seinen Wagen am Strand parken.

Praktische Tipps

Unterkunft

■ **Hotel San Miguel**②, c/ San Pedro 7, Tel. 965 840 400, www.hotelsanmiguelaltea.es. Ein fünfstöckiges, einfaches Haus an der Promenade mit 24 Zimmern, die Hälfte hat Meerblick.
■ **Hotel Altaya Altea**③, c/ Sant Pere 28, Tel. 965 840 800. Ebenfalls in erster Reihe stehendes Haus mit 24 relativ schlichten Zimmern, nicht alle mit Meerblick. WiFi.
■ **Hostal El Fornet**②, c/ Beniardá 1, Tel. 965 843 005, www.hostalfornetaltea.com. Das sehr kleine Haus liegt etwa 200 m vom Kirchplatz entfernt, damit zwar im Ort, aber nicht im touristischen Zentrum. Es hat einfache, aber korrekte Zimmer, unten befindet sich ein Lokal.
■ **Hotel La Serena**③-④, c/ Alba 10, Tel. 966 885 849, www.hoteleslaserena.com. Kleines, stilvolles Haus mit nur zehn Zimmern (ohne Fernseher, wie betont wird), das in der Altstadt liegt und sehr modern eingerichtet ist in einem ehemaligen Herrenhaus. Weitere Einrichtungen: kleine Terrasse, Pool, arabisches Hammam, Restaurant.

Camping

■ **Cap Blanch,** 1. Kategorie, Playa Cap Blanc 25, Tel. 965 845 946, www.camping-capblanch.com. Dieser mittelgroße Platz (Kapazität: ca. 600 Personen) liegt knapp 2 km südlich von Altea direkt am

Strand. Flaches Gelände mit Bäumen und Schatten durch Mattendächer. Ganzjährig geöffnet. Mietsafe, Postservice, WiFi.

Essen und Trinken

Unten an der Promenade reiht sich ein Lokal ans nächste, sogar ein japanisches Restaurant ist dabei. Oben in der Altstadt liegen bei der Kirche etliche Lokale. Sie geben sich alle einen künstlerischen Touch, was durchaus gelungen wirkt in dieser Umgebung.

Oben bei der Kirche

■ **L'Obrador,** c/ Concepción 18, Tel. 965 840 906. Dieses sehr beliebte Lokal mit seiner ausgesprochen dezenten Dekoration liegt in einem schönen, alten Gebäude. Italienische und französische Küche, natürlich auch mit Pizza, aber es gibt auch Crêpes für den kleinen Hunger.

MEIN TIPP: **Restaurante Oustau de Altea,** c/ Major 5, Tel. 965 842 078, Di–So 19–24 Uhr. Hübsches Lokal unterhalb der Kirche mit Terrasse und Innenhof. Draußen hängen etliche Auszeichnungen – das spricht für sich. Mediterrane Küche.

Unten am Meer

■ **Restaurant El Pescador,** c/ Sant Pere 24, Tel. 965 842 571. Hier gibt es sowohl Tapas als auch Fischgerichte, das Lokal hat eine nette, allerdings recht kleine Terrasse.

■ **Restaurante Racó de Toni,** c/ La Mar 127, Tel. 965 841 763. Der Küchenchef pflegt die ländliche Küche, bietet aber auch Fisch- und sonstige Gerichte. Mo–So 13–16, Di–Sa 20–23 Uhr, das Lokal ist komplett mit Stierkampf-Andenken dekoriert.

Nützliche Adressen

■ **Bahnhof:** c/ La Mar s/n, liegt unterhalb des historischen Ortsteils an der Durchgangsstraße, vom Bahnhof etwas steiler Aufstieg.

■ **Fischauktionshalle:** am Hafen, Av. del Port s/n. Wochentags ab 17 Uhr wird hier Fisch versteigert.

Einkaufen, Märkte

■ In der vom Kirchvorplatz leicht abwärts führenden **Calle Concepción** haben etliche **Kunsthandwerker** ihre kleinen Geschäfte.

■ **Wochenmarkt:** Di 8–14 Uhr, c/ Nucía, zwischen Kreisverkehr Retonda de la Cruz und Av. Valencia.

■ Am Camí de l'Algar befindet sich eine Art **Flohmarkt,** auf dem Bekleidung, Schuhe etc. angeboten werden, Di 8–14 Uhr.

■ Die **Markthalle** liegt in der Av. L'Alt Rei En Jaume I. 4. Hier gibt es Gemüse, Geflügel, Früchte, Brot und Fleisch. 7.30–14.30 Uhr.

Feste

■ 16. Juli: **San Pedro und Virgen del Carmen** – mit Meeresprozession.

■ 15. August: **Romería zu Ehren von San Lorenzo** im Ortsteil L'Olla. Am Strand wird eine Bühne aufgebaut, von der ein halbstündiges, beeindruckendes Feuerwerk gezündet wird.

■ Letzte Septemberwoche: **Moros y Cristianos.**

Schiffsausflüge

■ Täglich außer Mi werden Touren nach **Calpe, Jávea** und **Dénia** angeboten.

Guadalest

Guadalest zählt zu den **schönsten und zugleich zu den spektakulärsten Orten** der gesamten Region, was die Lage betrifft. Hoch oben auf einem Felsplateau gelegen und teilweise von Felswänden geschützt, wie bei einer natürlichen Festung. Der Zugang erfolgt noch immer durch einen Tunnel, der sich leicht verteidigen und schließen lässt. Nicht ganz falsch wurde Guadalest schon immer mit einem kaum erreichbaren Adlernest verglichen, denn die Lage machte den Ort militärisch praktisch uneinnehmbar. Die Region, auch Barrio del Castillo genannt, war bis 1609 von Mauren und Moriscos bewohnt, bis diese von *Jaime I.* vertrieben wurden. 1543 wurde der Titel „Graf von Guadalest" *(Marqués de Guadalest)* an einen verdienten Admiral vergeben, der damit auch die juristische Oberhoheit über 20 weitere Orte erhielt, was ein recht erkleckliches Geschäft war. Nach der Vertreibung der Morisken (konvertierte Muslime) im Jahr 1609 entvölkerten sich diese Dörfer, auch Guadalest. Außerdem zerstörte 1644 ein Erdbeben einen Großteil der Festung. Bei einer Explosion im Erbfolgekrieg, wurde das Castillo erneut schwer beschädigt.

Heute kommen Besucher von außen eine Treppe hoch, passieren den Tunnel und erreichen das kleine Dorf mit seinen gedrungenen Häusern. Bereits die Straße, die in den Ort führt, ist malerisch mit weißen Häusern gesprenkelt, in denen auch einige **Kunsthandwerker** ihre Waren anbieten. Schon von Weitem

sichtbar ist das kleine **Glockenhaus,** das abseits einer Kapelle ganz oben auf einer Felswand thront.

Die Kapelle **Parroquia de la Asunción** steht am einzigen öffentlichen Platz des Ortes, der Plaça del Castell. Von hier genießen Besucher einen spektakulären Blick auf die Bergwelt und einen tief unten liegenden Stausee.

Das kleine **Rathaus** beherbergt auch den ehemaligen Kerker aus dem 12. Jh. Das wichtigste Gebäude ist jedoch die **Casa Orduña,** die nach 1644 errichtet wurde und heute ein kleines Museum beherbergt. Hier wird Eintritt verlangt und man kann zum eigentlichen Kastell hochsteigen sowie zum höher gelegenen Friedhof. Auch von dort bieten sich spektakuläre Ausblicke.

Wer möchte, kann auch noch eine Reihe von kleinen **Museen** besuchen, so ein Museum der Miniaturen, ein ethnologisches, ein Museum für das Mittelalter und noch einiges an kleinen, speziellen Themenhäusern mehr. Kann man alles machen, aber am schönsten ist es doch, das Gesamtbild des Ortes aufzusaugen.

Außerhalb dieses historischen Bereichs liegt das **moderne Guadalest,** das es ebenfalls gibt. Hier fällt vor allem der riesige Parkplatz auf, wo Besucher ihren Wagen gegen Gebühr (2 €) abstellen und auch die vielen Reisebusse parken.

Guadalest ist auch **mit einem Linienbus erreichbar.** Bus Nr. 16 fährt ab Benidorm Bahnhof um 10.25 Uhr von Montag bis Freitag. Rückfahrt ab Guadalest um 13.30 Uhr, Fahrzeit ca. 30–40 Minuten.

◁ Guadalest mit dem Glockenhaus seiner kleinen Kapelle

Les Fonts de L'Algar

Die **Wasserfälle** von Algar liegen 3 km außerhalb von **Callosa d'en Sarrià** in Richtung Bolulla bzw. Pego. Auch hier wird so ziemlich jeder freie Platz als Parkraum vermietet. Auf einem teilweise ziemlich rustikalen und manchmal auch rutschigen Rundgang wird man an Wasserläufen und -fällen vorbeigeführt. Der Rundweg ist etwa 1,5 km lang. Er folgt dem Lauf des Río Algar, der sich seinen Weg durch Gestein und Felsen bahnt. Der Weg ist teils etwas mühsam, wasserfeste Schuhe sollten mitgenommen werden. Man passiert mehrere Wasserfälle, und es gibt mehrere gestaute Becken, wo man auch baden kann, weswegen es sich lohnt, Badebekleidung mitzunehmen. Speziell im Sommer ist dieses Naturschauspiel allerdings stark besucht. Ergänzend lässt sich noch ein **Museo del Agua** (Wassermuseum) besuchen, wo sich auch ein Arboretum mit typischer mediterraner Flora befindet. Der **Parkplatz** kostet 5 €, eigenes Essen darf nicht mit in den Park genommen werden.

Die **Anfahrt** ist zwischen dem 1.7. und 31.8. täglich auch mit dem Linienbus Nr. 18 ab Benidorm Bahnhof möglich. Abfahrt von Benidorm Bahnhof um 10.35 Uhr, Rückfahrt 17 Uhr, die Fahrt dauert 30 Min.

■ **Les Fonts de L'Algar,** geöffnet tägl. ab 9 Uhr, geschlossen wird je nach Jahreszeit zwischen 17 und 20 Uhr. Museum Eintritt: Erwachsene 5 €, ermäßigt 4 €, in der Nachsaison (Mitte Oktober bis Mitte Juni) 4/3 €.

Alfás del Pí

- **Einwohner:** 21.600
- **PLZ:** 03580
- **Entfernung nach Alicante:** 50 km
- **Touristeninformation:** c/ Federico García Lorca 11, Tel. 965 888 905, www.lalfas.es, geöffnet Mo–Sa 9–14 Uhr.

Der kleine Ort Alfás del Pí, unmittelbar zwischen Altea und der Bergkette Sierra Helada gelegen, ist heute hauptsächlich durch *urbanizaciones* geprägt.

Der eigentliche Ort liegt westlich der N-332 und hat einen kleinen, reizvollen Kern. Die **Strandzone** trägt den Namen **El Albir,** und auch dort liegen etliche *urbanizaciones*. Hier am Strand verläuft auch der **Paseo de las Estrellas** (auf Valencianisch: *Passeig de les Estrels*), wo sich bekannte spanische Filmstars und aufstrebende -sternchen verewigt haben, alles Teilnehmer des jährlichen Filmfestivals. (Fast die Hälfte aller Bewohner sind übrigens Ausländer, die aus etwa 90 Nationen stammen.) Wer mit der Bahn anreist, steige an der Station El Albir aus!

Die Strände

Der Hauptstrand misst etwa 500 m Länge und ist teils grobsandig, teils leicht steinig. Ein paar Palmen stehen am südlichen Ende, und dort erhebt sich auch der Gebirgszug Sierra Helada.

Praktische Tipps

Unterkunft

- **Boutique Hotel El Molí**④, c/ Calvari 12, Tel. 965 063 081, www.hotelmoliboutique.com. Schöner Kubusbau mit funktionalen Zimmern, Lounge, Restaurant, Bar und einem angenehmen Ambiente.

Paseo de las Estrellas

Benidorm

Nördliche Costa Blanca

Feste

- 7. bis 10. November: Patronatsfest **Santísimo Cristo del Buen Acierto.**
- Anfang Juli: **Festival de Cine** – überregional bekanntes Filmfest. In manchen Jahren kommen sogar die größten spanischen Stars.

Markt

- **Wochenmarkt:** Im Zentrum von Alfás del Pí, an der Avenida de la Constitución. Freitagsvormittags mit Lebensmitteln und Kleidung.
- In L'Albir findet sonntags in der c/ Isaac Albéniz eine Art *Rastro* statt, ein **Flohmarkt.**

- **Einwohner:** 74.000
- **PLZ:** 03500
- **Entfernung nach Alicante:** 42 km
- **Touristeninformationen:** Plaza Canalejas 1, Tel. 965 851 311, www.visitbenidorm.es, Mo–Fr 9–21 Uhr, Sa 10–14 Uhr, So 10–16 Uhr; c/ Gerona, Ecke c/ Darramador, Tel. 966 806 734; Av. Europa s/n, Tel. 965 860 095, Mo–Sa 10.30–17.30 Uhr, So 10–14 Uhr.

In Benidorm kann es schon mal eng ums Handtuch werden

Benidorm

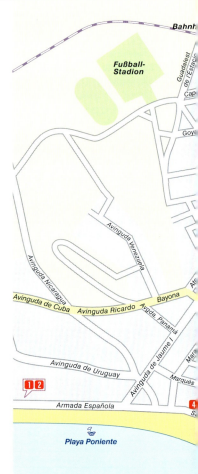

Benidorm ist einzigartig! Die Stadt ist die **touristische Metropole am Mittelmeer** mit dem größten Angebot an Betten – jedenfalls in Spanien. Aber als städtebauliche Schönheit kann man Benidorm wahrlich nicht bezeichnen. Wer auf der Autobahn vorbeifährt, nimmt nur eine Vielzahl von Wolkenkratzern wahr. Es ist keine Übertreibung, Dutzende von Betonkästen erreichen Höhen von 20 bis 30 Etagen. Mittlerweile erhebt sich hier mit dem Hotel *Bali* (52 Etagen) das höchste Hotel Europas. Die meisten Gebäude enthalten Ferienwohnungen, die hauptsächlich an spanische Touristen vermietet werden. Im Winter wird es sehr einsam in den Häuserschluchten. Trotzdem leben hier offiziell gemeldet etwas mehr als 74.000 Menschen, vermutlich sind es mit den nicht offiziell gemeldeten Ausländern eher 100.000.

Benidorm hat zwei sehr schöne Strände, in deren Mitte die kleine Altstadt liegt. Übermäßig groß ist der Ort nicht, das bergige Hinterland ließ keine weitläufigen *urbanizaciones* zu. In den 1940ern kamen nur ein paar spanische Urlauber in das damals kleine Fischerdorf. So blieb es bis in die 1950er Jahre. Dann begann man, die **ökonomische Seite der Tourismusindustrie** zu entdecken, und baute. Billige Arbeitskräfte aus Andalusien mauerten, Investoren aus Madrid und sonst woher knüpften Kontakte zu ausländischen Reiseveranstaltern, die Sache bekam eine Eigendynamik. Heute soll Benidorm mehr Betten im Angebot haben als manche spanische Provinz.

Aber all diese Betten wollen von Leuten belegt werden, die **Spaß im Urlaub** wünschen. Etwa 4 Mio. Touristen kommen alljährlich. Tagsüber trifft sich alle

- **Übernachtung**
- 1 Gran Hotel Delfín
- 2 Hotel Palmeral
- 4 Hotel Montemar
- 5 Gastrohotel Canfali, Hotel Villa Venecia
- 10 Hotel Cimbel
- 12 Hotel Belroy Palace
- 16 Campingplätze

Essen und Trinken
- 3 Restaurante La Cofradía
- 6 Restaurante La Tapería
- 7 Viele Bars in der Straße Santo Domingo
- 8 Tragantúa Gran Taberna
- 9 Restaurante Aitona
- 13 Freiduría Les Gaviotes
- 14 Restaurante Casa Toni
- 15 Restaurante La Palmera - Casa Nadal

Sonstiges
- 11 Festilandia
- 12 Fahrradverleih

Welt am Strand. Dann wird es eng rund ums Handtuch. Und nachts geht es in die Lokale: 60 Diskotheken und 800 Bars warten auf durstige Kehlen. Benidorm galt jahrelang als das Mekka für den Billigtourismus. Das hat sich zwar mittlerweile schon etwas verändert, aber ein hochpreisiges Ziel ist Benidorm nicht.

Rafael Chirbes, spanischer Schriftsteller, meinte, dass Benidorm ein bevorzugtes Ziel für spanische und ausländische Rentner sei, die hier ihre romantischen Vorstellungen vom warmen Süden zu finden hofften. Das mag so sein, verwundert aber dennoch angesichts einer wahren Wand von **über 100 Wolkenkratzern,** die das Stadtbild von Benidorm prägen. Vielleicht ist es ja banaler, denn insgesamt ist Benidorm trotz – oder gerade wegen dieses großen Angebots – noch immer **preiswert.** 11 Millionen Übernachtungen in einer Stadt sprechen eine deutliche Sprache, das ist der höchste Wert in ganz Spanien nach den Metropolen Madrid und Barcelona.

Das **Klima** spielt natürlich auch eine Rolle, etwa 3000 Stunden pro Jahr scheint die Sonne. Außerdem hat Benidorm mit seiner fünf Kilometer langen **Strandbucht** eine natürliche Schönheit. Und selbst in diesem so touristischen Ort gibt es historische Spuren. Die Iberer siedelten hier, später die Römer und ebenfalls die Mauren. Selbst der Ortsname geht auf die maurische Zeit zurück, denn Benidorm soll vom arabischen Namen *Beni-harhim* stammen, was in etwa „Familie der Harim" bedeutet, denen die Ländereien hier – angeblich – gehörten.

Auch die kleine **Altstadt** mit ihren schmalen Gassen erinnert ein wenig an die längst untergegangene maurische Zeit.

Geschichte

Jaime I. von Aragón eroberte auch diesen, damals noch kleinen Ort und gab ihn als Legat an *Bernat de Sarrià,* der damit Herrscher über „die Burg und die Bevölkerung von Benidorm" wurde, wie es in einem historischen Dokument heißt. Dieser verkaufte seine Rechte später an Prinz *Pedro* und schließlich landeten die Rechte bei dessen Enkel, dem Grafen von Dénia. Groß war der Ort nicht und die Bevölkerung lebte hauptsächlich vom Fischfang. 1325 wurden gerade einmal 216 Seelen gezählt, 1725 waren es 2700. Aber so richtig boomte der Ort erst mit dem aufkommenden **Tourismus ab der 1950er Jahre.** Schon etwas früher waren Benidorms Strände das sommerliche Ziel der reichen Familien aus Madrid, auch als der Ort noch ein kleines Fischerdorf von 3000 Einwohnern war. Als aber ab 1950 immer mehr Menschen kamen, auch aus dem Ausland, wurde gebaut. Und wie! Die Gebäude schossen förmlich in die Höhe, vor allem ab 1970, und führten schließlich zu der Skyline, für die Benidorm heute berühmt ist.

[>] In Benidorm ist die Nacht nicht allein zum Schlafen da!

Die Strände

Jeweils nördlich und südlich der Altstadt erstreckt sich ein ziemlich breiter Sandstrand auf etwa 2000 m (nördlich) bzw. 3200 m Länge. Begleitet werden beide Strände von einer insgesamt nicht sonderlich spektakulären Promenade, an der etliche Lokale, vereinzelt auch Hotels, ansonsten aber sehr viele Hochhäuser liegen. Hier ist immer viel los, und ab dem Nachmittag wird auch schon kräftig abgefeiert.

Sehenswertes

Die einmalige Ansammlung von Hochhäusern ist für sich genommen schon etwas Beeindruckendes. Ansonsten gibt es kaum Sehenswürdigkeiten.

Jeder Besucher wird wohl einmal die kleine Altstadt durchstreifen und dabei den Aussichtspunkt hinter dem ehemaligen **Castillo** ansteuern. Hier steht auch die **Kirche San Jaime** aus dem 18. Jh.

Auf einem Felsen, der vorwitzig in einiger Höhe aufs Meer hinausragt, errichtete man einen hübschen Aussichtspunkt, **Plaça del Castell** genannt. Von dort aus hat man einen phänomenalen Blick auf die gigantische Skyline von Benidorm und auf beide Hauptstrände, sowie auf die winzige, etwa 3 km vorgelagerte **Isla de Benidorm.**

In der **Altstadt** findet man einige nette Gassen mit etlichen Treppen, wie beispielsweise die Carrer dels Gatas. Überall locken Geschäfte, kleine Läden, Bars, Cafeterías. In diesem Viertel lebt noch ein Resthauch des Benidorm von einst.

Unten an den **Strandpromenaden** haben die Matadore der Neuzeit, nämlich Burger-Shops, Karaoke-Clubs, britische, deutsche, belgische, niederländische und schwedische Tresen, Einzug gehalten, wobei die Briten in Benidorm klar die Mehrheit stellen.

Der **Parque de L'Auigüera** in der Ortsmitte ist eine größere Grünfläche, die sich angenehm vom Betonbrei abhebt. Hier finden auf zwei Freilichtbühnen vereinzelt Konzerte statt.

Dort steht auch das moderne **Rathaus** der Stadt (*Ayuntamiento* auf Spanisch), das wie eine Art Brücke über dem Park fast ein wenig schwebt, und Spaziergänger gehen tatsächlich unter dem Gebäude hindurch. Das Rathaus besteht überwiegend aus Glas, in das die Namen sämtlicher 62.000 Einwohner geschrieben sind, die zum Zeitpunkt der Erbauung in Benidorm gemeldet waren.

Außerdem liegt im Park bei der Stierkampfarena ein kleines landwirtschaftliches **Museum**, das *Museo Agrícola*, das Exponate zur Landwirtschaft ausstellt.

■ **Museo Agrícola,** Av. de Inglatera, täglich 9–14, 16–19 Uhr geöffnet, Eintritt frei.

Im *Centro Cultural Marítimo* wird die maritime Vergangenheit Benidorms ausgestellt mit Schiffsmodellen, Fotos, maritimen Bildern, Netzen, Ankern, Darstellungen der Fischerei.

■ **Centro Cultural Marítimo,** Passeig Colón 7, Mo–Fr 16–19 Uhr, im Sommer 9–14 Uhr, Eintritt frei.

Terra Mítica

Neben dem im Norden bei Tarragona gelegenen Port Aventura ist dies der größte **Themenpark** Spaniens. Auf einer Fläche von einer Millionen Quadratmetern (das sind fast 200 Fußballfelder) investierte man knapp 270 Mio. Euro. Im Park werden die vergessenen Welten und **Kulturen des Mittelmeerraumes** zum Leben erweckt: Ägypten, Griechenland, Rom, Iberien und Las Islas („Die Inseln").

Mittelpunkt ist ein riesiger künstlicher See, der das Mittelmeer darstellt. Hier liegen die verschiedenen Kulturen, die der Besucher aufsuchen kann. Beim Besuch Ägyptens erlebt man den geschäftigen Hafen von Alexandria, durchstreift Basare und betritt Pyramiden. Ähnliches findet bei den Römern und Griechen statt, wo man u.a. den Tempel des Zeus erkunden kann und die Olympische Arena oder, etwas barbarischer, einen römischen Sklavenmarkt.

Neben diesen historisch nachgestellten Bauten werden dem Besucher auch Attraktionen geboten, wie eine **Achterbahn** namens El Toro Bravo („Der wilde Stier") in Iberien oder die römische Variante Magnus Colossus (die größte Holz-Achterbahn des gesamten Mittelmeerraumes). Solch ein Kreischvergnügen bieten auch Touren über das „Mittelmeer", zum Beispiel in Iberien über die Stromschnellen von Argos oder bei der mythischen Reise des Odysseus, die im Bereich Las Islas nachgestellt wird.

■ **Terra Mítica,** geöffnet generell von April bis Dez. 10.30–20 Uhr, aber nur von Mitte Juni bis Mitte Sept. täglich, sonst eingeschränkte Öffnungszeiten; an vielen Tagen ist gar nicht geöffnet. Im Internet sind die genauen Termine angegeben; Mitte Juli bis Anfang Sept. bis 24 Uhr; Eintritt: Erw. über 12 Jahre 39 €, Junioren (4–12 Jahre) und Senioren (über 65 Jahre) 28 €, Tickets online gekauft sind günstiger. Infos über die Homepage www.terramiticapark.com, Tel. 902 020 220. Anfahrt: *Terra Mítica* kann man praktisch nicht verfehlen. Sowohl die Autobahn als auch die Nationalstraße haben eigene Abfahrten zum Park. Sogar an eine eigene Bahnstation hat man gedacht. Wer mit der Küstenlinie Alicante – Dénia anreist, steigt an der Station „Terra Mítica" aus. Aus der Stadt kann man mit dem Stadtbus der Linien 1 und 3 bis direkt vor den Eingang fahren.

Mundomar

Mundomar ist ein **Showpark,** in dem hauptsächlich **dressierte Wassertiere** ihre Kunststücke in Shows zu festen Zeiten, die auf der Homepage genannt sind, vorführen. Es gibt ein Delfinarium, Wasserschildkröten, Papageien, Pinguine, Seelöwen, aber auch eine finstere Grotte mit Fledermäusen sowie eine altspanische Galeone.

■ **Mundomar,** www.mundomar.es, geöffnet: Mitte Februar bis 1. November tägl. 10–18 Uhr; Eintritt Erw. 31 €, Kinder 3–12 Jahre und Senioren über 65: 25 €. Tickets übers Internet sind deutlich günstiger. Anfahrt: Der Park liegt am Ortsrand von Benidorm. Von der Autobahn nimmt man die Abfahrt 65 und achtet auf die Beschilderung. Von der Plaza Triangular pendelt regelmäßig ein Zubringerbus.

Aqualandia

Aqualandia liegt in unmittelbarer Nachbarschaft von *Mundomar* und ist ein **Badepark** mit diversen Rutschen, Wasserfällen und Spaßbädern. Er gilt als einer der größten Wasserparks Europas mit 14 Becken, 27 Rutschen und vielen Spielmöglichkeiten für Kinder. Je nach Gusto geht es im Zickzack durch unzählige Kurven („Zig-Zag") oder rasanter über eine wellige Piste („Kamikaze") oder durchs verschlungene, dunkle Loch. Wer es etwas ruhiger mag, findet auch sein Planschbecken und einen schattigen Platz auf der Liegewiese. Zu erreichen: siehe *Mundomar*.

■ **Aqualandia,** geöffnet: Ende Mai bis Anfang Okt. 10 bis ca. 19 Uhr; Eintritt Erw. 39 €, Kinder 4–12 Jahre 29 €, Kinder bis 3 Jahre frei. Tickets übers Internet sind deutlich günstiger.

Praktische Tipps

Unterkunft

Irgendjemand hat einmal ausgerechnet, dass Benidorm mit 41.000 mehr Betten im Angebot hat als jeder andere spanische Mittelmeerort. Das *Bali*, eines der höchsten Hotels Europas, bietet allein schon 776 Zimmer. Doch die überwiegende Anzahl der Unterkünfte besteht aus Apartments, die auf dem spanischen Markt angeboten werden.

4 Hotel Montemar ④, c/ Sant Pere 18, Tel. 965 850 600, https://hmontemar.com. Gute Lage in der Altstadt am Strand, von vielen der schön eingerichteten Zimmer toller Meerblick. Zimmer mit Balkon und auch Kühlschrank in den *Elite-Rooms* in der 5.–7. Etage, oben auf dem Dach gibt es eine Sonnenterrasse.

1 Gran Hotel Delfin④, Av. Mont Benidorm 13, Tel. 965 853 400, www.granhoteldelfin.com. Insgesamt 92 Zimmer hat dieses altkastilische Haus mit drei Etagen und einem netten Garten (7000 m²!). Es liegt in Strandnähe (Playa Poniente), aber gute 2 km von der Altstadt entfernt. WiFi.

12 Hotel Belroy Palace③-④, Av. del Mediterráneo 13, Tel. 965 850 203, www.belroy.es. Haus mit 125 Zimmern, nur einen Block vom Strand Playa Levante entfernt. Im Angebot sind auch Apartments, ab 4 Nächten mit Transport zum Flughafen.

10 Hotel Cimbel④, Av. Europa 1, Tel. 965 852 100, www.hotelcimbel.com. Mit 140 Zimmern steht dieses traditionsreiche Haus direkt am Strand der Playa Levante. Aus vielen Zimmern genießt man einen tollen Blick vom Balkon aufs Meer.

2 Hotel Palmeral②-③, c/ Santander 12, Tel. 965 850 176, www.hotelpalmeral.com. Mit 63 Zimmern (darunter auch Familienzimmer mit 4 Betten) ein mittelgroßes, aber doch familiäres Hotel unweit von der Playa Poniente. Großer Vorteil für Ausflügler: In knapp fünf Minuten erreicht man über eine Schnellstraße die Autobahn. WiFi.

5 Gastrohotel Canfali②-③, Plaça San Jaime 5, Tel. 965 850 818, www.hotelesrh.com. Mitten in der Altstadt gelegenes 38-Zimmer-Haus, nur eine Minute Fußweg vom Balcón del Mediterráneo entfernt. Von einigen Zimmern traumhafter Seeblick. Herausragend auch die Terrasse und das **Restaurant,** das eine „Fusion-Küche" verspricht, ganz oben gibt es noch eine Sonnen-Terrasse. WiFi.

MEIN TIPP: 5 Villa Venecia④, Plaça San Jaime 1, Tel. 902 165 454, http://hotelvillavenecia.com. Fünf-Sterne-Hotel in spektakulärer Lage, hoch oberhalb der weit geschwungenen Strandbucht und direkt neben dem Balcón del Mediterráneo. Elegant eingerichtete Zimmer mit einem superben Blick aufs Meer, da mag man kaum das Bett verlassen! Bäder mit Hydromassage, im Zimmer obendrein eine *Nespresso*-Kaffeemaschine. Außerdem gibt es eine Terrasse mit Whirlpool. WiFi.

Camping

Es gibt insgesamt elf Campingplätze in Benidorm. Sie konzentrieren sich alle im östlichen Bereich des Ortes. Die meisten liegen an der Av. de la Comunitat Valenciana, der alten N-332, die restlichen sind nur eine Parallelstraße entfernt zu finden. Zum Strand (Playa Levante) sind es von allen Plätzen 1–3 km, zum Ortskern ebenso.

Zu finden: Über die Autobahn die Abfahrt 65 nutzen, Richtung Benidorm fahren und am ersten großen Kreisverkehr nach links Richtung Valencia in die Av. de la Comunitat Valenciana abbiegen. Eine Auswahl:

16 Armanello, 2. Kategorie, alte N-332 nach Valencia am km 123, Av. Comunidad Valenciana s/n, Tel. 965 853 190, www.campingarmanello.com. Die Platzkapazität beträgt 360 Personen, die auf einem abgestuften Gelände Schatten unter Bäumen und Palmen finden. Strand und Zentrum sind 1,5 km entfernt. WiFi. Es gibt auch sogenannte *Barrel Houses,* also: Schlafen im Fass!

16 Benisol, 2. Kategorie, alte N-332 am km 124, schräg gegenüber von Camping Armanello (offizielle Adresse: Av.Comunidad Valenciana 124), Tel. 965 851 673, www.campingbenisol.com. Immerhin 900 Personen finden Platz und Schatten unter Mattendächern und Bäumen. Durch Hecken parzelliert. Ebenfalls 3 km vom Zentrum und vom Strand entfernt, weiterhin gibt es Pool, Restaurant, Geldautomaten und einen Sportbereich. WiFi.

16 Villasol, 1. Kategorie, Av. de Bernat de Sarrià s/n, Tel. 965 850 422, www.camping-villasol.com. Großer Platz für 1500 Personen auf terrassiertem Gelände mit Kiesuntergrund. Schatten durch Mattendächer. Der Platz liegt etwa 1,5 km vom Playa de Levante entfernt. Wer möchte, kann auch Bungalows oder *Mobile Homes* mieten. Es gibt einen Pool und in den Sommermonaten ein breites Animationsprogramm. Anfahrt: Abfahrt 65 von der Autobahn nutzen und nach Benidorm über die Avda. Europa fahren. Am ersten großen Kreisverkehr nach links in die Av. Comunitat Valenciana einbiegen. Vor dem Camping Don Quichote nach rechts in die Av. del Derramador abzweigen und dann abermals nach links in die Av. Bernat de Sarrià.

Cerrado por vacaciones – wegen Ferien geschlossen

Und Gott sprach: "Am siebenten Tag sollst du ruhen." Das gilt in Spanien nur bedingt. Für die Iberische Halbinsel hätte er auch fordern können: "Im achten Monat sollst du Urlaub machen." **Spanien im August:** Ein ganzes Land schaltet zwei Gänge herunter. Wer nur irgendwie kann, macht Ferien. Büros, Fabriken, Behörden, Geschäfte, jeder versucht, vier Wochen frei zu nehmen. „Cerrado por vacaciones" („wegen Ferien geschlossen") steht dann auf den Schildchen, die überall am Eingang kleben. Und wenn doch mal ein Geschäft geöffnet hat, dann nur am Vormittag – jedenfalls in „spanischen" Orten, natürlich nicht da, wo der Tourismus dominiert.

Alle Jahre wieder senkt sich im Sommer eine Hitzeglocke über das Land, und pünktlich zum 1. August setzt sich die Karawane in Bewegung. **Millionen Spanier reisen** an die Strände. Zwei Drittel reisen an die andalusische Costa del Sol oder eben an die Costa Blanca. Die Übrigen zieht es in die Berge oder ins Dorf der Eltern. Ins Ausland fahren die wenigsten. Alle starten aber am gleichen Termin, treffen sich auf der Autobahn wieder und stehen gemeinsam im Stau. „Bis September dann", so verabschieden sich Arbeitskollegen Ende Juli voneinander.

Und was ist mit denen, die nicht die Stadt verlassen können, die Temperaturen von 40°C ertragen und einer Beschäftigung nachgehen müssen? Die Familie aalt sich derweil schon längst am Strand, während die Zurückgebliebenen leiden. „Rodríguez" werden diese Strohwitwer genannt. Sie schleppen sich irgendwie durch die Pflichten des Alltags, ersehnen den Sonnenuntergang herbei und verlagern das **Leben in die Nacht.** Da „kühlt" es zwar auch nur auf 28–30 °C ab, aber welche Labsal! Klar, dass alle dann rausgehen, sich auf Terrassen niederlassen, ein Schlückchen hier, ein Gläschen dort sich gönnen. Es gibt kaum einen Spanier, der in dieser Zeit vor 1 Uhr ins Bett geht.

Wer hingegen sein Urlaubsziel erreicht hat, richtet sich für ein paar Wochen auf einen **festen Rhythmus** ein: Spätes Aufstehen, kurzes Frühstück, erster Besuch der Bar und dann geht es ab zum Strand. „Vamos a la playa!", egal, wie heiß es ist. Bis 14 Uhr brät man gemeinsam, findet sich in kleinen Gruppen zusammen, plaudert, döst, ruft hinter den Kindern her. Dann kommt langsam Unruhe auf, und spätestens um 15 Uhr ist der Strand leer. Alle hocken nun eine ganze Weile lang am Mittagstisch. Erst gegen 16/17 Uhr zieht man sich in den Schatten zurück. Die heilige Siesta will gepflegt sein. Bis 19 Uhr verkriecht sich jeder vor der größten Tageshitze. Dann tauchen alle wieder langsam auf. Entweder geht man noch einmal an den Strand oder aber in eine Bar oder schon zum *paseo*, dem abendlichen Spaziergang. Und wenn sich die Sonne so gegen 22 Uhr verabschiedet, ist der Zeitpunkt des Abendessens gekommen. Die ganze Familie hockt bis kurz vor Mitternacht zusammen und genießt die angenehmen Temperaturen. Hier sind sich die Zurückgebliebenen in der Stadt und die Urlauber an den Stränden einig: Die lästige Tageshitze muss man irgendwie überstehen, aber Leben findet im achten Monat in Spanien nur in der Nacht statt.

Essen und Trinken

In der **Altstadt** verlaufen etliche schmale Gassen mit einer Reihe von Bars, besonders viele liegen in der **7 Calle Santo Domingo.** Ebenfalls relativ viele Lokale findet man rund um die Plaza Constitución, die mitten in der Altstadt liegt und vom Ende der Strandzone Playa Levante leicht erreicht wird. Dort sollen besonders die Tapas-Bars **Aurrerá** (eine baskische Bar) sowie die große, rustikale Kneipe **La Cava Aragonesa** erwähnt werden. In beiden bekommt man sehr leckere Tapas.

14 Restaurante Casa Toni, c/ Cuenca 15, Tel. 965 850 053. Leckere Fischgerichte! Mit kleiner Bar. Durch und durch spanisch, was in Benidorm nicht selbstverständlich ist. Mo/Di geschlossen.

15 Restaurante La Palmera – Casa Nadal, Av. Dr. Severo Ochoa 44, Tel. 965 853 282. Das Lokal liegt etwas außerhalb im Bereich der Campingplätze und genießt einen hervorragenden Ruf. Spezialität sind Fisch- und Reisgerichte.

13 Freiduría Les Gaviotes, c/ Esperanto 16, Ecke Avda. Ortis Llorca, Tel. 965 861 245. Der Begriff „Fischbratküche" wäre vielleicht eine Beleidigung,

kommt dem einfachen Lokal aber doch recht nahe. Sehr beliebt, speziell am Sonntag bilden sich lange Schlangen, was für die Qualität spricht.

9 **Restaurante Aitona,** c/ Ruzafana 2, Tel. 965 853 010. Liegt etwas am Rand der Altstadt an einem halboffenen Platz und fällt schon optisch auf. Es gibt ein Mittagsmenü und ein Abendmenü (etwas teurer), die Karte besteht hauptsächlich aus Fisch-, Reis- und Fleischgerichten.

3 **La Cofradía,** c/ Gardenias 7, Tel. 622 300 670, So geschlossen. Familiäres Nachbarschaftslokal mit gutem Preis-Leistungsverhältnis, es gibt Reis, Fisch, Meeresfrüchte, ergänzend auch Tapas.

8 **Tragantúa Gran Taberna,** Plaza Constitución 8, Tel. 965 867 176, tägl. ab 12 Uhr. Liegt in der Altstadt und bietet neben Fisch, Fleisch, Meeresfrüchten auch Tapas, die aufgereiht unter Glas am Tresen stehen. Das Mobiliar wirkt etwas schlicht, aber davon nicht abschrecken lassen.

6 **La Tapería,** c/ Santo Domingo 10, Tel. 618 131 873, tägl. ab 12 Uhr. Hier gibt es Tapas in allen

Im Abendlicht funkeln die zigtausend Fensterscheiben von Benidorm

denkbaren Variationen, man kann sie als Menü bekommen oder auch einzeln. Ebenfalls zum Teilen gibt es Tellergerichte, aber natürlich kann auch à la carte bestellt werden.

Nachtleben

■ In der **Altstadt** finden Durstige in der Calle Santo Domingo diverse Bars sowohl unterschiedlichster Nationalitäten als auch diverser spanischer Provinzen. So kann man vom baskischen Tresen hinüber in die asturische *Cidrería* wechseln und den köstlichen Apfelwein probieren, bevor es in eine andalusische Bar mit frittiertem Angebot geht. Schließlich folgt ein Gläschen Sekt in der *Cava Aragonesa*.

Schwer abgefeiert wird auch in vielen **britisch geprägten Bars** in der Calle Gerona oder in der Avenida de Mallorca. Hier herrscht mitunter ein etwas derberes Ambiente, wer aber gut Englisch spricht, wird sich sicher amüsieren können. Dort liegen auch ein paar irische Lokale, wo es deutlich gemütlicher zugeht.

■ Die großen **Diskotheken** liegen zumeist entlang der alten Nationalstraße N-332, die heute Avenida Comunitat Valenciana heißt. Dort tummelt sich die nächtliche Szene im *KM, Pachá, KU, Penélope* und anderen angesagten Tanztempeln.

Nützliche Adressen

■ **Busbahnhof:** Av. de la Comunidad Europea s/n. Liegt schon etwas außerhalb, Stadtbusse 03 und 11 fahren ins Zentrum.

12 Fahrradverleih: *Marco Polo,* Av. Europa 5 (Hotel *Belroy Palace*), Tel. 965 863 399.

■ **Post:** Av. Europa 8.

11 Festilandia: Av. Mediterráneo 20, ein beliebter Vergnügungspark für Kinder.

Feste

■ **19. März:** *Las Fallas* – kunstvoll gebaute Figurengruppen werden um Mitternacht verbrannt.
■ **6./7. Juli:** *San Fermín.*
■ **16–21. Juli:** *Virgen del Carmen* mit einer Meeresprozession.
■ **25. Juli:** *San Jaime* – Schutzheiliger von Benidorm.
■ **Erste Oktoberwoche:** *Moros y Cristianos.* Wie immer wird die Vertreibung der islamischen Herrschaft durch christliche Heere nachgespielt.

Markt

■ **Wochenmarkt:** Mi und So 8–13 Uhr, unweit vom Hotel *Barceló Pueblo Benidorm,* c/ Ibiza, zweigeteilter Markt, auf der einen Seite gibt es Lebensmittel, auf der anderen Seite Bekleidung.

■ **Markthalle,** Carrer del Mercat 1, Mo–Sa 9–20 Uhr. Breite Auswahl an Lebensmitteln, Obst, Gemüse, Fleisch, auch einige Bars vorhanden.

Ausflüge

■ Am einfachsten können die benachbarten Küstenorte mit der **Schmalspurbahn** Dénia – Alicante besucht werden. Zum Bahnhof fährt alle 30 Min. der Stadtbus Nr. 01, unter anderem über die Avenida Europa und die Avenida del Mediterráneo.

■ **Schiffstouren:** In den Sommermonaten fahren kleinere Schiffe vom Hafen von Benidorm nach Calpe, nach Villajoyosa sowie zum Dienstagsmarkt nach Altea.

Alcoi

Eine mittelgroße Stadt von rund 62.000 Einwohnern, die etwa 50 km von der Küste entfernt im Inland liegt. Alcoi (auf Spanisch: Alcoy) liegt zwischen drei Flüssen, sodass **zahlreiche Brücken** die Stadtteile verbinden und der Stadt somit eine ganz eigene Struktur geben.

Das Wasser dieser Flüsse brachte der Stadt auch Wohlstand. In Alcoi entstand schon frühzeitig eine **Textilindustrie,** denn durch die Wasserkraft konnten Maschinen betrieben werden, mit denen Tücher und Baumwolle gefärbt wurden. Ebenso wurden mit Wasserkraft Maschinen angetrieben, um Papier herzustellen, hier vor allem **Zigarettenpapier,** wofür die Firmen in Alcoi ein Monopol in ganz Spanien hatten.

Gegründet wurde Alcoi in der islamischen Zeit. Die Stadt wurde, wie so viele Orte in dieser Gegend, von den Truppen unter *Jaime I.* erobert. Während der entscheidenden Schlacht soll am 23. April *San Jorge,* der heilige *Georg,* gleichzeitig auch bekannt als „der Drachentöter", mit erhobenem Schwert den Christen zu Hilfe gekommen sein. Diese Schlacht wird noch heute jährlich mit großem Aufwand vom 22. bis 24. April gefeiert und nachgespielt. Das hiesige Fest **Moros y Christianos** hatte ursprünglich nur einen religiösen Charakter, entwickelte sich im Laufe der Jahrzehnte zum heutigen **Großspektakel.** Fast den ganzen April über finden Veranstaltungen statt, aber die wichtigsten Feier-Tage bleiben die Tage **vom 22. bis 24. April.** Auf der Plaza Mayor wird eine Burg aufgebaut, die Schlachten werden detailgetreu nachgespielt: Alles in allem ein Riesenspektakel, das mit (fast möchte man sagen typisch alcoyanischem) Ernst ausgetragen wird.

Alcoi hat in Spanien auf verschiedenen Gebieten einen bestimmten Ruf. So stammen von hier die berühmten **Oliven** der Marke *La Española.* Auch wird den Bewohnern ein gewisser **Starrsinn,** eine ungewöhnliche Hartnäckigkeit nachgesagt, die sich in dem Ausspruch „XY tiene más moral que el alcoyano" (XY ist moralischer als jemand aus Alcoi).

Was gibt es sonst noch zu sehen? Die **Altstadt** mit ihren schmalen Gassen und dem **Archäologischen Museum.** Ausgestellt sind Fundstücke aus der Region, die aus der Epoche der Iberer und Römer stammen.

■ **Museu Arqueològic Municipal d'Alcoi,** Placeta del Carbó s/n., geöffnet: Mo–Fr 9–14 Uhr, Sa/So 11.30–13.30 Uhr, Eintritt: 1 €.

Das **Museu Alcoià de la Festa** (Alcoy-Museum der Feier) in der c/ San Miguel 60 zeigt viele Kostüme und erläutert die Historie des alten Festes um die Schlacht zwischen Christen und Mauren; es liegt schräg gegenüber vom archäologischen Museum im Gebäude, das den Namen Casal de Sant Jorge trägt. Das Museum ist sehr modern mit audiovisuellen Medien ausgestattet.

■ **Museu Alcoià de la Festa,** geöffnet: Di–Sa 10–14 und 16–19 Uhr, So 11–14 Uhr, Eintritt: 3 €.

Villajoyosa

- **Valencianisch:** La Vila Joiosa
- **Einwohner:** 34.400
- **PLZ:** 03570
- **Entfernung nach Alicante:** 32 km
- **Touristeninformation:** Calle Colón 40, Tel. 966 851 371, www.villajoyosa.com, geöffnet: Mo–Fr 9.30–15 und 16–20 Uhr, Sa 9–14 Uhr, So 10–13.30 Uhr.

„La Vila", wie der Ort liebevoll von seinen Bewohnern genannt wird, zeigt sich heute zweigeteilt. Unterhalb der Nationalstraße N-332, die mitten durchs Stadtzentrum verläuft, bietet Villajoyosa tatsächlich ein „fröhliches" Bild, wie der Ortsname suggeriert. Oben sieht es weniger liebreizend aus. Dort wachsen Wohnblocks in den Himmel und es herrscht erstaunlich viel Verkehr in den engen Gassen. Irgendwie wirkt dieser Ortsteil etwas überdimensioniert für die kleine Stadt. Aber **unten am Meer** ist La Vila **wirklich hübsch.** Dort flaniert man auf einer netten Promenade, durchstreift die engen Gassen der Altstadt, bewundert das Aushängeschild des Ortes, die bunten Häuser, oder man sonnt sich am schönen Sandstrand.

Hinweise für Anreisende mit der **Bahn:** Fahren Sie bis zur Station Creueta. Von dort gehen Sie Richtung Meer (in Fahrtrichtung Alicante nach links laufen) und überqueren nach ca. 200 m die vielbefahrene N-332. Dann durch den kleinen Park hinuntergehen und schon ist der Strand erreicht.

Gesichert ist durch archäologische Funde, dass zur römischen Zeit in Spanien auch hier eine kleine Siedlung existierte. Diese soll auch schon früher bestanden haben, als Griechen sich hier niederließen, was aber nicht zweifelsfrei belegt ist. 1251 eroberten christliche Truppen den Ort und befreiten ihn von der islamischen Herrschaft. 1452 wurde ihm den Titel „Königliche Stadt" gewährt, was einen Sitz im Rat von Valencia bedeutete. Spaniens König *Alfonso XIII.* gewährte 1911 Stadtrechte.

Die Strände

Direkt im Ort verläuft ein schöner Sandstrand von etwa 1,5 km Länge und mit einer durchschnittlichen Breite von 25 m, der sich aber in Hafennähe noch deutlich verbreitert. Parallel begleitet den Strand eine angenehme Promenade mit einer schmalen Straße. Einige wenige Lokale gibt es auch. Nördlich und südlich vom Ort liegen noch einige kleinere Strandbuchten sowie der südlich zu findende, etwa 1000 m lange Strand **Playa Paraís,** der aber leicht steinig ist.

Der breite Strand von Villajoyosa

Sehenswertes

Die farbigen Häuser

Bekannt geworden ist der Ort durch seine farbenfrohen, schmalen Häuser im Viertel Arsenal. Diese haben zumeist drei Etagen und sind überwiegend leuchtend **gelb, blau, grün** oder **ocker** getüncht. Angeblich wurden die Häuser in diesen auffälligen Farben gestrichen, damit die Fischer schon aus der Ferne erkennen konnten, wo „ihr" Dorf lag.

Die bunten Häuser sind das oft fotografierte **Markenzeichen** von Villajoyosa, aber direkt dahinter liegt ein ganzes Viertel mit ähnlich konstruierten Häusern, die nur nicht so bunt bemalt sind. Einige wurden durchaus schick restauriert, andere sehen doch etwas vernachlässigt aus, aber unzweifelhaft sind diese Bauten ein Merkmal, das andere Orte der Costa Blanca nicht haben. Ursprünglich war das ganze Viertel von einer **Mauer** umgeben, um den Ort gegen **Piratenattacken** zu schützen. Als diese im 18. Jh. nachließen, baute man auch die ersten Häuser jenseits der Mauer, einige wurde sogar direkt auf die Mauer gesetzt. Genau dies kann man besonders gut von der Brücke aus sehen, die über den ausgetrockneten Fluss führt.

Promenade

Direkt vor dem Strand verläuft eine schöne Promenade mit breitem Gehweg und einigen Terrassenlokalen. Hübsche Fliesen und historische Laternen bestimmen das Bild, Ruhebänke laden zum Verweilen ein. Ausgehend von den bunten Häusern verläuft diese Promenade vielleicht über 2 km. Für Fußgänger wurde ein recht breiter Raum geschaffen, für Autos bleibt nur eine Fahrspur. Unterhalb der bunten Häuser gibt es ein paar Lokale, und dort wachsen sogar einige Palmen. Folgt man der Promenade, werden ein paar Apartment-Blocks und ein relativ großes Hotel passiert, und dort liegen auch weitere Lokale unterschiedlicher Ausrichtung, sogar ein indisches Restaurant sind zu finden. Diese Zone endet beim Hafen.

Parque Censal

Nett gestaltet wurde auch eine kleine **Grünanlage,** der Parque Censal. Ein paar verschlungene Wege führen hinunter aus der verkehrsreicheren oberen Stadt, mitten durch hübsch dekorierte Rabatten. Wer nicht laufen mag, nutzt die ziemlich lange Rolltreppe, die hier auch verläuft.

Altstadt

Die kleine Altstadt schließt sich mit **engen Gassen** und teils renovierten, teils doch arg maroden Häusern an. Früher schützten eine Burg und eine hohe Mauer den Ort zum Meer hin vor den häufigen Piratenüberfällen. Aber von beiden ist nicht viel erhalten geblieben.

Besichtigt werden kann aber die **Kirche Nuestra Señora de la Asunción** aus

dem 16. Jh. Das schlichte Gotteshaus am Rande der Altstadt beherbergt das Bildnis der Schutzpatronin der Stadt, *Santa Marta*. Die Legende berichtet, dass die heilige *Marta* bei einem Piratenüberfall 1538 erschien und den bedrängten Einwohnern beistand. Offenbar erfolgreich, denn sie wird noch heute verehrt.

Die Kirche fällt wuchtig aus, denn es war zugleich eine wehrhafte **Trutzburg**. Oben sind teils noch die Schießscharten zu erkennen, wo einst Kanonen herausragten. Sogar die kirchliche Apside war in den Verteidigungsring integriert.

Fisch und Schokolade

Ab etwa 17 Uhr können Interessierte bei der täglichen **Fischversteigerung** in der *Lonja*, der Auktionshalle, am Fischereihafen zuschauen oder eine Tasse Schokolade trinken. Auf die Kunst der Schokoladenherstellung ist man hier so stolz, dass sogar ein eigenes **Museum** für die süße braune Verführung eingerichtet wurde. Um einmal den örtlichen Prospekt zu zitieren: „Sie können in den Schokoladencafés der Stadt die Süße des Lebens kosten". Das Museum liegt bei der Schokoladenfabrik *Valor*.

■ **Schokoladenmuseum,** Avda. Pianista Gonzalo Soriano 13, knapp oberhalb der Bahnlinie und der Bahnstation Creueta, www.valor.es, geöffnet: Mo–Fr 10–13 und 17–19 Uhr, Sa 10–13 Uhr, freier Eintritt, Führungen auf Englisch: 11 und 16 Uhr, Sa 11 Uhr.

◁ Die bunten Häuser
sind Villajoyosas Markenzeichen

Vila Museum

Das Museum ist in einem ehemaligen Schulgebäude untergebracht, es zeigt eine **archäologische und enthnografische Sammlung** von Funden, die überwiegend aus der Region stammen. Eine Zweigstelle dieses Museums ist das **Casa Museo La Barbera dels Aragonés,** das eine Sammlung von Möbeln und Dekorationsgegenständen aus der Romantik (hauptsächlich 19. Jh.) zeigt.

■ **Vila Museum,** c/ Colón 57, Tel. 966 503 355, www.vilamuseu.es, geöffnet 16.9.–15.6. Di–Sa 10–19 Uhr, So 10–14 Uhr, 16.6.–15.9. Di–Sa 10–14 und 18–21.30 Uhr, So 10–14 Uhr, Eintritt 3 €, ermäßigt 1,50 €.
■ **Casa Museo La Barbera dels Aragonés,** c/ Huit de Maig 2/n, geöffnet Di –Fr 13–14 Uhr, Eintritt 1,50 €.

Praktische Tipps

Unterkunft

■ **Hotel El Montiboli**④, Partida de El Montéboli s/n, Tel. 965 890 250, www.montiboli.es. Eines der besten Häuser am Ort, ca. 3 km außerhalb bei der Playa Caleta hoch oberhalb der steilen Klippen gelegen. Insgesamt 89 Zimmer, für die teuersten muss man ungefähr mit 200 € rechnen.
■ **Hostal El Mercat**②, c/ Jaime Soler Urrios 2, Tel. 965 895 933. Kleines Haus im oberen Ortsbereich mit 37 Zimmern und drei Apartments. Das Haus ist einfach und zweckmäßig eingerichtet, hat kein TV und auch nur Ventilator und keine Air Condition, oben gibt es eine Dachterrasse.
■ **Hotel Allon Mediterranie**④, Av. del Port 4, Tel. 965 890 209, www.hotelallon.es. Hervorragende Lage direkt vor dem Strand, nur eine einspurige Straße führt vorbei. Modernes Design mit viel Glas.

Von vielen Balkonen der 99 Zimmer toller Blick aufs Meer. Die Zimmer sind modern eingerichtet ohne viel Schnickschnack. WiFi.

Essen und Trinken

Direkt in den bunten Häusern befinden sich vor einem kleinen Platz in der unteren Etage kleine, gemütliche Lokale, die zumeist Fisch anbieten und bei Sonnenschein auch Tische hinausstellen.

■ **Le Carbanon,** Av. Dr. Esquerdo 6, Tel. 966 850 687. Liegt unweit des Meeres vor den bunten Häusern, bietet gute Fisch- und Reisgerichte, aber auch Tapas.

Die hübsche Strandpromenade lädt zum Verweilen ein

■ **Restaurante La Marina,** Avda. Dr. Esquerdo 25, Tel. 965 894 195. Das Lokal liegt an der Straße vor der Strandpromenade und bietet Reis-, Fisch- sowie Fleischgerichte. Mo. geschlossen.

MEIN TIPP: Hogar del Pescador, Av. País Valencià 33, Tel. 965 890 021. Reis- und Fischgerichte dominieren in diesem von der Bruderschaft der Fischer betriebenen Haus. Sehr gutes Preis-Leistungsverhältnis. Tägl. 13.30–16.30 Uhr, Fr/Sa 20.30–23 Uhr.

■ **Taberna Tres 14 by Pinet,** c/ Colón 45, Tel. 966 851 383, geöffnet Mo–So 13.30–16, Fr–Sa 20–23.30 Uhr. Liegt unweit vom Touristenbüro im Ortskern. Hier gibt es vor allem Reisgerichte, darunter täglich ein eigens kreiertes Reisgericht, das nicht auf der Karte steht. WiFi.

■ **Casa Elordi,** Av. Joan Carles I. 3, Tel. 966 852 663, geöffnet Di–Sa 13.30–16, Fr/Sa 20.30–23 Uhr. Schön eingerichtetes Lokal mit elegantem Stil, ebenfalls stilsicherer und gekonnter Service. Medi-

terrane Gerichte mit Produkten der Region, die mit einer individuellen Note angereichert sind. Hauptsächlich Fisch- und Reisgerichte.

■ **Chocolatería Valor,** Av. del País Valencià 14, u.a. *chocolate* und *churros,* das leckere Fettgebäck, das gern zum Frühstück in heiße Schokolade getunkt wird, aber auch oberleckere kleine Schokoladen-Kunstwerke.

Nützliche Adresse

■ **Post:** Av. País Valenciano 30.

Feste

■ **16. Juli:** *Virgen del Carmen* – mit einer Meeresprozession.
■ **24. bis 31. Juli:** *Moros y Cristianos* – im Morgengrauen des 28. wird die Anlandung der Mauren in Booten nachgespielt, ebenso die heldenhafte Verteidigung durch die Christen und das Erscheinen der heiligen Marta. Eines der spektakulärsten Feste dieser Art überhaupt in Spanien!
■ **29. September:** *San Miguel* – Patronatsfest.

Einkaufen, Märkte

■ **Especialitats Lloret,** c/ Ciutat de Valencia 31. Sehr gut bestückter Feinkostladen, auch mit einem guten und breiten Angebot an Weinen.
■ **Wochenmarkt:** Do 9–13.30 Uhr, einer der größten Märkte der Region, zu finden an der Verlängerung der Straße Avingunda Carles Llorca i Baus, am westlichen Bereich der Stadt, nicht sehr weit entfernt vom Bahnhof Creueta.
■ **Fischmarkt:** tägl. ab etwa 17 Uhr (außer Sa und So) in der Lonja am Hafen, Av. del Port 37; mit Versteigerung, die im umgekehrten Sinn erfolgt, wie in so vielen Fischbörsen hier an der Küste. Dazu wird ein hoher Preis aufgerufen, der dann so lange fällt, bis ein Händler zugreift. Privatpersonen können nicht mitsteigern.
■ **Markthalle,** c/ Canalejas 24, Mo–Sa 8–14 Uhr. Sehr modernes Gebäude, das nicht jedem gefällt. Drinnen ist es effizient und funktional aufgebaut, wenn auch ein wenig steril. Breites Angebot an Lebensmitteln.

Xixona

Xixona liegt etwa 20 km nördlich von Alicante im Hinterland der Costa Blanca und zählt 7500 Einwohner. Der Ort heißt auf Spanisch **Jijona;** er genießt im ganzen Land einen einzigartigen Ruf, denn hier wird **Turrón** hergestellt, eine süße Leckerei mit Mandeln, Honig, Eiklar und Zucker. Es gibt sie in einer harten Form *(Turrón duro)* und einer weicheren Variante *(Turrón blando),* die zur Weihnachtszeit in keinem spanischen Haushalt fehlen darf. Die bekanntesten Firmen heißen *El Lobo, Antic-Xixona* oder *La Jijonenca;* deren Produkte gibt es überall, aber irgendwie schmecken sie doch am besten am Stammsitz. Konsequenterweise gibt es auch ein Museum, in dem man alles über die Herstellung erfährt (und auch probieren darf).

Turrón wurde schon zur Zeit der Araber hergestellt, und seitdem hat sich über Jahrhunderte diese Tradition gehalten, bis sie schließlich von den Bewohnern perfektioniert wurde. Die ältesten Firmen haben deshalb auch eine 350-jährige Geschichte. Mittlerweile ist der Herstellungsprozess geschützt, nur ausgewählte Firmen dürfen die Leckerei herstellen, die sogar mit einem eigenen Gütesiegel versehen ist. Schon immer arbeitete ein Großteil der Bevölkerung Xi-

xonas in den Fabriken, die *Turrón* herstellen. Da dieses ein Saisongeschäft ist, das von September bis Weihnachten dauert, reisten Händler in der restlichen Jahreszeit durch Spanien, um diese Ware zu verkaufen, einige Unerschrockene fuhren sogar bis nach Südamerika.

Ein anderes saisonales Standbein war die Produktion von **Eis**. Die umliegenden Berge erreichen Höhen von 1200 Metern, was ausreichend war, dass der gefallene Schnee sich zu Eis verfestigte und lange bis ins Frühjahr liegen blieb. Die Bewohner nutzten früher dieses Natureis als Basis, um daraus Speiseeis zu produzieren, was heute nicht mehr nötig ist, aber immer noch wird leckeres Speiseeis in Xixona hergestellt. Beides, leckeres Eis und *Turrón*, sind in Xixona überall zu bekommen.

■ **Museo del Turrón,** Pol. Ind. Ciudad del Turrón, sector 10,2 an der Carretera Jijona Busot, km 1, http://museodelturron.com/web, geöffnet: 10–13 und 16–18.15 Uhr, in der Nebensaison bis 17.30 Uhr, Eintritt: 3 €, in der Nebensaison 1,50 €.

Leckerer „Plombenzieher": Turrón

In der Vorsaison hat man den Strand auch mal ganz für sich

El Campello

- **Einwohner:** 26.500
- **PLZ:** 03560
- **Entfernung nach Alicante:** 11 km
- **Touristeninformation:** Calle San Bartolomé 103, Tel. 965 634 606, www.elcampelloturismo.com, geöffnet: 1.4. bis 30.9. Mo–Sa 9–14 und 17–20 Uhr, So 10–13 Uhr, 1.10. bis 31.3. Mo–Sa 9–14 und 16–19 Uhr.

Dieser kleine Ort war in der Vergangenheit erst einmal nichts weiter als ein Fischerdorf. Aber die Nähe zur Metropole Alicante verwandelte El Campello dann doch im Laufe der Zeit. Als Erste kamen, zunächst nur als sporadische Gäste, die Alicantiner. Später folgten dann großstadtmüde Spanier und noch später die Nordeuropäer. Heute ist die Umgebung von El Campello gesprenkelt mit *urbanizaciones*.

Der kleine Ort hat aber immer noch einen beachtlichen **Fischereihafen** und einen ziemlich langen Strand, was heute zu seinen größten Attraktionen zählt. Ansonsten kann El Campello als zweigeteilter Ort beschrieben werden. Im oberen Bereich mit der Bahnstation und dem Rathaus liegt der geschäftige Teil mit ganz gewöhnlichen Häusern, Läden und Lokalen. Nichts Besonderes also. Der untere Teil wird durch den Hafen und den Strand geprägt.

Die Strände

Der Strand erstreckt sich über etwas weniger als 2 km zwischen Hafen und einem ausgetrockneten Flussbett. Auch hier gibt es eine Promenade, die ausgesprochen schlicht wirkt, aber dennoch eine angenehme Stimmung erzeugt. Es ist hier alles ein wenig dezenter als in anderen Orten. Lokale existieren zwar an

der Promenade, sie dominieren aber nicht das Bild.

An der Promenade erhebt sich ein bräunliches **Denkmal,** geschaffen vom Künstler *Arcadio Blasco* zur Erinnerung an die schwer arbeitenden Fischer, es trägt deshalb auch den Namen „Monumento al Pescador".

Sehenswertes

Das alte Fischerviertel **Carrer del Mar** lohnt immer noch einen Besuch, genau wie der Hafen und die nachmittägliche Fischversteigerung. Diese findet von Montag bis Freitag ab 18.30 Uhr statt (im Winter ab 18 Uhr).

Aus den fernen Tagen des 16. Jh. steht noch ein **Wehrturm** am Hafen. Dort hockten Späher, die das Herannahen von Piraten melden sollten. Etwas weiter, hinter dem Hafen, liegt die **Ausgrabungsstätte Illeta del Banyets.** Die Ursprünge reichen gut 5000 Jahre zurück; man fand dort Hinterlassenschaften der Iberer, Römer und Mauren. Der Name *Illeta* (Insel) deutet es schon an – lange lag dieses Inselchen separiert und etwas vorgelagert im Meer. Erst nachdem man dort prähistorische Funde machte, wurde es 1944 mit dem Festland verbunden. Zwischen 1931 und 1935 wurde der Ort erstmals systematisch erforscht und später erneut in den 1970er Jahren. Das Ergebnis war verblüffend, denn es fanden sich 5000 Jahre alte Überreste und Belege, dass hier Römer (1./2. Jh. n.Chr.), davor die Iberer (5.–4. Jh. v.Chr.) siedelten und sogar menschliche Spuren aus der Bronzezeit wurden nachgewiesen. Aus der iberischen Zeit fand man Waffen, Vasen, Gräber und Keramiken sowie Gebäudereste. Auch aus der römischen Phase ließen sich Thermen und andere Gebäudestrukturen nachweisen, sowie Vorrichtungen zum Fischfang.

■ **Illeta del Banyets,** zu erreichen per Bahn bis zur Station „Poble Espanyol", oder mit dem Stadtbus Nr. 21 bis zur Haltestelle „Calle San Bartolomé 78"; geöffnet: 16.6.–15.9. Di–Sa 9–13, 18–21 Uhr, So 9–13 Uhr, 16.9.–15.6. Di–Sa 10–14, 15.30–17.30 Uhr, So 10–14 Uhr. Eintritt 2 €.

Der **obere Ortsteil** konzentriert sich um die Plaza de la Constitución, der von den Bewohnern auch Plaza de la Rana genannt wird. Dort steht das „Kulturhaus" *(casa de la cultura),* in dem regelmäßig Ausstellungen sowie Aufführungen stattfinden. Einmal ums Eck schließt sich die Plaza Canalejas an, einer der ältesten Plätze der Stadt. Dort steht die **Kirche Iglesia Santa Teresa,** die 1849 erbaut wurde.

Praktische Tipps

Unterkunft

■ **Hotel La Familia Gallo Rojo**④, c/ Benissa 9, Tel. 965 635 402, www.hotellafamiliagallorojo.com. Großes Vier-Sterne-Hotel, leicht abgestuft ge-

> Ausgrabungsstätte Illeta del Banyets

baut. Es liegt 150 m vom Strand entfernt, hat große Zimmer, einen Pool, WiFi und ein Restaurant ganz oben, von wo man einen tollen Fernblick genießt.

■ **Hotel Mar Azul**②, c/ San Pedro 128, Tel. 965 635 588, www.hotel-marazul.com. Kleines Haus mit 17 Räumen, das in der zweiten Strandreihe liegt, also konkret in der ersten Parallelstraße, aber nur 50 m von der Playa entfernt. Die Zimmer sind einfach eingerichtet, aber durchaus in Ordnung, ein Frühstück wird serviert.

Camping

■ **Costa Blanca,** 2. Kategorie, c/ Convento 143, Tel. 965 630 670, www.campingcostablanca.com. Ein ganzjährig geöffneter Platz für 330 Personen unter alten Bäumen, aber ganz in der Nähe der Bahnlinie. Zu erreichen ist er über die N-332, km 120,5, bei der großen Tankstelle in Richtung Meer abbiegen. Der Platz liegt 800 m vom Meer entfernt und bietet neben einem Pool auch Holzbungalows zur Miete an.

Essen und Trinken

■ **Restaurant La Peña,** c/ San Vicente 12, Tel. 965 631 048. Maritimes Ambiente und eine gute Fischküche hat das zweistöckige Lokal, es liegt direkt an der Promenade. Sehr geschätzt sind auch die Menüs mit Fisch oder wahlweise mit Meeresfrüchten oder Reis.

■ **Restaurant Seis Perles,** c/ San Vicente 97, Tel. 965 630 462. Ist lässig-gemütlich eingerichtet, hat eine große Terrasse, bietet verschiedene Menüs und vor allem Reisgerichte (u.a. *Paella*) an.

Feste

■ **15. Oktober:** *Moros y Cristianos* – mit Landung der feindlichen Mauren unterhalb des Wehrturms und anschließender „Schlacht".

■ **16. Juli:** *Virgen del Carmen* – mit einer Meeresprozession.

Coves del Canelobre

Die **Höhlen** (spanisch: *cuevas*) von Canelobre liegen etwas außerhalb des 11 km von El Campello entfernten Busot. Stalaktiten und Stalagmiten regen die Fantasie an. Einige erinnern an Kandelaber (mehrarmige Kerzenständer), was auch zur Namensgebung führte. Ein Raum hat besonders riesige Ausmaße (der größte Spaniens), sodass hier, wie Insider (nur flüsternd) zugeben, während des Bürgerkrieges Flugzeuge versteckt waren. Dieser Felsdom wird durch die gewaltige Kuppel von bald 70 m gekrönt und deshalb auch „Kathedrale" genannt. Die Führung bringt die Besucher schließlich zu einem gut 25 m hohen Turm, der in Anlehnung an die gleichnamige Kirche aus Barcelona auch **„La Sagrada Familia"** genannt wird. Die Höhlen liegen auf 700 Meter Höhe im Gebirgszug **Serra Cabeçó d'Or**, und sie werden durch einen Tunnel von 45 Metern Länge betreten. Die gesamte Höhle hat auch eine spektakuläre Akustik, sodass hier gelegentlich Konzerte stattfinden.

■ **Coves del Canelobre,** geöffnet: 1.9.–30.6. Di–Fr 10.30–16.50, Sa/So, feiertags 10.30–17.50 Uhr, 1.7.–31.8. tägl. 10.30–19.30 Uhr. Eintritt 7 €, Kinder (5–14 Jahre) 3,50 €, Führungen für Gruppen alle 30 Minuten.

San Juan de Alicante

San Juan kann schon als **Vorort** gelten, liegt es doch nur 9 km von Alicante entfernt. Relativ lang gezogen, geht San Juan zwar nicht nahtlos in die Metropole über, ist aber auch nur durch einen bescheidenen Höhenzug von ihr getrennt. Schon früher verlagerten die Bewohner vor allem ihre kleineren industriellen Familienbetriebe vor die Tore der Stadt. Später folgten dann Sonnenanbeter. Immerhin weist der Ort kilometerlange weiße Sandstrände auf, die am Wochenende auch viele Alicantiner anlocken. Diese verlegen mittlerweile auch gerne ihren Wohnsitz nach San Juan. Heute ist San Juan eine Mischung aus Urlaubs- und Wohnort. Und nach Alicante fährt regelmäßig eine Straßenbahn.

Die Strände

Der Hauptstrand von San Juan hat **gewaltige Ausmaße,** schon allein die durchschnittliche (!) Breite von 85 m muss man erst mal finden. Mehrere Kilometer rollt sich dieser feinsandige Strand dann aus. Vor ein paar Jahren begann man übrigens mit **Sandaufschüttungen,** da auch hier (genau wie auf der deutschen Nordseeinsel Sylt) das Meer den Sand abgetragen hat.

▷ Ausgrabungsstätte Lucentum

Sehenswertes

Lucentum

Nahe der Playa de la Albufereta liegt Lucentum, eine ehemalige **ibero-römische Stadt** und heutige **Ausgrabungsstätte,** die heute inmitten zwischen Hochhäusern in einem Vorort von Alicante liegt. Die Ausgrabungsstätte liegt auf einem Hügel namens **Tossal de Manises,** und sie erstreckt sich auf über fünf Hektar. Originär war Lucentum eine iberische Siedlung aus dem 4. oder 5. Jh. v.Chr., deren Bewohner Handelsbeziehungen zu Griechen und Phöniziern unterhielten. Später siedelten hier auch Karthager und bauten Gebäude nach ihren Vorstellungen, wodurch die ursprüngliche iberische Kultur bis auf Teile der Außenmauer verschwand. Kurz vor der Zeitenwende kamen die Römer. Im 1. Jh. v.Chr. erhielt die Siedlung dann den Status „Municipium" (Gemeinde) und den Namen Lucentum. Es gab einen kleinen öffentlichen Platz, zwei öffentliche Bäder, ein eigenes Kanalisationssystem, einen Tempel, und der Ort war vollständig von einer Mauer umgeben. Lucentum konnte sich lange halten, aber nachdem die Nachbarstadt Ilici (Elche) dann doch einen größeren Aufschwung nahm, verfiel Lucentum so langsam. Im 2. Jh. n.Chr. war Lucentum schon weitestgehend entvölkert, ab dem 3. Jh. geriet der Ort in Vergessenheit. Zur muslimischen Zeit wurde er auch als Grabstätte genutzt.

Noch heute ist die Anlage von einer **Mauer** eingefasst. Im Inneren sind vor allem **Fundamente von Gebäuden, Stelen und Mosaike** zu sehen. Hieraus konnten unterschiedliche Besiedlungsstufen abgeleitet und zugeordnet werden.

■ **Lucentum,** geöffnet: 15.6. bis 15.9. Di–Sa 9–13 und 18–21 Uhr, So 9–13 Uhr, 15.9. bis 14.6. Di–Sa 10–14 und 15.30–17.30 Uhr, So 10–14 Uhr, Eintritt: 2 €. Zu erreichen: per Straßenbahn L3 bis zur Station Lu.

Praktische Tipps

Unterkunft

■ **Hostal San Juan**③, Av. Jaime I. 110, Tel. 965 652 308, www.hsanjuan.es. Gut eingerichtetes Haus, das direkt am Strand liegt und 38 Zimmer hat. Außerdem vorhanden: eine Cafetería, Pool und vor allem eine große Terrasse mit Meerblick. Bus Nr. 21 von Alicante kommend hält fast vor der Tür.

Essen und Trinken

■ **Toch,** c/ Enric Valor 2, Tel. 966 354 703. Reisegerichte und hervorragende Tapas werden in diesem kleinen, kunstvoll dekorierten Lokal serviert.

Überblick | **92**

Anreise | 93

Geschichte | 94

Praktische Tipps | 107

Städtisches Leben | 95

Die Strände | 93

2 Alicante

Die Stadt hat fast 2500 Jahre auf dem Buckel, aber sie zeigt sich keineswegs altbacken. Der Historie wird gedacht in einem topmodernen Museum, ansonsten lebt man gerne im Hier und Jetzt, nutzt den schönen Strand mitten in der Stadt und die vielen Lokale der Altstadt. Vorher aber wird flaniert, vor allem über die sehr schöne und von Palmen gesäumte Promenade Explanada de España.

◁ Blick auf Alicante von der Festung Castillo de Santa Bárbara

Alicante und Umgebung

Überblick

Valencianisch: Alacant (diese Schreibweise findet sich auf vielen Verkehrsschildern)
Einwohner: 335.000
PLZ: 03002
Touristeninformationen: Rambla Méndez Núñez 41 und Plaza del Ayuntamiento 1, Mo–Fr 10–18, Sa 10–14 Uhr, Tel. 965 200 000, www.alicanteturismo.com, außerdem gibt es noch ein Büro am Flugplatz.

Alicante ist die **größte Stadt** der Costa Blanca. Ihre Ursprünge lassen sich bis in die Zeit der Griechen, Römer und Araber zurückverfolgen. Allzu viel konnte

NICHT VERPASSEN!

- Stadtstrand **Playa el Postiguet** | 93
- Alicantes schöne Flaniermeile unter Palmen, **Explanada de España** | 99
- Das hoch modern gestaltete **Archäologische Museum** | 102
- Das Altstadtviertel **Barrio Santa Cruz** | 103
- Das erhabene **Castillo de Santa Bárbara** | 103

Diese Tipps erkennt man an der gelben Hinterlegung.

aus jenen fernen Tagen jedoch nicht in die heutige Zeit hinübergerettet werden. Alicante ist eine moderne Stadt mit einem großen Hafen, von dem Fährschiffe bis nach Algerien fahren. Speziell zur sommerlichen Urlaubszeit nutzen viele algerische Emigranten, die in nordeuropäischen Ländern leben, diese Möglichkeit zur Überfahrt. Deshalb finden Autofahrer, die sich auf der Autobahn der Stadt nähern, auch arabischsprachige Hinweisschilder zum *puerto*.

Alicante hat nur eine begrenzte Anzahl von „Sehenswürdigkeiten" zu bieten, und diese liegen recht nahe beieinander. Da ist zuallererst die **Promenade** am Hafen zu nennen, vor allem die mit Palmen gesäumte *Explanada*. Aber auch direkt am Wasser kann man nett spazieren. Hier verläuft ein relativ breiter Weg, der um das Ende des Hafenbeckens herumführt und dann weiter in den Sportboothafen hinein. Unmittelbar hinter der Explanada schließt sich die **Altstadt** an. Groß ist sie nicht, aber da einige Straßen für Fußgänger reserviert sind, kann man hier sehr nett flanieren. Optisch bestimmend ist der **Monte Benacantil**, auf dessen Spitze eine **Burg** thront, in der ein Museum untergebracht ist. Ein anderes Museum liegt dem Berg zu Füßen: das **Museo Arqueológico**.

Die Strände

Sicherlich fährt niemand zum Baden in eine Großstadt, aber der Stadtstrand von Alicante ist schon bemerkenswert. Und kann man sich eine angenehmere Art vorstellen, eine Stunde Wartezeit auf den Bus oder die Bahn zu überbrücken? Zumal etliche Lokale an der breiten Promenade locken.

Playa el Postiguet heißt der Hauptstrand von Alicante, auf dessen Ausmaße so mancher Ferienort neidisch werden könnte: Länge 900 m, durchschnittliche Breite 50 m, streckenweise deutlich mehr, außerdem feiner, heller Sand. Eine breite Promenade verläuft parallel, Terrassenlokale locken zur Einkehr, zum Zentrum ist es nicht weit. Der Verkehrslärm hält sich in Grenzen, und wo sonst kann man schon nach einem Stadtbummel mal eben eine Stunde sonnenbaden? Der Bahnhof der Schmalspurbahn nach Dénia liegt direkt beim Strand.

Anreise

Per Schmalspurbahn

Kaum eine spanische Großstadt ist so gut zu erreichen wie Alicante. Entlang der **gesamten Küste** fährt eine Schmalspureisenbahn, die in jedem Küstenort hält. Ausgangspunkt ist Dénia, die Endstation liegt im Herzen der Innenstadt. Ab Benidorm verkehrt alle 30 Min. ein Zug der Linie L1 bis nach Alicante, der ab Bahnhof El Campello durchfährt und unterwegs so gut wie gar nicht hält. Endstation ist der Bahnhof Luceros im kommerziellen Zentrum von Alicante. Zusätzlich verkehrt noch eine Bahn der Linie L3 ab El Campello bis Alicante, ebenfalls bis Luceros. Diese Bahnlinie hält überall unterwegs.

Per Bahn

Der **Bahnhof** liegt an der Avenida Salamanca s/n. Züge aus Madrid, Sevilla, Valencia und Barcelona halten hier. Es fahren auch regelmäßig Nahverkehrszüge *(cercanías)* in die benachbarten Orten, beispielsweise nach Elche.

Per Bus

Der Busbahnhof liegt am Rande des Zentrums an der Muelle de Poniente, nahe der Ausfallstraße Avinguda d'Elx. Ins Zentrum sind es 500–800 m.

Per Auto

Autofahrer sollten den Hinweisen zum Hafen folgen, der mit „Puerto" oder „Ferry Argel" („Fähre nach Algier") ausgeschildert ist. Im innerstädtischen Bereich sind **Parkplätze** mit farbigem Leitsystem und Angabe der freien Plätze gut markiert. Direkt am Hafen liegt ein Parkplatz namens „Plaza Puerto". Dieser eignet sich ideal zum Besuch der Stadt, falls freie Kapazitäten vorhanden sind.

Per Flugzeug

Der Flugplatz liegt **10 km südlich von Alicante.** Eine Taxifahrt ins Zentrum kostet um 20 €. Der Flughafenbus C-6 fährt zwischen 5.30 und 23.10 Uhr alle 20 Min. ab Ankunfts-/Abflugterminal ins Zentrum. Fahrtzeit etwa 30 Min., er hält auch am Busterminal. Preis: 3,85 €.

Geschichte

Die Ursprünge der Stadt Alicante sind in einer kleinen iberischen Siedlung zu finden, die im 5./4. Jh. v.Chr. in einem heutigen Vorort, auf dem Hügel Tossal de Manisses, gegründet wurde. Drei Jahrhunderte später bauten die Römer diese Siedlung zur befestigten Stadt **Lucentum** aus (siehe S. 89). Diese Siedlung lag nahe zum Meer, und so kam es schnell zu Handelsbeziehungen über den heutigen Strand Playa de la Albufereta, der als Naturhafen genutzt wurde. Im 3. Jh. n.Chr. war Lucentum entvölkert und wurde aufgegeben. Die letzten Bewohner zogen um und siedelten sich nun vor dem Hügel Benacantil an, oben wurde zum Schutz eine Festung errichtet, die heute noch steht. Aus dieser kleinen Neugründung entstand schließlich die Großstadt Alicante.

Wie fast überall in Spanien regierten ab 711 muslimische Herrscher auch in Alicante, bis der christliche König *Alfonso X. von Kastilien* die Stadt im Jahre 1248 eroberte. Einmal noch fiel sie zurück in muslimische Hände, bis sie 1266 endgültig von *Jaime I.* erobert werden konnte. 1296 wurde die Stadt in die Grafschaft Valencia integriert und damit auch ins Königreich von Aragón.

1490 erhielt Alicante **Stadtrechte** durch den spanischen König *Fernando*. Der Hafen war schon frühzeitig wirtschaftlicher Motor, sodass sich hier Handelshäuser etablieren konnten, die Überseehandel betrieben. Über Alicante wurden landwirtschaftliche Produkte aus der Region und Industriewaren verschifft. Leider wurde die Stadt mehrfach in kriegerische Handlungen verwickelt, was immer zu großen Zerstörungen und Rückschritten führte, wie beispielsweise 1691 im Erbfolgekrieg, und auch sehr viel später im spanischen Bürgerkrieg.

Seit 1812 ist Alicante **Hauptstadt der gleichnamigen Provinz,** eine von dreien in der heutigen Autonomen Region Valencia (etwa gleichbedeutend mit einem deutschen Bundesland). Der Hafen blieb wichtiger wirtschaftlicher Motor, ergänzt um die 1855 fertiggestellte Bahnverbindung nach Madrid, über die Produkte aus dem Hafen nun bedeutend schneller in die Hauptstadt transportiert werden konnten.

Während des **spanischen Bürgerkrieges** (1936–1939) wurde Alicante zum letzten Rückzugsort der Republikaner, viele Menschen versuchten über den Hafen vor *Franco* zu fliehen, es spielten sich dramatische Szenen ab.

1967 wurde der **Flughafen** eröffnet, über den alljährlich Millionen Urlauber einfliegen, um ihre Ferien an den Stränden der Costa Blanca zu verbringen. Damit begann eine neue Zeitrechnung, und es wurde ein völlig neues wirtschaftliches Fundament geschaffen, wovon auch die Stadt Alicante profitiert.

Städtisches Leben

In Alicante lässt es sich angenehm leben. Das Klima ist milde und die Wärme hält sich recht lange, Strände liegen direkt in der Stadt und können teils zu Fuß erreicht werden, zudem gibt es ein **ausgeprägtes gastronomisches Angebot.** Der Massentourismus, der die Costa Blanca fest im Griff hat, konnte sich in der Stadt Alicante allerdings nicht ausbreiten, er ist sehr viel stärker in den benachbarten Küstenorten zu finden, mit Benidorm an allererster Stelle. Eigentlich ganz gut, denn so bleiben die Bewohner doch weitestgehend unter sich, die meisten ausländischen Urlauber beschränken sich auf einen Tagesausflug nach Alicante.

Besonders prägend für das Stadtbild ist die schöne **Explanada,** eine Promenade unter Palmen, in Sichtweite zum

> Wer hat sie gezählt? Das Wellenmuster des Bodens an der Explanada de España besteht aus 6,6 Millionen Mosaiksteinchen

Meer. Hier schlendern die Menschen, Besucher wie Einheimische, entspannt entlang, und dieser entspannte Herzschlag gibt auch den Rhythmus der Stadt vor: lässig, leichtfüßig, wenig hektisch. *Estar en Alicante es estar en la Explanada* (in Alicante sein bedeutet auf der Explanada zu sein) heißt es so treffend.

Dies alles zieht viele Besucher an. In Alicante finden Kongresse statt, es gibt eine große Universität, ein breites Sportangebot und auch einen großen **Sportboothafen.** Das Nachtleben konzentriert sich auf eine Zone um diesen Hafen und auf die Altstadt, im Sommer zieht es die Menschen an die nahen **Strände** von San Juan oder El Campello.

Aus all diesem ziehen die *Alicantionos,* die Bewohner Alicantes, ihren **lässigen, mediterranen Lebensstil.** Und auch in der **Sprache** gibt man sich lässig. Obwohl Alicante zum katalanischen Sprachraum zählt (hier spricht man Valencianisch, was eine sprachliche Variante ist), beharrt man hier nicht so sehr auf dieser Sprache, Spanisch ist genauso willkommen und wird, zumindest innerhalb Alicantes, sogar häufiger gesprochen.

Explanada de España

Die Explanada de España ist die schönste und **populärste Flaniermeile** der Stadt. Eine erste Promenade wurde schon im Jahr 1867 entlang der Küste angelegt, aber erst 1958 begann man mit der Gestaltung der heutigen Form. Die Explanada verläuft über beinahe 1 km und wird auf beiden Seiten von Palmen flankiert. Besonders auffällig ist der Boden, der aus 6,6 Mio. roten, schwarzen und cremefarbenen **Mosaiksteinchen** besteht, die, in Wellenform gestaltet, die Spaziergänger an die Nähe zum Meer erinnern. Diese wurden gar zum Symbol für Alicante. Gesäumt wird die Promenade von einigen Terrassenlokalen, einem hübschen Springbrunnen und einem Denkmal zu Ehren von *José Canalejas,* einem liberalen Politiker, der etliche hohe Staatsämter innehatte und 1912 ermordet wurde. Neben einigen Statuen und Figurengruppen findet man auch eine kleine Bühne, genannt *La Concha,* wo gelegentlich Konzerte gegeben werden. Bunte Klappstühle, die von älteren Herrschaften genutzt werden, vervollständigen die lebhafte Szenerie. Verschnaufend und palavernd beobachtet man das Treiben der Touristen, während die Urlauber sich ihrerseits fragen, warum die Senioren nicht brav zu Hause hocken. Aber das ist doch klar – auf der Explanada ist es schließlich viel interessanter. Deshalb sollte man sich auch als Besucher ein paar Minütchen irgendwo hinsetzen und einfach die Flaniervanstaltung genießen. Entlang der Explanada befinden sich eine Reihe von Terrassen der anliegenden Lokale, die sich für dieses Unterfangen sehr gut eignen.

Unmittelbar an der Explanada liegt der **Jachthafen,** an dessen Flanken sich Vergnügungskomplexe mit Geschäften, Kinos und Restaurants befinden.

Concatedral San Nicolás de Barí

In der Altstadt wird man irgendwann auf diese Kirche treffen. Erbaut wurde

◁ Das barocke Eingangstor der Kirche San Nicolás

sie zwischen 1616 und 1662 auf den Überresten einer ehemaligen Moschee und ist dem **Schutzpatron der Stadt,** *San Nicolás (Heiliger Nikolaus),* gewidmet. Die Kirche ist teils im Stil der Renaissance, teils im frühen Barock erbaut. Papst *Johannes XXIII.* gewährte ihr 1959 den Titel „Concatedral" (Nebenkathedrale), denn die Kathedrale der Diözese stand bereits in Orihuela. Die Fassade, die zur Plaza Penalva weist, ist insgesamt schlicht gehalten, der Grundriss im Inneren der dreischiffigen Kirche ist einem lateinischen Kreuz nachempfunden. Gekrönt wird sie mit einer Kuppel, der darunterstehende Altar ist *San Nicolás* gewidmet.

Die **schönste Kapelle** ist die barocke *Capilla de la Comunión,* deren Altar aus hellem und dunklem Marmor geschaffen wurde.

Ayuntamiento

Am nördlichen Ende der Explanada liegt der große **Platz Puerta del Mar.** Wenn man hier die breite Straße überquert, erreicht man den schönen Stadtstrand. Wendet man sich hingegen vom Meer ab, so gelangt man stadteinwärts zur Plaza Ayuntamiento mit dem **barocken Rathaus** *(ayuntamiento).* Der hübsch verschnörkelte Bau entstand in den Jahren 1701–1780. Er ist knapp 50 m lang und wird von zwei Türmen eingefasst.

◸ In Alicante lernt man genießen

▷ Blick auf Alicantes Rathaus (links) und den Rathausplatz

Städtisches Leben

Herausragend ist das **reich verzierte Haupttor.** Dieses Tor ist immer bewacht, viele Angestellte gehen hier ständig ein und aus. Oberhalb sind sieben Balkone angebracht, außerdem sind zwei Löwen erkennbar, die das Stadtwappen stützen.

An der Haupttreppe befindet sich der **geografische Nullpunkt,** von dem alle Höhenangaben Spaniens gemessen werden, eine Metallplatte an der ersten Stufe markiert diesen Punkt. In der Mitte über dem Haupteingang wurde eine Büste von *Miguel Cervantes,* dem Autor des „Don Quichote", angebracht. Vielleicht eine Reminiszenz an den großen Poeten, der auch einmal in algerische Piratengefangenschaft geriet? Immerhin machten die Berberpiraten jahrhundertelang die alicantinische Küste unsicher.

Iglesia Santa Maria

Vom Rathausplatz gelangt man in nördlicher Richtung zur Kirche Santa María, dem **ältesten Gotteshaus der Stadt.** Es wurde zwischen dem 14. und 16. Jh. auf den Grundmauern der einstigen Hauptmoschee erbaut. Die Kirche hat drei barocke Eingänge, das mittlere Eingangstor wird von zwei Türmen flankiert, die sich ähnlich sehen, aber doch unterschiedliche Stile aufweisen. Der linke ist rechteckig und wurde 1713 errichtet, während der rechte bereits im 14. Jh. erbaut wurde und in Details, wie einer Uhr (linker Turm) und einem Fenster (rechter Turm), abweicht. Durch dieses Fenster flüchteten früher Menschen vor der weltlichen Justiz und erbaten Kirchen-

adobe.stock ©christophe

asyl, mussten sich dann allerdings der kirchlichen Justiz unterwerfen. Im **Inneren** sind der Rokoko-Altar aus dem 18. Jh. und das Taufbecken aus reinstem Carrara-Marmor (16. Jh.) hervorzuheben.

Museo Arqueológico Provincial

Auf der anderen Seite des Monte Benacantil liegt das 1932 gegründete **Archäologische Museum.** Hier sind Fundstücke aus Alicante und Umgebung aus den Zeiten der Iberer, Römer und Mauren ausgestellt. Bedeutendstes Exponat ist die Figur der **Dama de Cabezo Lucero** aus der iberischen Epoche. Das Museum erhielt 2004 eine Auszeichnung als bestes Museum Europas. Ein Grund hierfür ist die moderne und sehr plastische Präsentation mittels Videoanimation und teilweise mit lebensgroßen Film-Figuren. Alles sehr schön und informativ aufbereitet.

■ **Museo Arqueológico Provincial,** Plaza del Doctor Gómez Ulla s/n (ehem. *Hospital San Juan de Dios*), geöffnet:16.6.–15.9. Di–Sa 10–14, 18–22 Uhr, So und Feiertage 10–14 Uhr; 16.9.–15.6. Di–Fr 10–19 Uhr, Sa 10–20.30 Uhr, So und Feiertage 10–14 Uhr, Eintritt 3 €, Kinder 1,50 €.

Museo de Arte Contemporáneo de Alicante

Das Museum für **Zeitgenössische Kunst** ist untergebracht im ältesten nichtstaatlichen Gebäude der Stadt, einem Haus aus dem Jahr 1685. Es liegt schräg gegenüber der Iglesia de Santa María. Ausgestellt sind Werke des 20. Jh., die überwie-

Das Archäologische Museum Alicantes wurde als eines der besten Museen Europas ausgezeichnet

gend aus der Privatsammlung des alicantinischen Künstlers *Eusebio Sempere* stammen. Ein Großteil der Exponate stammt von lokalen Künstlern, ergänzend finden sich Werke von *Eduardi Chillida, Pablo Picasso, Salvador Dalí* und *Joan Miró*.

■ **Museo de Arte Contemporáneo de Alicante,** Plaza de Santa María 3, geöffnet: Di–Sa 10–20 Uhr, So 10–14 Uhr, Eintritt frei.

Barrio Santa Cruz

Und schon ist man mitten drin im Gassengewirr des *barrio*, wie die Einheimischen ihr **Altstadtviertel** nennen. Die Gebäude schwanken zwischen leicht **renovierungsbedürftig** und **würdevoller Patina**. Die Gassen sind eng und schattig. Vor allem in der Calle Gravina stehen noch ein paar historische Häuser aus dem 17. Jh. Kleine schmiedeeiserne Balkone schmücken die Häuser. Weiter aufwärts steigend erreicht man schließlich Santa Cruz, ein lebendiges, lebhaftes Viertel. Nachbarn halten ein Schwätzchen, Kinder rennen um die Ecken, und die Alten hoffen, dass es bald Mittagessen gibt. Fast erstaunt es, ein so authentisches Viertel derart dicht an der Flaniermeile zu finden.

Castillo de Santa Bárbara

Vom **Barrio Santa Cruz** kann man zum Castillo de Santa Bárbara aufsteigen, der Weg ist allerdings recht mühsam. Man umrundet einmal den Hügel, auf dem die Burg thront, und muss dann noch durch eine Parklandschaft hochsteigen. Da bietet es sich doch an, gleich den Fahrstuhl an der Strandseite zu nehmen. Die alte Festung liegt auf dem 166 m hohen Berg Monte Benacantil, der sich unmittelbar am Ufer des Meeres erhebt. Von diesem **strategisch äußerst günstigen Punkt** überblickten die jeweiligen Herrscher die gesamte Bucht und das weite Hinterland. Drohte Gefahr, konnten die Wachleute rechtzeitig Alarm schlagen.

Dieser Lage bedienten sich alle Herrscher, aber erst die **Mauren** errichteten im 9. Jh. auf dem Berg eine Festung. Später, während der Regentschaft des spanischen Königs *Felipe II.* im späten 16. Jh., wurde die Burg gründlich ausgebaut. Sie besteht aus drei Teilen. Der höchstgelegene stammt teilweise noch aus dem 11. Jh. Der mittlere Teil wurde im 16. Jh. erbaut und beherbergt neben einer Waffenkammer auch einen Salon für König *Felipe II.* Aus dieser Zeit stammen auch noch ein Wachturm (Torre del Homenaje) und Teile der Außenmauer mit Schießscharten. Der dritte Teil ist neueren Datums und stammt aus dem 18. Jh. Dort steht auch die frühere Kapelle der *Hl. Barbara*, die aber teils zerstört ist.

Nett lässt es sich heute oben in der Festung herumspazieren. Weit wandert der Blick über die Stadt und das Meer. Es sind noch Teile der Festungsmauer aus der maurischen Zeit erkennbar und sogar Teile der noch älteren römischen und karthagischen Phase. Auf dem höchsten Punkt erhebt sich noch immer der **Torre de Homenaje,** von wo man den besten Blick hat, damals wie heute.

Das Castillo de Santa Bárbara trägt übrigens diesen Namen, weil *Alfonso „el Sabio"* („der Weise") die Burg am 4. Dezember 1247 den Mauren entreißen

Leben auf der Plaza

An dieser Stelle soll ausnahmsweise mal ein Klischee bedient werden: Skandinavische Häuser sind eher liebevoll und gemütlich eingerichtet, während spanische dagegen tendenziell eher nüchtern ausfallen. Ein Vorurteil? Natürlich! Aber mit einem klitzekleinen Körnchen Wahrheit. Und warum ist das so? Wegen des Klimas. Also noch ein Klischee? Vielleicht, aber es ist unübersehbar, dass **Spanier sich gerne draußen aufhalten,** den Kontakt zum Nachbarn, zum Freund, zum Bekannten suchen. Spanier sind nicht gerne allein, und wo findet man am einfachsten Kontakte? Auf der Plaza.

Die *plaza*, mit „Platz" nur unzureichend übersetzt, ist nämlich nicht nur irgendein Platz. Sie ist Schaubühne, Treffpunkt, Wartesaal, Wohnzimmer, und sie befriedigt die Neugier. Die wichtigste Plaza liegt immer im **Zentrum** eines Ortes, dort, wo die örtlichen Autoritäten, also Rathaus, Kirche und Bar, angesiedelt sind. Aber jede Stadt hat mehrere Plazas, und überall spielt sich das gleiche Schauspiel ab.

Pensionistas haben ihren Stammplatz, sitzen auf Bänken oder mitgebrachten Klappstühlen, kennen sich seit Urzeiten, erzählen sich den neuesten Klatsch oder schweigen sich durch den Tag, beobachten dabei ganz genau, was passiert. Sie bleiben bis zum Mittagessen. Dann wird es zu heiß, alle verkrümeln sich, die Plaza leert sich.

Erst **nach Abklingen der Hitze** gegen sechs oder sieben Uhr kommen sie alle wieder heraus. Nicht nur die Rentner, auch die Jugendlichen, die Hausfrauen, einfach alle. Immer in Gruppen, niemals allein. **Paseo** nennt man das, was mit „Spaziergang" nicht adäquat übersetzt werden kann. Es geht nämlich nicht ums Bewegen, sondern mehr darum, sich zu zeigen. Die Mütter ziehen gemessenen Schrittes vorbei auf dem Weg zum Kaufmann. Meist haben sie eine halbwüchsige Tochter untergehakt im Schlepp. Gemeinsam kauft man für das Abendessen ein. Die Pensionistas haben wieder ihren Stammplatz eingenommen. Eine Mädchengruppe schiebt

ich plappernd und kichernd in Richtung einer Horde Jungs. Die kommen lässig, locker daher: "Eh, tío macho, oígame!" ("He, Alter, Macker, hör mal!") Keine der Gruppen achtet auf die andere, aber alle haben alles im Blick. Irgendwann treffen sich beide. Die Jungs rempeln sich gegenseitig an, schubsen sich zu den Mädels. Die kreischen ein bisschen, beschweren sich, und alles plappert noch aufgeregter durcheinander. Schwierige öffentliche Kontaktaufnahme! Die Pensionistas beobachten das Spektakel von ihrem Schattenplatz aus und schwadronieren von damals: „Weißt du noch? Anno neunzehnhundert ... " Und auch die lieben Kleinen lässt man oben. Eine Tante, Oma oder Nachbarin hat immer Zeit, stellt einen Stuhl vor die Tür in den Schatten und hockt sich hin. Bald kommt die nächste, und wieder ist man nicht allein. Auf der anderen Seite der Plaza steht der Zeitungsverkäufer seit dem frühen Morgen. Immer noch kommt irgendjemand und kauft ein Rätselheft, einen Kaugummi oder plaudert eine Runde.

Plaudern ist überhaupt das wichtigste Ritual – und **grüßen!** Jeder Bekannte wird gegrüßt: "Adiós" oder „'ta luego". Etwas besser Bekannte erfahren noch eine Steigerung: „¿Qué tal?" („Wie geht's?") „Danke gut, bis morgen dann." Bleibt jemand stehen, wird die Unterhaltung fortgesetzt. „Was für eine Hitze!" geht immer, oder auch „Wie geht's der Tochter, dem Sohn, der Oma?" Was man aber niemals will, ist eine ernste Antwort, einen Austausch von Argumenten, von Wissen, gar von Fakten. Nein, es geht nur um Zeitvertreib und darum, Freunde zu treffen. Denn auf einer Plaza braucht man sich nicht zu verabreden. Es kommen sowieso alle. Und falls man sich doch verabredet, dann heißt es: „Um sieben am Brunnen!" oder so ähnlich. Eine Einladung nach Hause ist ganz und gar unüblich.

◁ Unter den Palmen auf der Explanada lässt man es sich gut gehen

konnte, dies ist der Namenstag der heiligen *Barbara*.

Besucher werden wohl in erster Linie den fantastischen Ausblick genießen wollen. Im Sommer finden außerdem **kulturelle Veranstaltungen** auf der Burg statt.

Zu erreichen ist das Castillo auch über eine Zufahrtsstraße von Norden her oder per Fahrstuhl von der Avda. Jovellanos, gegenüber der Playa Postiguet. Vorher muss man aber durch einen Tunnel von 200 m laufen.

■ **Castillo de Santa Bárbara,** geöffnet: April bis Sept. 10–22 Uhr, Okt. bis März 10–20 Uhr (Fahrstuhl 10–20 Uhr), Eintritt frei, Fahrstuhl 2,70 €.

Museo de la Ciudad de Alicante

Innerhalb der Festung liegt auch das „Städtische Museum von Alicante". Aufgeteilt in fünf Bereiche wird die **Stadtgeschichte** präsentiert, u.a. mit einer tollen audiovisuellen Darstellung. Weiterhin werden Themen wie „Alicante und der Mittelmeerraum" oder illustre Personen der Zeitgeschichte vorgestellt. Die Ausstellung geht also über den üblichen reinen historischen Abriss hinaus.

■ **Geöffnet:** tägl. 10–14.30 und 16–20 Uhr.

Castillo de San Fernando

Das Castillo de San Fernando liegt auf dem Berg Monte Tossal. Um vom Archäologischen Museum aus hinzugelangen bietet es sich an, die Plaza de España mit der Stierkampfarena zu passieren. Mit dem Bau der Burg wurde Anfang des 19. Jh. begonnen, als die Franzosen vor den Toren der Stadt standen. Das Castillo wurde aber nie richtig fertig gestellt. Heute sieht man bis auf ein paar **Mauerreste** nicht mehr allzu viel.

Auch von diesem Platz genießt der Besucher einen schönen Blick über Alicante und seine Vororte bis zum Meer. Ein **Park** schließt sich an. In den Sommermonaten finden hier oft Kulturveranstaltungen statt.

Der Hafen

Alicante hatte schon immer einen Hafen. Selbst bei den frühesten Kulturen kannte man Fischfang und Seehandel. Diese ersten Naturhäfen lagen unterhalb des Berges, auf dem heute das Castillo de Santa Bárbara thront. Die Burg diente als Schutz und zugleich als Landmarke zur besseren Orientierung für Seeleute. 1271 erhielt der Hafen das königliche Privileg „**Puerto de Castilla**" (Hafen von Kastilien), was bedeutete, dass die Waren für diese zentral im Inland gelegene Provinz mit der Stadt Madrid über Alicante fließen mussten. Später, als Madrid spanische Hauptstadt wurde, wurden auch die Waren aus dem Seehandel für Madrid hier verladen. Diese Regelung galt für etwa 600 Jahre und bescherte den Kaufleuten von Alicante, und damit der gesamten Stadt, einen großen wirtschaftlichen Vorteil. Im Zuge dessen wurden auch Zoll, Börse und der Verwaltungssitz zur Überwachung dieses Privilegs nach Ali-

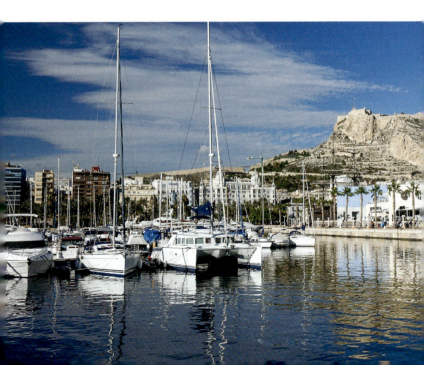

cante verlegt. Auch deswegen baute man 1858 eine Bahnverbindung von Alicante nach Madrid.

Heute ist der Hafen sehr verändert. Der Güterumschlag wird nicht mehr im Zentrum der Stadt betrieben, statt dessen hat sich ein **Sportboothafen** an der Muelle de Levante etabliert. Hier befinden sich auch viele gastronomische Betriebe, Hotels sowie einige Diskotheken. Von hier legen aber auch die **Ausflugsschiffe** zur Insel Isla de Tabarca ab.

▽ Der Sportboothafen von Alicante

Praktische Tipps

Unterkunft

8 Sercotel Hotel Portamaris④, Plaza Puerta del Mar 3, Tel. 965 147 021, https://de.hotelspaportamaris.com. Größeres Haus in bestechender Lage zwischen Hafen und Meer, obendrein in Laufweite zur City. Zimmer zum Meer mit tollem Blick, ganz oben gibt es größere Suiten mit Balkonen. Die Zimmer sind funktional und modern eingerichtet. Toller Blick aufs Meer vom Frühstücksraum und von der Bar durch eine breite Fensterfront, auch ein Spa ist vorhanden.

3 Hotel Leuka③, c/ Segura 23, Tel. 965 202 744, www.hotelleuka.com. Knapp 100 Zimmer hat dieses Haus am Rande der Altstadt und auch nicht weit von der geschäftigen Zone entfernt. Zur Explanada sind es 10 Min. Fußweg.

6 Hotel NH Rambla de Alicante③, c/ López Torregrosa 11, Tel. 965 143 659, www.nh-hotels.com. Das Haus liegt ruhig in einer Seitenstraße und doch relativ zentral (zur Altstadt keine 10 Min. zu Fuß). 85 funktional und modern eingerichtete Zimmer in warmen, natürlichen Farben. WiFi.

15 Les Monges Palace②, c/ San Agustín 4, Tel. 965 215 046, www.lesmonges.es. Kleine Pension im Barrio Santa Cruz in einem historischen Haus aus dem Jahr 1912. 15 Zimmer, alle unterschiedlich eingerichtet und dekoriert.

1 Abba Centrum Alicante④, c/ Pintor Lorenzo Casanova 31, Tel. 965 130 440, www.abbacentrumalicante.com. Das Haus liegt ziemlich zentral unweit vom Busterminal und hat 148 gute Zimmer auf sieben Etagen, außerdem: Sauna, Hammam, Fitnessraum und WiFi.

4 Guest House Alicante②, c/ Segura 20, Tel. 965 203 394, www.guesthousealicante.com. Recht zentral gelegene kleine Pension. Korrekte, teils sehr farbenfrohe Zimmer, kleiner Innenhof.

Essen und Trinken

Entlang der **Explanada** kann man nett draußen sitzen und gut speisen. Im **Barrio Santa Cruz,** also in der Altstadt, liegen die meisten Bars.

10 Restaurant Dársena, Muelle de Levante 6, am Sportboothafen, Tel. 965 207 399. Mo geschlossen. Ein Klassiker seit weit über 30 Jahren, spezialisiert auf Reisgerichte, Fisch und Meeresfrüchte. Nicht gerade günstig, aber toller Blick von einem Fensterplatz auf den Hafen.

2 Restaurant Nou Palas, Av. de la Estación 9, Tel. 965 227 555. Gute Auswahl an Pasta, Reis, Fisch, Fleisch. Gute Wein-Auswahl, Produkte kommen frisch vom Markt.

13 Bar Lizarrán, Rambla Méndez Núñez 18, Tel. 965 206 830. Ist zwar eine Bar, die zu einer Kette gehört, die baskischen Tapas sind dennoch vom Feinsten und stehen verlockend auf dem Tresen. Hier ist Selbstbedienung angesagt, also einen Teller schnappen, sich die Tapas aussuchen und die Hölzchen, die in allen Tapas stecken, sammeln – der Anzahl nach wird am Ende abgerechnet.

9 La Brújula, Muelle Levante 6, Tel. 965 202 093. Ein Fischrestaurant am Hafen, das sich sowohl optisch als auch preislich von den meisten anderen abhebt. Soll heißen: Die Fassade ist schlicht, die Preise sind okay, die Speisen gut.

16 El Buen Comer, c/ Mayor 8, Tel. 965 213 103. „Das gute Essen" klingt als Name einladend. Es gibt Tapas, verschiedene Menü-Angebote, Fisch, *Paella* und einige Fleischgerichte. Auch dieses Restaurant hat, wie eigentlich alle Lokale in dieser Straße, Tische draußen in der Fußgängerzone stehen.

11 Restaurant Santi, Marina deportiva, local 4, geöffnet Di–So 13–16, 20–24 Uhr. Liegt mitten im Sportboothafen, man genießt einen wirklich schönen Blick durch breite, hohe Fenster auf den Hafen. Es gibt Reisgerichte, Fisch, Fleisch, verschiedene Salat-Variationen und auch kleinere Gerichte.

7 Bar Noray, Av. Conde de Vallellano s/n, tägl. ab 9 Uhr durchgehend geöffnet. Wunderbare Lage direkt an der Wasserkante vom Sportboothafen mit einer offenen Terrasse und sagenhaftem Blick auf das Meer. Man kann hier ganz entspannt bei einem Drink oder kleinen Snacks sitzen und sich bei lauschiger Musik so richtig nett wegträumen. Den Verkehrslärm der nahen Straße hört man erstaunlicherweise kaum.

14 Casa Ibarra, c/ Mayor 33, Tel. 965 145 625, Mo–Fr ab 8 Uhr, Sa/So ab 10 Uhr. Bei Einheimischen sehr beliebtes kleines Lokal. Hausmacherküche zu günstigen Preisen. Es gibt ein Mittagsmenü, aber auch Tapas und Tellergerichte *(Raciones)* mit Reis, Fisch oder Fleisch, auch Salat-Variationen.

17 La Taberna del Gourmet, c/ San Fernando 10, Tel. 965 204 233, tägl. 12.30–24 Uhr. Schicke, moderne Einrichtung in hellen Farben. Neben Tapas gibt es eine fantasievolle Speisekarte, die über das Übliche hinausgeht, u.a. werden Austern serviert, auch Thunfisch-Tartar, Quiona-Salat, Wasabi, um nur einiges zu nennen. Hier können sogar Einzelgäste eine *Paella* bestellen, was in den meisten spanischen Restaurants nicht üblich ist.

Nützliche Adressen

■ **Deutsches Honorarkonsulat:** Consulado Honorario de Alemania, Av. Maisonnave 7, 2. Stock, Tel. 965 118 070.

■ Vom Hafen, direkt neben dem *Café Noray* fahren **Ausflugsschiffe** ab zur Insel **Isla de Tabarca**. Infos über genaue Zeiten und Preise erfährt man dort am kleinen Kiosk.

▷ Straße in der Altstadt von Alicante

Praktische Tipps 109

Einkaufen

12 La Granadina, c/ Gerona 7, Tel. 965 211 151, **Feinkostladen** mit einer guten Auswahl und einem großen Sortiment.

5 Pascual, Av. Alfonso X. el Sabio 15, Tel. 965 140 139. Wer **Keramikware** sucht, sollte hier mal ein bisschen stöbern.

Märkte

■ **Markthalle:** Av. Alfonso El Sabio 8, Mo–Sa 7.30–14.30 Uhr.

🦋 **Mercado de pequeños agricultores ecológicos y artesanos de Alicante,** c/ Jacinto Maltes, Ecke c/ Julio Antonio. Kleinbauern, Handwerker und sonstige Anbieter treffen sich hier zum Markt. Alle 14 Tage Sa 9–14 Uhr.

Feste

■ **5. Januar:** *Cabalgata de Reyes,* die Heiligen Drei Könige erreichen Alicante übers Meer und bringen den Kindern am nächsten Tag Weihnachtsgeschenke.

■ **Ostern:** Täglich finden Prozessionen zwischen Palmensonntag und Karfreitag statt, wobei am Donnerstag, in der Nacht zum Karfreitag, der Schweigemarsch sehr beeindruckend ist. Karfreitag führt eine weitere eindrucksvolle Prozession über die Explanada. Genaue Termine und Wegstrecken: www.semanasanta-alicante.com.

■ **Zweiter Donnerstag nach Ostern:** *Peregrina de la Santa Faz.* Viele Bewohner der Stadt pilgern ab 8 Uhr morgens über fünf Kilometer von der Plaza del Ayuntamiento zum Kloster Monasterío de la Santa Faz, um der Heiligen zu gedenken. Danach findet dort ein Picknick statt.

■ **21.–24. Juni:** *Sant Joan,* Sonnenwendefest. Täglich findet um 14 Uhr ein unglaublich lautes Spektakel statt auf der Plaza Luceros, wo eine Vielzahl von Böllern abgefeuert werden, was einen unfassbaren Krach veranstaltet. Dies allerdings in einem bestimmten, täglich wechselnden Geräusch-Rhythmus. Der Ablauf:

21. Juni: *Les Fogueres de Sant Joan,* Sonnenwendefest. In der Stadt stehen kunstvolle Gebilde aus Pappmache und Holz, die Ereignisse und Personen ironisch-satirisch darstellen, und diese werden später fast alle verbrannt. Am 21. Juni Tag werden diese Gebilde aber nur aufgebaut.

22. Juni: *Ofrenda de Flors a la Virgen del Remedío,* Blumenschmuck wird der Schutzpatronin von Alicante in der Concatedral de San Nicolás dargeboten, hauptsächlich von Frauen in sehr schicken alicantinischen Trachten.

23. Juni: *Desfile de la Provincia,* folkloristischer Umzug von unterschiedlichen Trachtengruppen aus der ganzen Provinz Alicante.

24. Juni: *Cremà,* das Verbrennen der kunstvollen *Fogueres* um Mitternacht, nachdem vom Berg Benacantil ein Feuerwerk den Startschuss zum Anzünden gegeben hat. Einzig ein *Ninot,* ein kleines Teil davon, das vom Publikum zuvor ausgewählt wurde, wird verschont. Dieses wird dann im Museu de les Fogueres ausgestellt (Rambla de Núñez Méndez 29, Di–So 10–14, Di–Fr 17–20 Uhr, Eintritt ist frei).

■ **25.–29. Juni:** *San Pedro*-Fest, u.a. mit Stierkämpfen und schönem Feuerwerk, das um Mitternacht am Strand Playa el Postiguet stattfindet.

■ **3.–5. August:** *Virgen del Remedío:* Fest der Stadtpatronin mit Feuerwerk und großer Prozession am 5.8. mit dem Bildnis, das in der Concatedral de San Nicolás verwahrt wird.

■ **4.–8. Dezember:** *Moros y Cristianos:* Ein großes Fest zur Erinnerung und mit Nachspielen der Eroberung der muslimischen Stadt durch christliche Truppen.

▽ Feierliche Prozession in Alicante

Elche | 115
Guardamar del Segura | 130
Lagunes de la Mata y Torrevieja | 141
Orihuela | 142
Santa Pola | 123
Torre de la Horadada | 144
Torrevieja | 135

3 Südliche Costa Blanca

Strände mit Dünen im Nordsee-Format gibt es hier, wie geschaffen zum Spazierengehen und Durchatmen. Anschließend kehrt man ein in eines der zahllosen Terrassen-Lokale, die stets an einer netten Promenade liegen. Und nach dem Entspannen fährt man nach Elche, wo so viele Palmen wachsen wie sonst nirgends in Europa.

Am Strand von Guardamar del Segura

Südliche Costa Blanca

Elche

- **Valencianisch:** Elx
- **Einwohner:** 230.000
- **PLZ:** 03202
- **Entfernung nach Alicante:** 23 km
- **Touristeninformation:** Plaça del Parc 3, Tel. 966 658 196, www.visitelche.com, geöffnet: April–Okt. Mo–Fr 9–19 Uhr, Sa 10–19 Uhr, So 10–14 Uhr; Nov.–März Mo–Fr 9–18, Sa 10–18, So 10–16 Uhr.

Überblick

Elche ist eine mittelgroße Industriestadt, die aber durch den **größten Palmenhain Europas,** das tief religiöse Mysterienspiel **El Misteri d'Elx** und den Fund der Büste *Dama de Elche,* einer iberischen Gottheit, historische Bedeutung erlangt hat. Die genaue Zahl der Palmen kennt niemand. Selbst die Stadtväter geben nur eine grobe Schätzung ab: Zwischen 200.000 und 300.000 Palmen wachsen in und um Elche. Immerhin besteht Einigkeit darüber, dass die Phönizier um 300 v.Chr. mit den Anpflanzungen begannen. Nun ist es nicht so, dass buchstäblich an jeder Ecke eine Palme steht. Sie konzentrieren sich hauptsächlich in größeren Gartenanlagen, wie dem in Privatbesitz befindlichen **Huerto del Cura** oder dem öffentlichen Parque Municipal. In beiden kann man durch wahre Palmenwälder spazieren. Weitere historische Bauten gehen auf die Epoche arabischer Herrschaft zurück. Sie liegen dicht beisammen im Bereich der Altstadt.

Geschichte

Früheste Funde stammen aus der Zeit der Iberer (ca. 5. Jh.v.Chr.), darunter vor allem die in Spanien berühmte Büste **Dama de Elche** (s. S. 120) aus dem 4. Jh. v.Chr. Diese Skulptur wurde 1897 gefunden und ist heute im Archäologischen Museum in Madrid ausgestellt. Die Römer hatten hier eine große Siedlung namens **Illice**, die seit 203 v.Chr. sogar das Recht besaß, eigene Münzen zu prägen. Der Ort war durch gute Straßen mit weiteren römischen Städten verbunden und hatte im heutigen Santa Pola sogar einen eigenen Hafen, damaliger Name: Potus Illicitanus. Die islamische Zeit ist noch heute mit dem Wachturm **Torre de la Calaforra** präsent, aber noch in viel stärkerem Ausmaß durch Tausende von Palmen, die überall im Stadtgebiet stehen. 1265 eroberten christliche Truppen unter König *Jaime I.* die Stadt. Seit 1304 ist Elche Teil des Königreichs Valencia und 1871 wurde ihr Stadtrechte verliehen.

NICHT VERPASSEN!

- **Elche** mit dem Palmengarten Huerto del Cura und den Banys Àrabs | 118, 121
- **Santa Pola** und seine Salinen | 123, 128
- **Guardamar del Segura** mit seinen schönen Dünen-Strand-Landschaften | 130
- **Lagunas de la Mata y Torrevieja** | 141

Diese Tipps erkennt man an der gelben Hinterlegung.

Elche

- **Übernachtung**
  - 4 Hotel Jardín del Milenio
  - 5 Hotel Huerto del Cura

- **Essen und Trinken**
  - 1 Café París
  - 2 Lizarrán
  - 3 Restaurant El Pernil

Städtisches Leben

Elche ist die drittgrößte Stadt der Region Valencia. Sie war bis ins 13. Jh. islamisch geprägt, aber in kaum einer anderen spanischen Stadt sind die Spuren in Gestalt von tausendfach gepflanzten **Palmen** so deutlich zu sehen. Bereits die Phönizier pflanzten erste Palmen, aber erst die Mauren taten dies im großen Stil. Es war (und ist immer noch) eine wirkliche Besonderheit in ganz Spanien, sodass der christliche Eroberer König *Jaime I.* 1265 befahl, diese Palmen nicht anzurühren und weiterhin zu pflegen. Mit Erfolg, denn über all die Jahrhunderte ließ man die Palmen wachsen und sich vermehren. Im Jahr 2000 wurden sie sogar von der UNESCO zum **Weltkulturerbe** ernannt. Die Palmengärten liegen mitten in der Stadt. Auch die Zone beim Fluss Río Vinalopó wurde begrünt, und an einer der breiten Straßen sind ergänzend noch Kunstwerke im öffentlichen Raum aufgestellt worden.

Ansonsten ist Elche allerdings eher industriell geprägt, hier werden Leder und besonders Schuhe hergestellt. Elche ist mit Alicante durch Bahn, Busse und Autobahnen sehr gut verbunden. Das Meer ist ebenfalls nicht weit entfernt, und durch die Universität hat die Stadt auch eine gehörige Portion Jugendlichkeit gewonnen.

Anfahrt

Wer die Möglichkeit hat, per **Bus** oder **Bahn** anzureisen, sollte diesen Weg wählen. Sowohl der Busbahnhof als auch die benachbarte Bahnstation „Elche-Parque" liegen am Rande der Altstadt, nur ca. 10 Min. Fußweg entfernt.

Wer über die **Autobahn** kommt, sollte bis zur Abfahrt Nr. 73 fahren und dann der Beschilderung „centro urbá" folgen. An der auffällig breiten, durch einen Grünstreifen getrennten Avinguda Universitat d'Elx, die an der Universität vorbeiführt, heißt es dann, nach einem **Parkplatz** Ausschau zu halten. Spätestens nach dem Passieren der markanten Lok sollte man parken, denn sonst entfernt man sich wieder vom Zentrum. Ein Tagesbesuch kann problemlos zu Fuß absolviert werden.

Sehenswertes

El Huerto del Cura

In dem liebevoll gepflegten **Park** wachsen neben diversen Palmenarten auch viele Kakteen sowie weitere tropische Pflanzen und Hölzer wie z.B. Bambus. Aber natürlich kann man auf einer Fläche von immerhin 13.000 m² überwiegend Palmen bestaunen. Ein beschilderter **Rundweg** führt den Besucher an gut tausend Palmen vorbei, hauptsächlich

adobe.stock ©Bentor

Dattelpalmen, die hübsch in die Landschaft eingebettet sind und um Ruhezonen und Teiche ergänzt wurden.

In regelmäßigen Abständen wird man an den Palmen **Namensschildchen** finden. Es handelt sich um die Namen von Persönlichkeiten unterschiedlichster Professionen, denen die jeweiligen Palmen gewidmet wurden. Der Star der Sammlung ist zweifelsohne die **Palmera Imperial,** die Kaiserliche Palme. Aus einem einzigen Stamm erwachsen ihr acht Arme, die mittlerweile eine derartige Größe erreicht haben, dass sie abgestützt werden müssen. Der Name wurde zu Ehren der Kaiserin *Elisabeth von Österreich (Sissi)* gewählt, die den Garten 1894 besuchte. Damals war die Palme bereits über 50 Jahre alt.

■ **Huerto del Cura,** geöffnet: täglich ab 10 Uhr bis Sonnenuntergang; Eintritt: Mit Audioguide 5 €, ermäßigt 3 €.

Museu del Palmeral

In unmittelbarer Nähe des Hotels Huerto del Cura liegt ein Museum in einem historischen Haus aus dem 19. Jh., das seinen Besuchern noch einen vertiefenden Einblick in die **Biologie der Palmen** sowie zur Geschichte des Palmenwaldes hier in Elche bietet.

■ **Museu del Palmeral,** c/ Porat de la Morera 12, geöffnet: Di–Sa 10–14 und 15–18 Uhr, So 10–14 Uhr, Eintritt 1 €.

◁ Palmenhain mit Replik der Dama de Elche im Parque Municipal

Parque Municipal

Der Parque Municipal ist ein weiterer nett angelegter Palmengarten, der öffentlich zugänglich ist. Dieser Park fällt etwas großzügiger aus, die Wege sind breiter, zwischen den Palmen findet man einige freie Flächen sowie Ruhebänke und auch ein Lokal. Aber auch an Spielgeräte für Kinder hat man gedacht, und eine kleine Bimmelbahn tuckert durchs Gelände. So bietet der Park eine ideale Möglichkeit, nach einem Stadtbummel im Häusermeer ein wenig **Grün zu tanken,** bevor es wieder auf den Heimweg geht. Der Parque Municipal liegt ganz in der Nähe vom Bahnhof Elche-Parque.

Altstadt

Die Altstadt ist in weiten Teilen **für den Autoverkehr gesperrt.** Dadurch haben Fußgänger reichlich Muße, durch die teils schmalen Straßen zu flanieren und die Auslagen der Geschäfte auf sich wirken zu lassen. Etliche Bars und Cafés laden zum Verweilen ein. Meistens stehen auch draußen ein paar Tische. Am Abend herrscht hier eine lebhafte, angenehme Atmosphäre.

Palacio de Altamira

Der Palacio befindet sich beim Parque Municipal am Rande der Altstadt. Vor dem Haupteingang steht ein Wasserspiel aus knapp einem Dutzend Springbrunnen, die ihre Fontänen synchron in die Luft schießen. Der Palast stammt aus dem 15. Jh. und weist die typischen Merkmale einer **wehrhaften Burg** auf:

dicke Mauern, vergitterte Fenster und hohe Türme. Auch die Lage ist gut gewählt: direkt hinter einem Flusslauf, der zusätzlichen Schutz bot. Der Río Vinalopó ist heute allerdings ausgetrocknet. Der Palast war früher Bestandteil der Stadtmauer. Einst residierten hier die jeweiligen Herrscher, wenn sie gerade in der Stadt weilten. Sogar die *Reyes Católicos,* die Katholischen Könige, nahmen hier damals dankbar Quartier.

In dem Gebäude ist heute das **Museu Arqueològic i Històric d'Elx** untergebracht. Ausgestellt sind Fundstücke, die bei Ausgrabungen in der Umgebung von Elche entdeckt wurden, darunter Gegenstände aus römischer, iberischer und arabischer Zeit. Das Museum gibt mit vielen hochmodernen audiovisuellen Techniken einen guten Blick in das historische Erbe von Elche. Wichtigstes Exponat ist die **Dama de Elche,** die Reproduktion der Büste einer Priesterin aus der iberischen Epoche des 3. Jh. v. Chr., die im 2 km entfernten Alcudia gefunden wurde. Das Original befindet sich in einem Museum in Madrid.

■ **Museu Arqueològic i Històric d'Elx,** Diagonal del Palau 7, geöffnet: Mo–Sa 10–18 Uhr, So 10–15 Uhr, Eintritt: 3 €, sonntags frei.

Basílica Menor de Santa María

Die Basílica ist schon von Weitem an ihrer blauen Rundkuppel zu erkennen, auffällig ist auch das kunstvoll verschnörkelte Portal. Die Kirche wurde zwischen 1672 und 1784 erbaut. Sie entstand auf den Resten einer früheren Moschee, wie es nach der Eroberung einer muslimischen Stadt durch christliche Truppen damals so üblich war. Die Kirche ist im barocken Stil errichtet und hat ein schön gearbeitetes Haupttor. Im Inneren steht unter der Rundkuppel ein eindrucksvoller Hochaltar. Hier wird jedes Jahr am 14./15. August das Heiligenspiel „Mysterium zu Elche" aufgeführt. Das **Misterio de Elche** (valencianisch: *Misteri d'Elx*) ist ein Theaterstück aus dem Mittelalter, s. auch Infokasten links. Dieses Spektakel wollen alljährlich mehr Menschen sehen als Plätze vorhanden sind. Deshalb gibt es in den Tagen vorher drei Generalproben, bei denen man vielleicht die Chance auf einen Platz hat.

El Misteri d'Elx – das Mysterium von Elche

Es handelt sich um ein **mittelalterliches Theaterstück**, vorgetragen ausschließlich in valencianischer Sprache. In zwei Akten werden Tod und Wiederauferstehung der Jungfrau *María* abgehandelt sowie von der wundersamen Bekehrung einer jüdischen Gruppe zum Christentum und der finalen Wiederauferstehung berichtet. Technisch anspruchsvoll schweben Engel, und später auch der Heilige Vater, von der Kirchenkuppel auf die Erde. Dieses Schauspiel wird ausschließlich in der **Basílica Menor de Santa María** aufgeführt, und dies aufgrund eines Privilegs, das Papst *Urban VIII.* im Jahr 1632 gewährte, obwohl im Konzil von Triest Theateraufführungen in Kirchen verboten waren. Gespielt wird das Stück an zwei Tagen. Am **14. August** wird der erste Teil, *Vespra* genannt, aufgeführt, in dem es um den Abschied der Jungfrau *María* geht. Am **15. August** folgt der zweite Teil, *La Festa* genannt, mit der Wiederauferstehung. Dieses Schauspiel wurde 2011 von der UNESCO zum **immateriellen Erbe der Menschheit** ernannt.

■ **Basílica,** geöffnet 7.30–13 und 17–21 Uhr. Der Turm ist von 10.30 bis 15 Uhr geöffnet, von oben hat man einen Rundblick über die Stadt, Eintritt: 2 €.

Museo de la Festa

Das Museum gegenüber der Basilika ist in einem Gebäude aus dem 15. Jh. untergebracht. In der alten Einsiedelei werden **Trachten** und Utensilien ausgestellt, die bei den Aufführungen des Mysterienspiels getragen werden.

■ **Museo de la Festa,** Carrer Major de la Vila 27, geöffnet: Di–Sa 10–14 und 15–18 Uhr, So 10–14 Uhr, Eintritt: 3 €, So und an Feiertagen frei.

Banys Àrabs

Die **arabischen Bäder** liegen in einem gut renovierten Haus, doch wäre nicht ein entsprechendes Hinweisschild angebracht, würde man vielleicht sogar daran vorbeigehen. Das sollte man aber nicht, denn zu sehen gibt es ein gut erhaltenes öffentliches Bad der Araber aus dem 12. Jh. Die Banys Àrabs funktionierten durch geschickt angelegte Lüftungsschächte ähnlich wie eine Sauna. Es gab Räume mit heißem Wasser, Ruheräume und Räume mit kaltem Wasser.

■ **Banys Àrabs,** Passeig de les Eres de Santa Llúcia 13, geöffnet: Di–Sa 10–14 und 15–18 Uhr, So 10–14 Uhr, Eintritt: 1 €, erm. 0,50 €, So frei.

Torre de la Calaforra

Einmal um die Ecke steht dieser alte, gut erhaltene **Festungsturm,** der noch aus arabischer Epoche stammt. Er gehört zur Stadtmauer. Im 15. Jh. wurde hier direkt am Turm ein Gebäude erbaut, zur **Kontrolle der Getreideeinfuhren** und um darauf Steuern zu erheben.

Ayuntamiento

Das an der **Plaza del Baix** gelegene **Rathaus** ist das älteste Verwaltungsgebäude in der südlichen Comunidad Valenciana, es wurde 1441 erbaut. In den folgenden Jahrhunderten mussten vereinzelt Renovierungen durchgeführt werden, aber der Kern ist schlappe 560 Jahre alt.

Direkt neben diesem Gebäude steht der Turm **Torre de Calendura** mit einer automatischen Uhr aus dem Jahr 1572.

▷ Basílica Menor de Santa María

Elche

Zwei Puppen schlagen die Zeiten auf einer Glocke. Die größere wird „Miguel Calendura" genannt und schlägt die Stunden, die kleinere heißt volkstümlich „Vicentet Calendureta" und schlägt die Viertelstunden-Töne.

Espai d'Art

Wer vom Bahnhof, Station „Elche-Parque", über die breite Straße Passeig de L'Estació am Parque Municipal vorbei ins Zentrum geht, kommt auch an einigen **Kunstwerken** im öffentlichen Raum vorbei. *Espai d'Art* (Kunst-Raum) wird dies genannt; gezeigt werden moderne Skulpturen, Hinweistafeln erklären ihre Bedeutung und nennen die Schöpfer.

Praktische Tipps

Unterkunft

■ **Hotel Huerto del Cura**④, Porta de la Morera 14, Tel. 966 610 011, www.huertodelcura.com. Gegenüber des Palmenwaldes Huerto del Cura angesiedeltes Top-Hotel, das selbst in einem sehr schönen und ruhigen Garten liegt. Die 81 Zimmer verteilen sich auf mehrere kleinere Gebäude. Ein nett angelegter Pool lockt ebenso wie die hauseigenen Sportanlagen.

■ **Hotel Jardín del Milenio**③, c/ Curtidors 17, Tel. 966 612 033, www.hotelmilenio.com. Größeres Haus mit 72 Zimmern, sehr nett im südlichen Bereich des Palmenwaldes gelegen. Rustikal-modern eingerichtete Zimmer mit einer Gesamt-Dekoration, die zur Umgebung passt und teilweise mit Nachbildungen römischer und iberischer Kunst geschmückt ist.

Essen und Trinken

■ **Café París,** Plaça del Palau, liegt unmittelbar bei der Basilika, recht schickes Café mit Terrasse.
■ **El Pernil,** c/ Juan Ramón Jiménez 4, Tel. 966 613 303. Wer mal typische Küche aus der Region Elche probieren möchte, ist hier richtig. Zum Probieren gibt es ebensolche Tapas am Tresen.
■ **Lizarrán,** Plaza del Congreso Eucrarístico 1, Tel. 865 512 924, Mo–Fr 9–24, Sa/So 10–24 Uhr. Landesweite Kette mit leckeren baskischen Tapas, die unter Glas am Tresen ausgestellt sind. Kunden schnappen sich einen Teller, bedienen sich selbst und sammeln auf dem Teller nach dem Verzehr die kleinen Hölzchen, die in jeder Tapa stecken, danach wird am Ende abgerechnet.

Nützliche Adressen

■ **Bahnhof:** Passeig de la Estació.
■ **Busbahnhof:** Avinguda de la Llibertat s/n.

Feste

■ **Erstes Juniwochenende:** Die andalusische Bevölkerung der Stadt feiert die *Romería del Rocío* vor ihrer Kirche Sagrado Corazón.
■ **10.–15. August:** *Virgen de la Asunción* mit der *Nit de l'Alba* (u.a. Feuerwerk) am 13.8.
■ **14. August:** *Nit de la Roà* – u.a. mit Prozession.
■ **14./15. August:** *Misteri d'Elx* – Mysterienspiel in der Basílica Santa María.
■ **8.–11. Okt.:** *Moros y Cristianos*.

Markt

■ **Markthalle:** *Mercado Central,* Av. de la Comunidad Valenciana s/n, geöffnet: Mo–Do 7.30–14 Uhr, Fr 7.30–14.30 und 17–21 Uhr, Sa 7.30–15 Uhr. Angeboten werden u.a. Oliven und Feinkostwaren.

Santa Pola

- **Einwohner:** 33.400
- **PLZ:** 03130
- **Entfernung nach Alicante:** 18 km
- **Touristeninformation:** Plaza Diputación 6, Tel. 966 692 276, www.turismosantapola.es.

Bereits im 5. Jh. v.Chr. existierte hier eine iberische Handelssiedlung, die auch Seehandel betrieb. Seit dem 1. Jh. n.Chr. ist ein römischer Hafen bekannt, der den Namen *Portus Illicitanus* trug. Mit ziemlichem Erfolg, denn es entwickelte sich eine kleine Stadt mit Geschäften und Handwerkern. Vor allem wurde hier aber Fisch mit dem Salz haltbar gemacht, das in den nahen **Salinen** gewonnen wurde. Während der folgenden islamischen Zeit sind keine besonderen Handelsaktivitäten bekannt. Nach der christlichen Eroberung erlitt die kleine Siedlung recht häufig Piratenüberfälle.

Der **Hafen** ist heute einer der größten und wichtigsten Fischereihäfen der Küste. Touristische Glanzpunkte kann Santa Pola allerdings nicht bieten. Die Strände locken hauptsächlich spanische Touristen an.

Die Strände

Die Strände sind schön, und die beiden zentralen Haupt-Playas links und rechts vom Hafen sogar recht lang mit jeweils einem knappen Kilometer. Da diese Erholungszonen **mitten in der Stadt** liegen, halten sich hier ganz selbstverständlich die Angestellten zur Mittagszeit auf, genau wie Hausfrauen und Rentner in der warmen Oktobersonne. Da aber die Umgebung nun doch nicht auf touristische Bedürfnisse ausgerichtet wurde,

Santa Pola ist einer der wichtigsten Fischereihäfen an der Costa Blanca

sondern gleich ganz normaler geschäftiger Alltag sich abspielt, finden sich hier eher **wenige Urlauber.** Ausländische noch viel weniger.

Sehenswertes

Fortaleza de Santa Pola

Die **Festung** wurde 1557 zum Schutz der Bevölkerung und des Fischerhafens vor plündernden Piraten erbaut. Verantwortlich für diese Maßnahme war der Marquesado de Elche. Offensichtlich war sie von Erfolg gekrönt, denn die Attacken gingen zurück. 1784 wurde König *Carlos III.* nominell Hausherr. Aber was soll ein gekröntes Haupt mit einer Festung? Das dachte sich wohl auch eine seiner Nachfolgerinnen auf dem Königsthron. *Isabel II.* übergab die Festung hochoffiziell der Stadt Santa Pola. Aber so recht wussten die Stadtväter auch nichts damit anzufangen. Zeitweise wurden hier sogar Stierkämpfe abgehalten.

Dann aber restaurierte man die Außenmauern gründlich, entfernte alles Überflüssige im inneren Bereich und richtete ein **Kulturzentrum** und ein Museum ein, das **Museo del Mar.** Hier wird die Geschichte der Stadt dargestellt. Neben einer frühgeschichtlichen Höhle können Fundstücke aus römischer und iberischer Zeit besichtigt werden, etwa der Hafen.

Überreste jener Epoche sind auch in eine **Freiluftausgrabungsstätte** zu besichtigen, die unweit vom Castillo liegt.

■ **Museo del Mar,** geöffnet: 1.4. bis 31.10. Di–Sa 11–13 und 18.30–21.30 Uhr, 1.11. bis 31.3. Di–Sa 11–13 und 16–19 Uhr, So immer 11–13.30 Uhr, Eintritt: 1,60 €; das Ticket gilt auch im Museo de la Pesca.

Museo de la Pesca

Ebenfalls im Castillo befindet sich dieses Museum, das eine Hommage an das harte **Leben der örtlichen Fischer** darstellt. Dies wird auf insgesamt elf thematischen Stationen gezeigt.

■ **Museo de la Pesca,** geöffnet: wie Museo del Mar (s.o.), Eintritt: 3 €; das Ticket gilt auch im Museo del Mar.

Acuario Municipal

Das Aquarium liegt zeigt in neun großen Aquarien die **Flora** und **Fauna** des **heimischen Mittelmeeres.**

■ **Acuario Municipal,** Plaza Francisco Fernández Ordoñez s/n, geöffnet: 16.6. bis 31.8. tägl. 11–13 und 18–22 Uhr, im Winter Di–Sa 10–13 und 17–19 Uhr, So 10–13 Uhr, Eintritt: 2,50 €.

El Palmeral

Wie im benachbarten Elche wachsen auch in Santa Pola **Palmen.** Zu finden ist der Park bei dem zentralen Platz mit Namen Plaza Deputación. Dort befindet sich auch die **Casa Romana del Palmeral,** eine ehemalige römische Luxusvilla.

▷ Die Fortaleza de Santa Pola

Santa Pola

Hafen und Promenade von Santa Pola

Hafen

Santa Pola hat einen größeren Hafen als die meisten Orte mit vergleichbarer Einwohnerzahl. Das Touristenbüro lobpreist sogar, dass hier eine der größten Fischfangflotten des Mittelmeeres beheimatet sei. Unübersehbar ist das Gebäude der Cofradía de Pescadores, der Bruderschaft der Fischer, mit der Fischauktionshalle, der **Lonja**. Gegen 17 Uhr beginnt das Ritual der Versteigerung. Für Außenstehende ist es schwierig, etwas zu verstehen (man spricht Valencianisch), aber die Vielfalt der Fische und Meerestiere lässt einen doch staunen.

Am Rande des großen Hafens dümpeln tatsächlich noch ein paar kleinere **Fischerboote**, ältere Fischer hocken auf der Mole und flicken zigmal benutzte Netze noch per Hand. Ein kurzes Stück weiter werden Tickets für einen Tagesausflug auf die **Insel Tabarca** verkauft. Und noch einige Meter weiter entstand ein moderner **Sportboothafen.** Hier liegen die Hobbysegler und auch einige Motorboote. Es gibt auch eine ausgesprochen nett gestaltete **Promenade,** die geschmückt ist mit Palmen, Ruhebänken und einem Lamellendach, das etwas Schatten spendet. Ein paar Lokale mit Terrasse gibt's natürlich auch. „Boulevard Puerto" heißt dieser Bereich, an dem es sich nett spazieren lässt.

Praktische Tipps

■ **Hotel Patilla**③, c/ Elche 29, Tel. 965 411 015, http://hotelpolamar.es. Ein zentrales Hotel mit 72 Zimmern auf vier Etagen und einem Restaurant im Erdgeschoss. Das Haus ist im Ort ausgeschildert, es liegt etwa 250 m vom Strand entfernt. Ein **Restaurant** ist angeschlossen, mit Spa-Bereich, WiFi.

■ **Hotel Polamar**④, c/ de los Astilleros 12, Tel. 965 413 200, www.polamar.com. Dieses 70-Zimmer-Haus liegt zwischen Hafen und Strand. Von etlichen Zimmern genießt der Gast Meerblick, je höher gelegen, desto besser. Die Zimmer sind nicht luxuriös, aber in Ordnung, und es gibt ein beliebtes Frühstücksbuffet. WiFi.

◼ **Hostal Quatre Llunes**②, c/ Marqués de Molins 41, Tel. 966 696 080, www.hostalquatrellunes.com. Kleines Haus mit 23 Zimmern, die korrekt eingerichtet sind, vielleicht ein Tick zu klein, aber dafür ziemlich günstig. Auffällig auch der farbenfrohe, aber zugleich puristische Eingangsbereich. WiFi.

Camping

◼ **Bahía de Santa Pola,** 2. Kategorie, Ctra. Santa Pola-Elche, km 11, Tel. 965 411 012, https://campingbahiasantapola.com. Ein mittelgroßer, ganzjährig geöffneter Platz für 1400 Personen, der sich etwa 1 km außerhalb des Ortes befindet. Die Parzellen liegen unter Olivenbäumen oder unter Schattendächern. Der Platz ist nicht weit von der Nationalstraße 332 (Alicante – Cartagena) entfernt; es gibt hier auch einen Pool, Supermarkt, Spielplatz und einen Sportbereich.

Essen und Trinken

◼ **Restaurante Batiste,** c/ Pérez Ojeda 6, Tel. 965 411 485. Größeres, elegantes Lokal direkt am Hafen, serviert werden gute Reis- und Fischgerichte.
◼ **Restaurante Nueva Casa del Mar,** c/ Pérez Ojeda 27, Tel. 965 416 703. Hier gibt es Reis- und Fischgerichte zu erschwinglichen Preisen, darunter die klassische *Paëlla marinera,* ferner Meeresfrüchte und auch *fideuá,* ein Gericht auf Basis von Nudeln.
◼ **Casa Pepe,** c/ Hernán Cortés 6. Rustikale Bar mit guten Tapas. In diesem Stil liegen hier noch weitere Bars, die Calle Hernán Cortés ist eine Stichstraße von der am Hafen vorbeiführenden Calle Fernando Pérez Ojeda.
◼ **Café El Pilar,** c/ Poeta Miguel Hernández 11. Klassisches Café, in dem noch frische *Churros* (ein Fettgebäck) mit Schokolade zubereitet werden.

◼ **Restaurante Los Curros,** liegt neben dem Gebäude der *Cofradía de Pescadores,* der Vereinigung der Fischer direkt am Hafen. Es bietet gute, geerdete Fischgerichte und Tapas und hat eine kleine Terrasse zum Strand. Insgesamt sehr rustikal.

Nützliche Adressen

◼ **Busbahnhof:** Carretera a Elche 5, kurz vor dem großen Kreisverkehr nahe dem Parque El Palmeral.
◼ **Einkaufen:** *La Casa del Vino,* c/ Poeta Miguel Hernández 9. Hier kann man seine Weinvorräte auf qualitativ hohem Niveau auffüllen.
◼ **Fahrradverleih:** *Cicles Garma,* c/ Almirante Antequera 29; *Bicicletas Santa Pola,* Av. Porticus Illicitanus 4.
◼ **Pola Park,** Av. Zaragoza s/n, https://polapark.com. Ein 24.000 m² großer Freizeitpark für Kinder mit etwa 30 Attraktionen wie Hüpfburgen, Fahrgeschäften, Minigolf, Spielbereichen u.Ä. Im Sommer täglich geöffnet, teilweise aber erst am Abend, in der Nebensaison meist am Wochenende ab 12 Uhr zu sehr wechselnden Zeiten, die auf der Homepage abgelesen werden können. Eintritt: ab 28 € (1 Erw. + 1 Kind) aufwärts, je nach Familiengröße.

Feste

◼ **16. Juli:** *Virgen del Carmen* – Fest der Fischer mit Meeresprozession.
◼ **1. bis 8. September:** *Virgen de Loreto* – Patronatsfest, u.a. mit Umzügen.
◼ **Anfang September:** *Moros y Cristianos.*

Märkte

◼ **Markthalle Mercado Central:** Mo–Sa 8–14 Uhr, Plaza Maestro Quislant.

Ausflüge

Cabo de Santa Pola

Cabo de Santa Pola ist ein ganz im Osten gelegener **Aussichtspunkt** am Ende eines 4½ km langen, schnurgeraden Weges. Dort steht der weiße Leuchtturm *(faro)*, der leider nicht besichtigt werden kann. Man blickt von einem über 100 m hohen Felsen auf das Meer und hat eine herrliche Aussicht bis nach Alicante und Torrevieja.

Salinas de Santa Pola

Wer von Santa Pola auf der N-332 Richtung Cartagena fährt, passiert die weitläufigen Salinas del Braç del Port. Hier gingen Naturschutz und ökonomische Interessen eine Symbiose ein, die offensichtlich funktioniert. Die Salinen beginnen unmittelbar hinter dem Ortsende von Santa Pola und bedecken eine Fläche von 2500 ha. Obwohl immer noch Salz gewonnen wird und eine stark befahrene Straße hindurchführt, haben sich die Salinen auch zu einem **Refugium für Vögel** entwickelt. Mit ein bisschen Glück erkennt man Flamingos, diverse Entenarten, Schnäbler oder Fischreiher. Nicht allzu weit entfernt von einem ehemaligen Wachtturm, dem Torre de Tamarit, der unweit der Straße mitten in den Salinen steht, findet man einen Parkplatz.

Wer sich speziell über die Salzgewinnung in dieser Region informieren möchte, kann das **Museo de la Sal** auf-

suchen. Dort erhält man auch grundsätzliche Hinweise über den Park und die Tierwelt.

■ **Museo de la Sal,** Av. 45, an der N-332, nur wenige hundert Meter nach Passieren der großen Kreuzung mit der C 3317 nach Elche, geöffnet: tägl. 9–14 Uhr, der Eintritt ist frei.

Isla de Tabarca

Tabarca ist die **einzige bewohnte Insel** der Region Valencia; sie liegt ca. 25 Min. Bootsfahrt von Santa Pola entfernt. Sie ist nur 2 km lang und bis zu 400 m breit. Im 16./17. Jh. versteckten sich hier Piraten, die immer wieder die Küste unsicher machten. Nachdem man diese vertrieben hatte, ließ König *Carlos III.* 300 italienische Flüchtlinge, die einen Ort gleichen Namens in Tunesien verlassen mussten, auf der Insel siedeln. Heute leben nur noch wenige Menschen hier, die aber regelmäßig Besuch von Tagestouristen bekommen. Viel zu sehen gibt es nicht, außer einem Dorf mit ungeteerten Straßen und wehrhaften Mauern, der Kirche und einem kleinen Wachtturm, der etwas außerhalb der Ortschaft liegt (Torreón de San José). Es gibt hier sogar ein Museum, das **Museo Nueva Tabarca,** das in zwei Räumen alles Wissenswerte über die Insel darstellt, u.a. in einer audiovisuellen Show (geöffnet ab 11 Uhr, an die Ankunft der Ausflugsschiffe gekoppelt, Eintritt: 2 €).

Auf der Isla de Tabarca

Neben dem winzigen Ort gibt es noch ein freies, recht staubiges Feld, an dessen Ende ein **Leuchtturm** steht, und, etwa mittig, ein ehemaliger **Wachtturm**. Die Küste ist hier felsig mit kleinen Buchten. Etwa in Höhe des Anlegers befindet sich eine kleine **Zone mit Lokalen** vor einem Sandstrand, den dahinter liegenden **Ort** betritt man durch ein historisches, wuchtiges Tor. Ein Besuch hier entschleunigt ungemein, denn nach einem Spaziergang durch die wenigen Straßen und einem Aufstieg auf die Schutzmauer hat man eigentlich alles erkundet. Am zentralen Platz gibt es Lokale, auch an der Hauptstraße, und es gibt sogar überraschend viele **Übernachtungsmöglichkeiten**. Bevor es mit dem Schiff zurückgeht, kann man noch einen Spaziergang über das freie Feld machen und die hiesige Einsamkeit auf sich wirken lassen. Vergleichbares findet man sehr selten an der Costa Blanca.

Unterkunft
- **Hotel La Trancada**④, c/ Motxo 12, Tel. 630 503 500, www.latrancada.com-alicante.com. Das Hotel ist untergebracht in einem ehemaligen Fischerhaus aus dem 18. Jh. Moderne, farbenfrohe, aber etwas minimalistische Einrichtung. Wifi.
- **Hotel Boutique Isla de Tabarca**④, c/ Arzola s/n, Tel. 647 550 068, www.hotelislatabarca.com. Ein emblematisches Haus aus dem 18. Jh., das 2011 komplett renoviert wurde unter Beibehaltung seiner historischen Struktur; die Einrichtung ist modern. Die 14 Zimmer liegen um einen hübschen Innenhof. WiFi.

Fährverbindungen
- Von Santa Pola fahren mehrere Gesellschaften hinüber nach Tabarca zu einem Tagesausflug, Infos und Tickets gibt es direkt am Hafen. Gefahren wird generell ab 10 Uhr, auch noch um 11.30 und 13 Uhr. Die Fahrzeit beträgt 20–30 Min. je nach Bootstyp. Preis: 10–15 €. Vergleiche sind schnell gemacht.
- Auch vom benachbarten Guardamar und sogar von Alicante (Abfahrt Höhe *Café Noray* bei der Explanada) verkehren Schiffe, deren Fahrplan sich aber nach dem touristischen Aufkommen richtet, die also im Sommer häufiger ablegen.

Guardamar del Segura

- **Einwohner:** 16.800
- **PLZ:** 03140
- **Entfernung nach Alicante:** 35 km
- **Touristeninformation:** Plaça de la Constitució 7, Tel. 965 724 488, www.guardamarturisme.com, geöffnet: Mo–Sa 10–15 und 17–19 Uhr, im Sommer 10–14.30 und 18–21 Uhr.

Guardamar ist ein für die Costa Blanca ungewöhnlicher Ort, der trotz des nicht geringen inländischen Tourismus noch **relativ ruhig** geblieben ist. Seine Hauptattraktion sind die kilometerlangen Strände und die in diesem Küstenabschnitt **einmalige Dünenlandschaft**. Für die Bewohner vergangener Jahrhunderte waren diese Wanderdünen allerdings kein Segen, trieb doch der ständige Wind die Dünen regelrecht voran, wodurch so manches Haus unter dem nicht aufzuhaltenden Sand begraben wurde. Das änderte sich erst, als man Ende des 19. Jh. damit begann, Pinien zu pflanzen.

▷ Ehemalige Fischerhäuser am Strand von Guardamar del Segura

Diese Bäume setzten der Wanderbewegung der Dünen schließlich ein Ende. (Nichts anderes tut man übrigens an der Nordseeküste, nur wird dort Strandhafer angepflanzt.) Heute ziehen diese Dünen und die langen Sandstrände viele spanische Touristen an, wenngleich sich alles noch einigermaßen im überschaubaren Rahmen bewegt.

Die Strände

Zählt man alles zusammen, summieren sich die Strände auf eine Länge von gut **15 Kilometer.** Aber, was heißt hier „Strände"? Unterschiede gibt es nur im Namen. Schön ist der Strand, daran dürfte es wenig Zweifel geben. Feiner, heller Sand, der nicht unterbrochen sozusagen durch den Ort und weit über seine Grenzen verläuft. Eine **Promenade** gibt es, man kann im Ort auf einem Weg parallel zum Strand spazieren, und es gibt sogar einige Lokale, aber keinen touristischen Tingeltangel. Einige Häuser haben das Glück, direkt am Strand zu stehen, das war's im Wesentlichen. Wer weit genug läuft, hat sehr schnell ziemlich einsame Strandzonen erreicht.

Neben diesem schönen Strand fällt besonders die Tatsache positiv auf, dass die Häuser harmonisch ins Bild passen. Sie sind relativ klein (meist 4–5 Etagen), außerdem gibt es genügend Einzelhäuser. Eine knapp ein Kilometer lange Straße verläuft etwas vom Strand versetzt, dort liegen auch einige weitere Lokale und Hotels.

Sehenswertes

Carrer Enginyer Mira

Das Spektakulärste an Guardamar ist zweifellos die **Dünenlandschaft.** In früheren Zeiten kämpften die Fischer hier

adobe.stock ©elenarostunova

einen verzweifelten Kampf gegen die Wanderdünen, aber kein Mittel half dauerhaft. Erst die massive Anpflanzung von Pinien, Eukalyptusbäumen und Palmen hinderte den Sand endlich am Weiterziehen. Die verzweifelten Bemühungen der Dorfbewohner, Herr über die Wanderdünen zu werden, sind wunderbar auf kleinen **Kachelmalereien** festgehalten. Diese sind entlang des Paseo Ingeniero Mira zu finden. Der Weg führt aus dem Stadtzentrum hinaus und an den Dünen vorbei zum Strand.

Parque de Alfonso XIII.

Der Namensgeber des Paseo, der Ingenieur *Mira,* fand schließlich gegen Ende des 19. Jh. die Lösung des Problems. Damals pflanzte man Schösslinge, die zu einem dichten **Pinienwald** herangewachsen sind. Diese Zone wird heute als Naherholungsgebiet genutzt und trägt den Namen des ehemaligen Königs *Alfonso XIII.* Aber auch außerhalb des heutigen Parks gelegene Gebiete wurden bepflanzt und sind mittlerweile von dichtem Wald bewachsen.

Ingenieur *Mira* fasste 1910 die Situation übrigens so zusammen: „Guardamar hat schon seit seiner Gründung um seine Existenz kämpfen müssen: zu Anfang gegen die Attacken der Eroberer, später gegen Erdbeben, und jetzt gegen die Invasion des Sandes."

Im Gebäude der Touristeninformation befindet sich das **Museo Ingeniero Mira,** das in einer kleinen Ausstellung das Engagement des Ingenieurs zur Rettung von Guardamar würdigt.

Mitten im Parque Alfonso XIII. liegen zwei historische Fundstätten: die **maurische Festungsanlage Rábita Califal** aus

dem 10. Jh. und die erst vor einigen Jahren entdeckten **Reste eines phönizischen Hafens,** möglicherweise aus dem 8. Jh. v. Chr. datierend.

Archäologisches Museum

Fundstücke aus diesen beiden Epochen sowie aus der Zeit der Römer, der Iberer und der späteren Phase des Mittelalters können im **Museo Arqueológico** bewundert werden. Die Ausstellung zeigt sowohl archäologische als auch ethnologische Funde in Vitrinen und Dioramen. Zentrales Ausstellungsstück ist die Skulptur der **Dama de Guardamar** aus der Iberischen Zeit. Auch aus der römischen Phase (1. Jh. v.Chr.–3.Jh. n.Chr.) liegen viele Funde vor. Die islamische Zeit ist seit 944 dokumentiert, als eine größere Moschee in Guardamar stand. Außerdem werden die Entwicklungsstufen der Natur sehr anschaulich dargestellt und historische Fotos zeigen die zum Teil dramatische Situation der Bedrohung durch die Wanderdünen. Das kommt deutschen Küstenbewohnern, und vor allem Sylt-Fans, sicher bekannt vor. Das Museum ist ausgeschildert.

■ **Museo Arqueológico,** c/ Colón 60, im Ortszentrum, vor den Dünen gelegen, geöffnet: 1.9. bis 30.6. Di–Sa 10.30–14.30 und 17.30–20.30 Uhr, 1.7. bis 1.9. Di–Sa 11–14.30 und 18–21.30 Uhr, Eintritt: 1 €.

◁ Am Paseo Ingeniero Mira wird die Geschichte Guardamar del Seguras auf Kacheln erzählt

Castillo

Das Castillo liegt am Ortsrand, etwas erhöht. Es wurde gegen Ende des 13. Jh. erbaut, als die Gegend noch zum Königreich Aragón gehörte. Damals war die Burg eine wichtige **Festung gegen Eindringlinge,** die vom Meer und von Süden her kamen. 1829 fiel das Gebäude einem Erdbeben zum Opfer, und erst 1985 begann man mit einem zaghaften Wiederaufbau. Übermäßig viel ist seitdem allerdings nicht geschehen. Man benötigt schon etwas Fantasie, um sich aus dem einzigen Türmchen, dem einzigen Kanönchen und der verbliebenen dicken Mauer eine wehrhafte Festung vorzustellen. Immerhin ist die Aussicht von oben recht nett. Man überblickt den Ort in seiner vollen Breite, die Dünen und die schönen Sandstrände.

Praktische Tipps

Unterkunft

■ **Hotel Europa**②, c/ Jacinto Benavente 1, Tel. 965 729 055. Kleines Haus mit 14 Zimmern, das in erster Strandreihe liegt. Geöffnet: Ostern bis Okt.
■ **Hotel Parque Mar**④, c/ Gabriel Miró s/n, Tel. 966 725 172, www.parquemarhotel.com. Wohl eines der besten Häuser am Platze. Es zählt 58 Zimmer und liegt, wie der Name schon andeutet, am Dünenpark, aber auch nur einige Schritte vom Meer entfernt, weswegen man von einigen Zimmern einen tollen Meerblick genießt.
■ **Hotel Meridional**④, Av. Libertad 64, Tel. 965 728 340, www.hotelmeridional.es. Ein Haus mit 52 Zimmern in der ersten Strandreihe. Funktional, es gibt DZ, Familienzimmer und Suiten, alle mit Terrasse oder Balkon und Meerblick. Unten befindet sich ein Restaurant. WiFi.

Guardamar del Segura

Camping

- **Mar-Jal,** 1. Kategorie, Partida Lo Chando, N-332 beim km 73,4, Tel. 965 484 945, www.marjalcostablanca.com. Unweit der Mündung des Río Segura bietet der ganzjährig geöffnete Platz Kapazitäten für 600 Personen. Das weitläufige Gelände grenzt an die Dünenlandschaft. Dem Gast wird eine Menge geboten, inklusive eines Schwimmbades. WiFi.
- **Palm Mar,** 2. Kategorie, N-332 am km 70, Tel. 965 728 856, www.campingpalmmar.es. Geöffnet: Mai bis Ende Sept. Insgesamt 580 Personen teilen sich die Parzellen, die auf einem leicht abfallenden Gelände unter Schatten liegen. Zum Strand sind es nur wenige Schritte, zum Ort etwa 1 km.

Essen und Trinken

- **Restaurant Rodero,** Av. de Europa 7, Tel. 966 727 830. Das Lokal hat eine Terrasse und ist sehr beliebt. Hier gibt es gute Fisch- und Reisgerichte zu fairen Preisen.
- **Jaime en la Playa,** c/ Ingeniero Codorníu 1, direkt am Strand am Ende der Zufahrtsstraße Ingeniero Mira. Lockere Atmosphäre, kleine Gerichte, kleine Terrasse, ein lokaler Treff für alle und den Drink zwischendurch.
- **El Bocaíto,** Av. Europa 11, Tel. 966 725 524. Recht großes Lokal, modern und etwas schicker, aber dabei nicht steif. Es gibt Hausmannskost, gute Tapas, und vor allem gibt es eine große Meerblick-Terrasse.
- **Restaurante Isla Tabarca,** Av. Europa 23, Tel. 966 275 802. Große Terrasse zum Strand, angenehme Dekoration, vermittelt ein nettes Urlaubs-Feeling und bietet Fisch, Meeresfrüchte, Pizza, Pasta, aber auch Tapas.
- **Terrazas Sotavento,** c/ Enginyer Mira s/n, geöffnet tägl. 8–3 Uhr. Das Lokal liegt ca. 200 m vom Strand entfernt, direkt am Rande des Pinienwaldes. Es fällt optisch auf, da es von einer Mauer eingefasst ist, die an ein *Gaudí*-Werk aus dem Park Güell in Barcelona erinnert. Hier gibt es Cocktails, kleine Gerichte, aber auch Menüs und man kann sehr schön im Freien sitzen.

Nützliche Adressen

- **Busbahnhof:** c/ Molivent, Ecke c/ Sant Eugeni.
- **Polizei:** Plaza de la Constitución 5.

Feste

- **Anfang Februar:** *Mig Any* – manchmal sucht man sich mit Gewalt einen Anlass zum Feiern, dieses Fest ist solch ein Fall. Offizieller Hintergrund: Es fehlen nur noch fünf Monate bis zum Fest Moros y Cristianos, na denn …
- **Zweite Julihälfte:** *Moros y Cristianos.*
- **7. Oktober:** *Virgen del Rosario* – Patronatsfest, u.a. mit Blumenschmuck und Feuerwerk.

Märkte

- **Wochenmarkt:** Mi 8.30–13.30 Uhr an der Plaza de la Iglesia beim Paseo Enginiero Mira.
- **Kleiner Kunstmarkt:** Sa/So 12–20 Uhr (Okt. bis März) bzw. tägl. 18.30–24 Uhr (April bis Sept.) beim Paseo Enginiero Mira.

▷ Flanieren in Torrevieja

Torrevieja

- **Einwohner:** 102.000
- **PLZ:** 03181
- **Entfernung nach Alicante:** 47 km
- **Touristeninformation:** Paseo Vista Alegre s/n, Tel. 965 703 433, http://turismodetorrevieja.com, geöffnet: Mo–Fr 9–19 Uhr, Sa 10–14 Uhr.

Ursprünglich war Torrevieja nichts weiter als eines dieser kleinen Fischerdörfer, wie es sie in vergangenen Jahrhunderten entlang der ganzen Küste gab. Nachdem 1829 ein Erdbeben den Ort zerstörte, baute man ihn wieder auf, denn neben dem Fischfang beuteten die Einwohner die nahe gelegenen **Salinen** aus. Das Salz brachte den Menschen sowohl einen bescheidenen materiellen Gewinn als auch einen kulturellen. Sie handelten damit in Übersee. Sogar auf Kuba konnte man Salz verkaufen. Und von dort kam, gewissermaßen im Austausch, die Tradition der **Habaneras** nach Torrevieja (siehe hierzu auch Exkurs „Habaneras – das kubanische Erbe"). Heute feiert man alljährlich im August ein einwöchiges Fest, bei dem sich etliche Chöre zum friedlichen Habaneras-Wettsingen treffen.

In den 1980er Jahren veränderte sich das Ortsbild radikal: Torrevieja wurde ein **Zentrum ausländischer Zweitwohnungen.** Die Entwicklung verlief buchstäblich Schwindel erregend. Zunächst baute man Wohnblocks im Bereich des Strandes und des Hafens. Später verfeinerte man das Angebot. Es entstanden Reihenhäuser, Kettenhäuser, Doppelhäuser und vereinzelt auch frei stehende Villen. Ein Ortsprospekt verkündet, dass über 90.000 Immobilien gebaut wurden und 300 Immobilienfirmen hier tätig sind. Über viele Kilometer ziehen sich heute die zumeist weißen Häuser bis ins Hinterland. Schätzungen sprechen davon, dass knapp die Hälfte der Residen-

ten Ausländer sind und dass sich im Hochsommer, wenn spanische und ausländische Touristen in Massen kommen, die Zahl der kurzfristigen Bewohner der **Millionengrenze** nähert.

Entlang der Durchgangsstraße N-332, die am Ortsrand vorbeiläuft, reihen sich diverse Geschäfte, Supermärkte, Dienstleister, Lokale, etc. auf. Von hier werden die ganzen Residenten und Urlauber versorgt, sei es mit Lebensmitteln oder auch mit einem Handwerker. Dies ist die eine Seite von Torrevieja. Dann gibt es aber auch noch eine andere, und die findet man beim **Hafen.** Dort ist spürbar, dass es ursprünglich einmal nur ein einfacher Fischerort war, der 1931 Stadtrechte erhielt, weil er eine gewisse Größe erreicht hatte. Nicht, dass es nun puppenstubenmäßig idyllisch dort wäre, das nun auch nicht, aber es ist eben erkennbar, dass Torrevieja auch einen alltäglichen, einen „normalen" Kern hat und nicht ausschließlich aus Ferienwohnungen besteht. Entlang des Hafens sind sogar einige recht hübsche **Flanierzonen** entstanden.

Die Strände

Das Überraschende ist, dass es keine nennenswerten Strände im Ort gibt. Sicher, es finden sich zwei Sandstrände,

schaftlichen Treffpunkt und zur Flaniermeile. Leicht verwinkelt angelegt, mit originellen Bänken, Palmen und einigen wenigen Terrassenlokalen, bieten sie ein harmonisches Bild. Selbst eine Möglichkeit zum Baden wurde geschaffen, über eine Leiter kann man an den kleinen Felsen hinunter ins Wasser steigen. An diesen Paseos stehen auch einige **Skulpturen,** so beispielsweise das *Monumento al Hombre del Mar* (Monument des Seemannes) sowie die sitzend und verträumt aufs Meer schauende Figur *La Bella Lola.*

Zur anderen Seite verläuft eine gut 200 m lange und relativ breite Promenade, an deren Ende die **Skulptur Monumento al Coralista** steht. Dieser Bereich ist durch ein Lamellendach geschützt, der Schatten wirft. Unten zieht sich eine durchgehende, leicht geschwungene steinerne Sitzbank entlang, die ein wenig an eine ähnliche von *Gaudí* erschaffene im Park Güell von Barcelona erinnert.

Die **Kirche Iglesia de la Inmaculada Concepción** mit ihren zwei Türmen an der Plaza de la Constitución stammt aus dem Jahr 1844. Sie wurde auf den Resten einer schlichten Kirche des 18. Jh. errichtet, die beim Erdbeben 1829 komplett zerstört wurde. Im Inneren sticht neben dem Altar das Bildnis der *Inmaculada Concepción* (Unbefleckten Empfängnis) heraus. Die **Plaza de la Constitución** zeigt sich recht klein, ist aber dennoch angenehm gestaltet, dort steht auch das Rathaus *(ayuntamiento).*

Das **Museo del Mar y de la Sal** ist mitten im Zentrum, nicht weit vom Hafen

von denen besonders der nördliche recht gut besucht ist. Der südliche liegt beim Hafen und wirkt durch die Umgebung der Häuser und Hafenanlagen nur mäßig idyllisch, aber er wird trotzdem besucht. Die schöneren Strände liegen außerhalb des Zentrums, vor allem im Norden. Dort befindet sich auch der größte Strand, die 2,3 km lange **Playa Mata.**

Sehenswertes

Die Uferpromenade vor dem Zentrumsbereich wurde ausgesprochen reizvoll gestaltet. Diese „Paseos", wie sie genannt werden, entwickelten sich zum gesell-

Ernste Musik in Heavy Metal: Skulpturen aus Bronze auf der Promenade von Torrevieja

Habaneras – das kubanische Erbe

Auf den wichtigsten Festen werden sie vorgetragen – die Habaneras. Das Wort Habaneras stammt von dem Begriff „La Habana" ab, wie die **kubanische Hauptstadt** auf Spanisch heißt. Aus heutiger Sicht ist es kaum zu glauben, aber Kuba galt neben Venezuela jahrzehntelang als Auswandererparadies für Spanier. Tausende machten sich auf, um in Übersee Geld zu verdienen und im hohen Alter, nach teilweise 40 Jahren in der Fremde, zurückzukehren. Indianos wurden diese „Gastarbeiter" auch genannt, weil sie in Las Indias arbeiteten. Damit war natürlich nicht der asiatische Sub-Kontinent gemeint, sondern Las Nuevas Indias, („Neu-Indien"), wie Kolumbus die neu entdeckte Welt nannte.

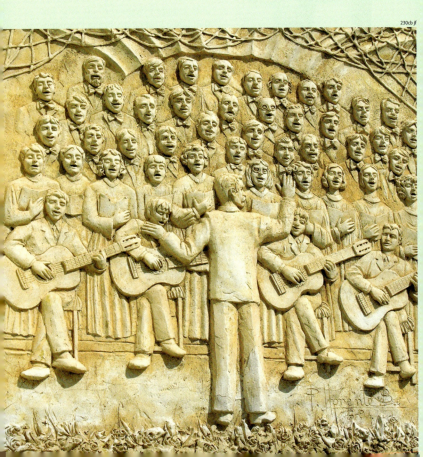

Eine Mischung aus Heimweh, Sehnsucht und Schwermut, gepaart mit Alkohol, ließ die ausgewanderten in den Kneipen von Havanna **traurige Lieder** anstimmen, Habaneras eben. Diese Gewohnheit setzte sich nach der Rückkehr der Indianos in der spanischen Heimat fort. Wenn das Wetter zu schlecht war, um auf das Meer hinauszufahren, trafen sich die Fischer in der Taverne, saßen traurig herum, ein Glas in der Hand, und stimmten Lieder an – Fernsehen gab's noch nicht.

In Torrevieja bildete sich schon frühzeitig eine sehr rührige Vereinigung, die dieses Liedgut pflegte. Ein **dreistimmiger Chor** (Tenor, Bariton und Bass) bildet die Grundeinheit, begleitet von **Gitarren** und **Akkordeon**. Habaneras gehörten in die Kneipen, so die vorherrschende Meinung. Dann kam der Tourismus, und das Bild begann sich zu wandeln. So wurden irgendwann Habaneras zu festen Zeiten gesungen. Und von da an war es nur noch ein kleiner Schritt bis zu öffentlichen Auftritten. Das gefiel längst nicht allen, aber der Stein war ins Rollen gekommen und konnte nicht mehr gestoppt werden.

Heute finden Auftritte von sehr **professionellen Habaneras-Gruppen** statt, die viele Zuhörer anlocken. Die Tradition der Habaneras wird übrigens auch hoch oben an der Costa Brava im Ort Calella de Palafrugell gepflegt. Zum Gesangswettbewerb reisen deshalb auch katalanische Gruppen an. Aus den ehemaligen Kneipengesängen der Auswanderer wurde eine touristische und ökonomische Größe.

Von der Schönheit der Melancholie: Denkmal zu Ehren der Habaneras in Torrevieja

entfernt, zu finden. Es informiert über die Salzgewinnung und stellt Funde aus dem Meer aus, dazu Schiffsmodelle.

■ **Museo del Mar y de la Sal,** c/ Patricio Pérez 10, geöffnet: Mo/Di 10–14 Uhr, Mi–Sa 10–14 und 16.30–20.30 Uhr. Der Eintritt ist frei.

In Zusammenarbeit mit dem Museo del Mar konnte ein von der spanischen Marine **ausrangiertes U-Boot** mit Namen *Delfín* nach Torrevieja geholt werden, es liegt heute im Hafen und darf besichtigt werden. Direkt daneben liegt ein weiteres außer Dienst gestelltes Schiff, das ehemalige **Patrouillenboot vom Zoll** *Albatros III*.

■ **U-Boot „Delfín",** geöffnet: Juli/August Mi–So 17.30–22.30 Uhr, Sept. bis Juni Mi–So 10–14 Uhr, Eintritt: 2 €.

Das **Museo de Semana Santa** in der c/ Formentera s/n beherbergt eine Ausstellung zu den *pasos,* den geschmückten Figuren und Heiligenstatuen, die während der Osterprozessionen durch die Straßen getragen werden.

■ **Museo de Semana Santa,** geöffnet: Mo–Fr 10–13.30 und 17–20 Uhr. Der Eintritt ist frei.

Parque Aromático

Einzigartiger **„Duftpark"**, der zu „einem aromatischen Erlebnis" (Zitat) einlädt. Auf 70.000 m² Fläche wurde eine gärtnerisch außerordentlich hübsch gestaltete Anlage geschaffen, die vor allem auch die Genusssinne anspricht durch Anpflanzen von Duftkräutern wie Lavendel, Salbei u.Ä.

Torrevieja

■ **Parque Aromático,** Av. Torreblanca 29, im nördlichen Bereich unweit Hotel *Sant Jaime* und der N-332 zwischen Av. Torreblanca und der Av. Corinto, geöffnet: ab 9 Uhr, im Winter bis 20 Uhr, im Sommer bis 24 Uhr.

Praktische Tipps

Unterkunft

■ **Hotel Fontana Plaza**③, Rambla Juan Mateo 19, Tel. 966 928 925, www.hotelfontanaplaza.com. Das Haus zeigt sich in schlichter Eleganz in klaren, hellen Tönen und Linien mit 95 Zimmern auf sieben Etagen, es liegt nur 50 m von der Strandpromenade entfernt.

■ **Hotel Masa**③-④, c/ Alfredo Nobel 150, Tel. 966 921 537, www.hotelmasa.com. Haus mit 50 Zimmern an einer Küstenstraße. Man schaut also aufs Meer, muss aber einen längeren Fußmarsch zum Stadtzentrum in Kauf nehmen. Es gibt eine Sonnenterrasse mit Pool, ebenfalls mit Meerblick. WiFi.

Essen und Trinken

■ Die Ausgehmeile erstreckt sich zwischen **Hafen** und **Playa del Cura,** speziell in den Straßen c/ del Mar, c/ Patricio Zamut und c/ Gumersindo.

■ **Restaurante Miramar,** Paseo Vista Alegre s/n, Tel. 965 713 415. Ein Lokal so nah am Hafen kann nur Fischgerichte bieten, könnte man meinen. Die gibt es tatsächlich. Aber auch die Reis- oder Nudelgerichte lohnen durchaus einen Versuch.

■ **Restaurante Bahía,** Avda. Libertad 3, etwa 150 m vom Monumento al Hombre del Mar, Tel. 965 713 994, Mo geschlossen. Ein Klassiker. Angeboten wird mediterrane Küche (Fisch, Fleisch, auch vegetarische Gerichte), es gibt u.a. das Probiermenü *Pica Pica*, bei dem eine Vielzahl von Kleinigkeiten auf den Tisch kommt. Nette Meerblick-Terrasse. Kein Billig-Laden, aber angemessene Preise.

■ **Mesón de la Costa,** c/ Ramón y Cajal 27, Tel. 966 703 598. Hauptsächlich Fisch und Meeresfrüchte werden in diesem Lokal angeboten, das eine etwas rustikalere Einrichtung in etwas dunklerem Schick hat. Zu finden: eine Parallelstraße neben der Uferpromenade Paseo Juan Aparicio.

■ **El Muelle,** c/ del Mar 1, Tel. 966 704 172. Restaurant mit einer Meerblick-Terrasse in sehr guter Lage, und insgesamt sehr nett gestaltet. Es gibt auch Tagesmenüs und spezielle Monats-Menüs.

■ **Rincón de Capis,** c/ San Gabriel 5, Tel. 965 500, traditionelle Küche, mehrheitlich mit Produkten aus der Region.

Nützliche Adresse

■ **Busbahnhof:** c/ del Mar s/n.

Feste

■ **16. Juli:** *Virgen del Carmen,* Meeresprozession.
■ **Ende Juli/Anfang August:** Festival der *Habaneras*-Chöre.
■ **1.–17. Dezember:** *Inmaculada Concepción* – Patronatsfest mit einer nächtlichen Prozession am 8.12.

Märkte

■ **Wochenmarkt:** Fr 8.30–13.30 Uhr großer Markt an der Av. Delfina Virtudes, neben dem Wasserpark *Aquopolis*.
■ **Markthalle:** Die Markthalle ist unter dem Namen *La Plasa* bekannt und liegt c/ de José Martínez Azorín 5. Geöffnet: Mo–Fr 8.30–14 und 17–20 Uhr, Sa 8.30–14 Uhr.

▷ Laguna Salada de Torrevieja

Ausflüge

■ **Schiffsausflüge:** Mehrmals täglich fährt ein Boot zur Isla de Tabarca.

Lagunas de la Mata y Torrevieja

Im Nordwesten von Torrevieja liegen zwei riesige **Lagunen,** die zu einem Naturschutzgebiet gehören. Sie sind über die Straße nach Rojales zu erreichen. Die **Laguna Salada de Torrevieja** misst 1400 ha und ist mit dem Meer durch einen Kanal verbunden, der den Namen Acequión trägt. Ursprünglich wurde diese Verbindung schon 1492 gebaut, um Fische in die Lagune zu locken. Das funktionierte jedoch nicht, und so wird seit dem 18. Jh. Salz gewonnen.

Die benachbarte **Laguna Salada de la Mata** hat eine Fläche von 700 ha und ist mit der anderen Lagune im nördlichen Bereich durch einen Kanal verbunden. Beide wurden 1988 als Parque Natural unter **Naturschutz** gestellt.

Besucher können auf **Wanderungen** entlang der Lagunen Vögel beobachten. Verschiedene Wege führen durch diese Zone, z.B. die **gelbe Route** *(ruta amarilla)* mit verschiedenen Aussichtspunkten. Die **rote Route** *(ruta roja)* ist länger und für **Radfahrer** gedacht. Die Vegetation zeigt sich unterschiedlich, je nach Salzgehalt der Salinen. Und so nisten auch die Vögel an bevorzugten Stellen.

■ **Info:** Gute Hinweise erhält man im *Centro de Información* bei der Laguna de la Mata. Zu finden: An der Ctra. 332 in Richtung Alicante fahren. Es liegt kurz vor dem Kanal (Canal de las Salinas) im Ortsteil Torrelamata auf der linken Seite, am Kilometerstein 64,5. Das Besucherzentrum ist geöffnet: Mo–Fr 9.30–14, Sa/So 9–13 Uhr.

adobe.stock.com ©carlosbriganti

Orihuela

Etwa 35 km westlich von Torrevieja liegt dieser Ort (etwa 60.000 Einwohner), der ein reichhaltiges historisches Erbe zu bieten hat und ein reichhaltiges religiöses obendrein. Besiedelt schon zur Zeit der Römer, gewann der Ort im 8. Jh. unter westgotischer Präsenz eine überregionale Bedeutung unter der Herrschaft von *Teodomiro*. Als die Mauren ab 711 in kürzester Zeit ganz Spanien besetzten, gelang es *Teodomiro* 713 in einem Abkommen, die relative Unabhängigkeit seines kleinen Reiches zu erhalten. Diese Abmachung wurde bis ins 9. Jh. eingehalten.1266 eroberte *Jaime I.* dann auch diesen Ort und stellte ihn unter den Schutz des Königs von Kastilien. 1304 wurde Orihuela Teil des Königreichs Valencia und sogar zur **Hauptstadt** einer größeren Provinz ernannt. 1488 weilten die spanischen Könige hier, um Truppen und Geld für den finalen Angriff auf Granada zu sammeln, um die letzten verbliebenen Mauren auf spanischem Boden zu vertreiben. Dies passierte schließlich 1492, und damit endete die fast 800-jährige muslimische Herrschaft in Spanien. 1564 wurde Orihuela **Bischofssitz**. In den folgenden Jahrhunderten wurde die Stadt zweimal schwer zerstört, 1706 durch die Besatzung von französischen Truppen und schließlich 1829 durch ein Erdbeben.

Sehenswertes

Der Fluss **Río Segura** fließt mitten durch die Stadt und teilt sie gewissermaßen, zwei wichtige Brücken verbinden diese beiden Stadthälften. Der Fluss brachte das lebensnotwendige Wasser, aber er brachte gelegentlich auch Zerstörung durch Überschwemmung.

Orihuela hat viele Kirchen und Klöster, eines der wichtigsten ist das **Santuario de Nuestra Señora de Montserrate** aus dem 17. Jh., wo die Schutzheilige der Stadt verehrt wird.

Unweit davon steht die eindrucksvolle Kirche **Iglesia de Santiago** (15. Jh.), die

▷ Blick über Orihuela

auf den Resten einer früheren Moschee errichtet wurde. Sehenswert ist hier schon das gotische Hauptportal mit der Skulptur des Apostel *Santiago (Jakob)*. Im Inneren glänzt vor allem die Hauptkapelle unterhalb der Kuppel mit ihrer schmuckvollen Kassettendecke. In der *Capilla de la Sagrada Família* befindet sich ein schönes Schnitzwerk des großartigen Holzschnitzers *Francisco Salzillo* aus dem Jahr 1776.

Ein schönes weltliches Gebäude ist der barocke **Palacio del Marqués de Rubalcava**. Hier befindet sich das **Museo de la Reconquista** (Museum der Rückeroberung), das sich mit der endgültigen Schlacht zwischen den christlichen Eroberern und den muslimischen Verteidigern *(Moros y Cristianos)* befasst. Diese Schlacht wird alljährlich um den 17. Juli mit einem großen Fest nachgespielt.

■ **Museo de la Reconquista,** c/ Francisco Die 34, geöffnet: Di–Sa 10–14, 16–19 Uhr, Eintritt ist frei.

In der Nähe liegt auch das **Archäologische Museum** mit vielen Funden aus der Umgebung von Orihuela. Obendrein wird hier eine etwas skurrile Figur aufbewahrt, die übersetzt „die Teufelin" genannt wird und Teil der Osterprozession ist. Soweit bekannt, ist sie die einzige

Teufelsfigur in ganz Spanien, die auf einer Osterprozession gezeigt wird. Sie darf allerdings nicht in eine Kirche getragen werden, wie das sonst bei Prozessionen üblich ist, dennoch ist sie Bestandteil der Prozession *El Triunfo de la Cruz,* die am Ostersamstag stattfindet.

■ **Museo Arqueológico,** c/ Hospital 3, geöffnet: Di–Sa 10–14, 17–20, So 10–14 Uhr, Eintritt ist frei.

Alles beherrschend war schon immer die erhöht stehende **Burg,** auf Spanisch: *castillo,* die eine strategische Bedeutung hatte. Der Weitblick lohnt immer noch einen Aufstieg, von der eigentlichen Burg ist nicht mehr viel übrig geblieben.

Die **gotische Kathedrale El Salvador** wurde auf den Resten einer Moschee aus dem 12. Jh. erbaut und 1510 geweiht, in den folgenden Jahren dann mehrfach umgebaut. Der Turm zählt noch zum ältesten Teil, ebenso wie der Kreuzgang, er stammt aus dem Jahr 1560. Die dreischiffige Kirche hat ein sehr kunstvolles Gitterwerk vor der Hauptkapelle und eine große Barock-Orgel.

Die **Iglesia de las Santas Justa y Rufina** steht nicht weit entfernt an der Plaza de las Salesas und ist noch älteren Datums. Erbaut wurde diese gotische Kirche in der ersten Hälfte des 14. Jh. Der quadratische Turm, an dessen Spitze übrigens fantasievolle Tierskulpturen angebracht sind, zählt auch hier die meisten Jahre.

Das **Convento de Santo Domingo** an der Calle Adolfo Claravana ist ein gut erhaltenes Kloster aus dem 15. Jh. und war über vier Jahrhunderte sogar Universität. Sehenswert sind hier die Außenfassade, der barocke Kreuzgang der Universität sowie der Kreuzgang des Klosters, der im Renaissancestil erschaffen wurde.

Gleich um die Ecke befindet sich das Geburtshaus des Dichters **Miguel Hernández,** in dem heute ein kleines Museum untergebracht ist.

■ **Museo Miguel Hernández,** c/ Miguel Hernández 73, geöffnet: Di–Sa 10–14, 16–19 Uhr, So 10–14 Uhr, Eintritt ist frei.

Torre de la Horadada

Torre de la Horadada ist eine Ortschaft innerhalb der Gemeinde Pilar de Horadada. Der Name beschreibt einen Wachturm aus dem 16. Jh., der sich an exponierter Stelle an der Küste erhebt. Er ist die einzige Reminiszenz an die Vergangenheit. Ansonsten **regiert hier die Moderne.** Entlang der gesamten Küstenlinie bis zur Provinzgrenze nach Murcia wurde eine *urbanización* neben der anderen gebaut. Mal in riesiger Kreisform, meist aber buchstäblich in Reih und Glied. Häufig handelt es sich um sogenannte Chalets oder kleinere Einzelhäuser, viel öfter findet man aber Reihenhaussiedlungen.

Natürlich lockt sie alle das **Klima.** Man befindet sich hier bereits in Südspanien, wo weitestgehend warme Temperaturen vorherrschen. Im Sommer wird es sogar sehr heiß, die benachbarte

▷ Traum vieler Touristen:
der tägliche Strandspaziergang

Küste heißt nicht umsonst Costa Cálida („Heiße Küste"). Aber scheinbar überwiegen die Vorteile eines milden Herbstes oder gar Winters.

Die **künstlich geschaffenen Orte** tragen Namen wie Mil Palmeras, obwohl man nicht eine einzige Palme sieht, oder Victoria Playa, auch wenn die *urbanización* gute 2 km vom Meer entfernt liegt. Immerhin befinden sich etliche Ferienhaussiedlungen sogar 10 bis 15 km entfernt im Inland.

Für die **ausländischen Gäste wird alles Nötige angeboten**, vom Supermarkt bis zum deutschen, englischen oder holländischen Klempner. Auch die entsprechenden Restaurants sowie Parabolantennen dürfen nicht fehlen. Denn natürlich will jeder Resident sein heimatliches Programm im Fernsehen empfangen können. Dafür sorgen dann deutsche, englische und holländische Fernsehtechniker. Alles wie zu Hause also, nur wärmer.

Bei allem Respekt, aber im Ortsteil Pilar de Horadada, der ein paar Kilometer im Hinterland liegt, wird man wenig Spannendes entdecken. Die örtliche Kirche stammt aus dem späten 19. Jh., das war es im Wesentlichen schon. An der Küste in Torre de la Horadada steht der alte Wachturm aus dem 16. Jh. noch, außerdem ist die Plaza Latina ganz reizvoll gestaltet, dort liegen auch einige Lokale.

Die Strände

Mehrere Strandzonen öffnen sich, zumeist haben sie feinen, hellen Sand und sind nicht übermäßig lang. Die längsten Stände mit jeweils knapp über 1000 m Länge liegen jeweils etwas außerhalb von Torre de la Horadada.

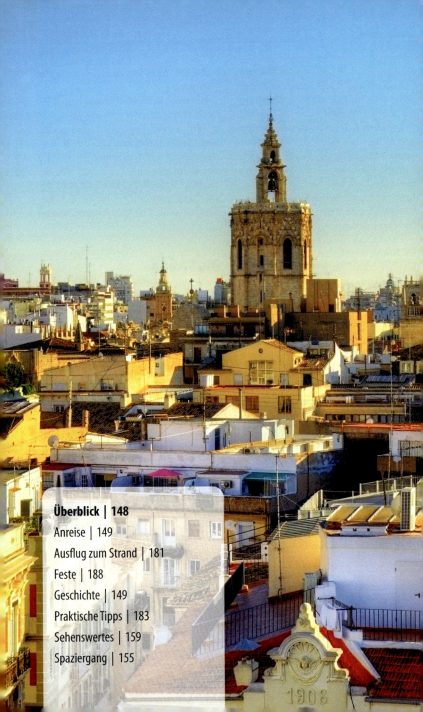

Überblick | 148

Anreise | 149

Ausflug zum Strand | 181

Feste | 188

Geschichte | 149

Praktische Tipps | 183

Sehenswertes | 159

Spaziergang | 155

4 Valencia

Valencia ist eine moderne Großstadt voller Dynamik, die mit einer großen Altstadt und vielen historischen Bauwerken ein reiches Erbe verwaltet. Die Stadt richtet ihren Blick aber auch nach vorn, mit einem hochmodernen Museum, einer futuristischen Oper und dem größten Aquarium Europas.

◁ Blick über die Altstadt von Valencia

Überblick

- **Einwohner:** 788.000
- **PLZ:** 46001
- **Touristeninformation:** Plaça del Ajuntament 1, Tel. 963 524 908, www.visitvalencia.com, geöffnet: Mo–Sa 9–18.50 Uhr, So 10–13.50 Uhr.

Valencia ist eine **moderne Großstadt** voller Dynamik und Geschäftssinn. Sie ist zugleich eine Stadt, die ein **reiches Erbe** verwaltet, mit einer großen Altstadt und vielen historischen, religiösen und zivilen Bauwerken. Die Bewohner wagen aber auch einen **visionären Blick** nach vorne und scheuen nicht vor einem radikalen Umbruch. So wurde der Fluss, der seit Jahrhunderten durch die Stadt floss, einfach umgeleitet. Nach ein paar Jahren des Planens wurde das ehemalige Flussbett hübsch begrünt, und etwas außerhalb der City baute man den riesigen Komplex **Ciutat de les Arts i les Ciències** (Stadt der Künste und Wissenschaften), gestaltet u.a. mit einem hochmodernen Museum, einer futuristischen Oper sowie dem größten Aquarium Europas.

Valencia liegt direkt am Mittelmeer und profitiert von einem angenehmen Klima. Schnell sind die **Strände** erreicht, selbst aus der City sind es nur 4 km.

Dem Besucher öffnet sich eine moderne Stadt, in deren Kern eine weitläufige, schöne **Altstadt** liegt. Es lässt sich entspannt durch die Gassen bummeln und man kann viel entdecken: Neben Tapas-Bars eine schöne Markthalle, viele Geschäfte und Restaurants, in denen das Produkt der Region, die *Paella,* angeboten wird. Aber auch ein ruhiges Plätzchen zum Entspannen lässt sich hier finden.

Zur etwas außerhalb gelegenen „Stadt der Künste und Wissenschaften" fahren **Stadtbusse,** genau wie auch zu den nahen Stränden. Man kann auf Shoppingbummel gehen, verschiedene spannende Sehenswürdigkeiten besuchen und sich schließlich bei einem leckeren Mittagessen stärken. Zur Siesta fährt man dann mal eben rasch raus an den Strand, um am Abend ausgeruht einen erneuten Bummel durch die dezent beleuchtete Altstadt zu machen und in einer der vielen netten Bars das ein oder andere Glas Wein zu trinken.

NICHT VERPASSEN!

- **Llotja de la Seda,** die wunderschöne alte Seidenbörse | 163
- **Palau del Marqués de Dosaigües** – verwunschener Rokoko-Stadtpalast mit einem Keramik-Museum | 171
- **Ciutat de les Arts i les Ciències** – einzigartiges Areal mit futuristischen Gebäuden und faszinierenden Ausstellungen | 174

Diese Tipps erkennt man an der gelben Hinterlegung.

Anreise

Per Flugzeug

Der **internationale Flughafen** liegt acht Kilometer westlich, er ist direkt an das

Metronetz der Stadt angeschlossen. Die Station heißt „Aeroport" und ist im Flughafengebäude ausgeschildert. Es ist die einfachste Möglichkeit in die City zu reisen, man kann aber auch einen Bus nehmen. Ab dem Flughafen fahren die Metro-Linien 3 und 5 in 20 Minuten ins Zentrum, aussteigen kann man z.B. an den Stationen „Xàtiva" oder „Colón". Für diese Fahrt benötigt man ein Ticket für 3,90 €. Zusätzlich benötigt man aber eine wiederaufladbare Karte, die **Tarjeta Móbilis,** die auch für spätere Fahrten mit Bus und Metro genutzt werden kann und auf die alle Tickets zuvor geladen werden müssen. Diese Karte gibt es aus Plastik (2 €) oder aus Karton (1 €). Der Gesamtpreis für die Metrofahrt vom Flughafen in die City liegt deshalb bei 4,90 bzw. 5,90 €. Man kauft die Tickets entweder am Schalter oder am Automaten (Sprachoption Englisch).

Ein **Aero-Bus** fährt für 2,50 € alle 20 Minuten und hält an der c/ Àngel Guimerà oder an der c/ Bailén, beide liegen relativ zentrumsnah. Weiterhin fährt **Stadtbus 150** ins Zentrum. Dies ist die günstigste Variante (1,45 €). Die Fahrt dauert aber wegen der vielen Stopps deutlich länger. Infos: www.fernabus.es.

Eine **Taxifahrt** ins Zentrum kostet um die 20 €.

Per Bahn

Die meisten Züge enden im Kopfbahnhof **Estació del Nord.** Dieser sehr schöne alte Bahnhof liegt zentral in der Stadt. Man verlässt das Bahnhofsgebäude durch den Haupteingang, überquert eine Straße, und befindet sich schon mitten in der City. Die nächstgelegene Metrostation heißt „Xàtiva" und liegt direkt vor dem Haupteingang.

Aber **Achtung:** Wer mit dem Hochgeschwindigkeitszug AVE aus Madrid anreist, kommt an einem anderen Bahnhof, dem **Estació Joanquin Sorrolla,** an. Dieser Bahnhof liegt ca. 800 m vom alten Bahnhof entfernt und ist ausgeschildert. Die nächste Metrostation hier ist „Jesús".

Per Bus

Der **zentrale Busbahnhof** liegt an der c/ de Menéndez Pidal 11, knapp nördlich der Altstadt, und damit eigentlich nicht wirklich zentral. Die nächstgelegene Metrostation ist hier die „Estació de Turia". Vom Busbahnhof aus werden die meisten Orte der Provinz Valencia angesteuert, wie auch die größeren Orte an der Costa Blanca sowie große Städte im Rest des Landes.

Geschichte

Valencia wurde 138 v.Chr. als **römische Kolonie** unter dem Namen *Valentia Edetanorum* am Ufer des Flusses Turia als Siedlung für verdiente Legionäre gegründet. Hier lag ein strategisch guter Ort, nahe am Meer, gesegnet mit fruchtbarem Land, und obendrein führte die *Via Augusta* hier vorbei – eine wichtige römische Fernstraße, die von Südspanien bis nach Rom führte. Die Siedlung hatte eine Mauer und vier Stadttore sowie ein Aquädukt, über das die Wasserversorgung gesichert war. Valentia wur-

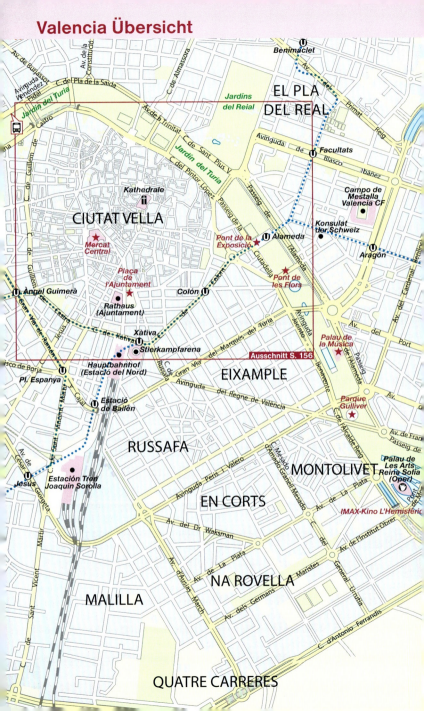

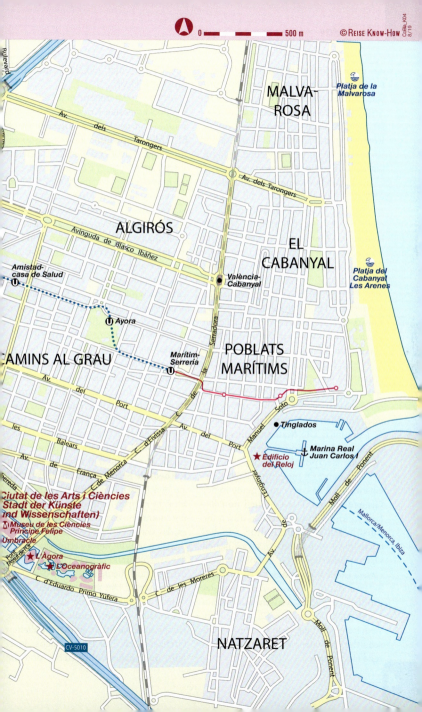

de jedoch 75 v.Chr. während eines innerrömischem Konflikts zerstört, und war dann etwa 50 Jahre lang entvölkert. Schließlich kam ein Neuanfang in Gestalt einer erneuten Besiedlung durch Römer. Um das Jahr 270, als das gesamte Römische Reich unterzugehen begann, wurde die Stadt endgültig aufgegeben.

Im 4. Jh. aber kamen frühe Christen und zwischen 487 und 718 die Westgoten. Im Jahr 711 fand dann ein entscheidende Wechsel statt: Islamische **Mauren** kamen von Marokko nach Spanien. Die Westgoten waren zu schwach, um Widerstand zu leisten, und rasch hatten die Mauren fast ganz Spanien erobert. 718 war auch Valencia unter maurischer Herrschaft. Nun sollte eine völlig neue Kultur, Religion und Sprache das Leben beherrschen. Zwar war die westgotisch-christliche Bevölkerung noch in der Mehrheit, aber die Mauren hatten inzwischen die entscheidenden Posten besetzt. Dennoch sollen sich diese beiden unterschiedlichen Kulturen anfänglich noch friedlich arrangiert haben, so heißt es jedenfalls. Die Mauren kultivierten das fruchtbare Land, zogen Bewässerungskanäle, pflanzten neue Früchte, wie Zitronen, Orangen und auch Reis, eigentlich all das, was noch heute in der Gegend wächst. Der Ort hieß nun *Balansiya* und verwandelte sich durch die **muslimisch geprägte Kultur,** wie dies auch in so vielen anderen spanischen Orten passierte. Im 11. Jh. soll die Stadt etwa 11.000 Einwohner gezählt haben. Sie war damit in dieser Zeit einer der größten Orte im islamischen Reich auf spanischem Boden. Im 12. und 13. Jh. siedelten sich hier viele Geisteswissenschaftler an, Valencia erlebte eine kulturelle Hochphase.

Zunächst einmal näherten sich aber christliche Heere.

Im Jahr 1094 eroberte einer der heute noch bekanntesten Krieger Spaniens die Stadt – *Rodrigo Díaz de Vivar,* genannt **El Cid Campeador.** Er belagerte sie 19 Monate, bevor er schließlich siegreich einziehen konnte. *El Cid* starb 1099, seine Ehefrau regierte noch drei weitere Jahre, bis die Stadt 1102 erneut an die Mauren fiel. Diese regierten hier dann noch einmal über ein Jahrhundert. Schließlich erschienen das Heer von König **Jaime I. von Aragón,** der schon zuvor viele andere Orte im muslimischen Reich zurück erobert hatte. Er konnte Valencia schließlich nach fünf Monaten Belagerung einnehmen und zog am 9. Oktober 1238 in die Stadt ein.

Es entstand das neue **Königreich Valencia,** als Teilgebiet des mächtigeren Königreiches Aragón. Die bisher hier lebenden Mauren mussten vor die Stadttore ziehen. Innerhalb der Stadt wurden als erstes die 10 existierenden Moscheen zerstört oder in christliche Kirchen umgewandelt. 1262 wurde so die erste christliche Kirche geweiht, kurze Zeit später wurde mit dem Bau einer großen **Kathedrale** begonnen, auch sie entstand auf den Resten einer früheren Moschee. Eine bewährte Institution aber wurde übernommen, das **Tribunal de les Aigües,** das Wassergericht. Es schlichtete Streitigkeiten um die Bewässerungskanäle zu den fruchtbaren Feldern. Dieses Gericht existiert noch heute und tagt jeden Donnerstag um 12 Uhr vor der Kathedrale.

Im 14. Jh. wurde eine neue, größere Stadtmauer gebaut, da die Bevölkerung wuchs und die Stadt an ihre baulichen Grenzen stieß. Der Hafen wuchs ebenfalls, der **Seehandel** florierte, und die

"Seidenbörse" wurde eingerichtet, ein festes Gebäude, in dem Händler nun ihre Geschäfte in sicherer Umgebung abwickeln konnten. Auch politisch verschoben sich die Gewichte, der **Sitz des Königreichs Aragón** wurde von Barcelona nach Valencia verlegt. Das hatte Folgen, denn im 15. Jh. verdoppelte sich die Bevölkerung auf nun 75.000 Menschen. In dieser Zeit erlebte die Stadt einen beachtlichen Aufschwung, etliche prächtige Gebäude entstanden, und man hatte das nötige Geld, um Wissenschaft und Kultur zu fördern – 1502 wurde sogar eine Universität gegründet. 1517 kamen dann allerdings Rückschläge. Eine **schwere Überschwemmung** schädigte die Stadt nachhaltig, und 1519 fordert eine **Pestepidemie** zahlreiche Opfer. Aber auch davon erholte sich die Stadt. Es folgte eine politische Entscheidung mit weitreichenden Konsequenzen: 1609 wurden die letzten zum Christentum konvertierten **Muslime vertrieben,** und kurz darauf auch die Juden. Das bedeutete nicht nur einen großen zahlenmäßigen Verlust an Menschen, sondern auch an Wissen, was zu einem großen **wirtschaftlichen Rückschritt** führte. Denn neben dem Wissen ging auch handwerkliches Können verloren. Es dauerte, bis dies wieder aufgefangen werden konnte, da die vielen spanischen Kleinadligen weiterhin ihren Standesdünkel auslebten, der besagte, dass ein Nobler nicht arbeite (dann verlor er nämlich seine Privilegien) und seinen Stiefel nicht in den Staub setze. Davon unbenommen waren die valencianischen Händler und auch der Klerus. Es gab in Valencia innerhalb der Stadtmauern über 70 Klöster und 14 Kirchen nebst der Kathedrale, was auch eine erhebliche Anzahl an religiösem Personal bedeutete, das beständig Almosen, Abgaben und Spenden erbat, denen die Bevölkerung aber kaum nachkommen konnte.

Anfang des 17. Jh. zählte Valencia 60.000 Einwohner, im Jahr 1785 waren es dann schon 160.000. Dann aber kam der **Erbfolgekrieg,** in dem sich Valencia auf die falsche Seite schlug. Der Sieger, der spanische König *Felipe V.,* bestrafte Valencia, entzog der Stadt ihre Sonderrechte, und sie musste sich dem spanischen Königshaus vollständig unterwerfen. Wirtschaftlich ging es aber wieder aufwärts. Die **Seidenindustrie** produzierte im großen Stil, auch die **Landwirtschaft** (Orangen, Reis) hatte sehr gute Erträge. Dies auch dank der immer noch funktionierenden Bewässerungssysteme der Mauren. Es gab nun erneute Pläne, die Stadt zu vergrößern.

1812 besetzten französische Truppen Valencia, diese konnten sich aber nur zwei Jahre halten. Die alte Stadtmauer wurde zum Teil abgerissen und Ländereien der Kirchen und Klöster amortisiert. Damit fielen diese an die Stadt, oder auch an Privatpersonen, womit die Erträge steuerpflichtig dem Wirtschaftskreislauf zugefügt wurden.

In Valencia schritt nun die **Industrialisierung** voran, Fabriken eröffneten oder wurden vergrößert und durch den Einsatz von Dampfmaschinen besser ausgelastet. 1865 wurde die mittelalterliche Stadtmauer endgültig abgerissen, sowie eine groß angelegte Stadterweiterung umgesetzt. Neue Straßenachsen entstanden, zuvor eigenständige Gemeinden wurden eingemeindet. Im Jahr 1900 zählte Valencia bereits 210.000 Einwohner. Emblematische Gebäude entstanden, die noch heute das Stadtbild prägen, wie z.B. der Nordbahnhof und die Markthallen *Mercado Colón* und *Mercado Central*. Die Stadt war wirtschaftlich nun so gut aufgestellt, dass 1909 und 1910 zwei große Industrie- und Wirtschaftsausstellungen auf regionaler Ebene organisiert wurden.

Dann folgte der **spanische Bürgerkrieg** (1936–1939) und brachte schlimme Konsequenzen mit sich, denn Valencia wurde fast ein Jahr lang Sitz der Republikaner. *Francos* Soldaten bombardierten die Stadt 442 Mal, die dadurch schwer beschädigt wurde. Nach *Francos* Sieg folgten Repressionen gegen die Bevölkerung, die pauschal als „Rote", als Kommunisten, verdächtigt wurden. Die zerstörten Häuser riss man ab, baute andere neu, und so entstand auch die direkte Verbindung zum Hafen, der Paseo del Mar, den es noch heute gibt.

Eine weitere große **städtebauliche Veränderung** vollzog sich in den 1970er Jahren. Nach einer verheerenden Überschwemmung im Jahre 1957 durch den Fluss Turia beschloss man, sein **Flussbett** trockenzulegen. Durch einen Kanal wird das Wasser nun frühzeitig abgeleitet und fließt nicht mehr durch die Stadt. Dadurch ist das Flussbett trocken und sah lange Zeit ziemlich öde aus. Es dauerte noch ein paar Jahre, bis man sich entschloss, es konsequent zu begrünen.

1975 starb Diktator *Franco* und Spanien begann sich aus den Klauen der Diktatur zu befreien, was nicht allen gefiel. Am 23. Februar 1981 versuchte eine kleine Gruppe von Militärs zu putschen. Ein Oberstleutnant der *Guardia Civil* besetzte mit zwei Hundertschaften das spanische Parlament und forderte seine Soldaten-Kameraden auf, die Straßen zu besetzen. Aber nur in Valencia rollten tatsächlich die Panzer. Der damals noch junge spanische König *Juan Carlos* stellte sich entschieden dagegen, befahl als Oberkommandierender der Streitkräfte die Rückkehr in die Kasernen, und tatsächlich fiel der Aufstand schnell zusammen. Der Putschist wanderte für 14 Jahre ins Gefängnis.

1988 begann eine weitere große Umgestaltung im zwischenzeitlich begrünten Flussbett, die knapp außerhalb des Zentrums erfolgen sollte. Der valencianische Star-Architekt *Santiago Calatrava* baute die **Ciutat de les Arts i les Ciències** (Stadt der Künste und Wissenschaften), bestehend aus mehreren futuristischen Gebäuden. Ein wegweisendes Projekt von enormen Kosten, dass heute ein einzigartiger Touristenmagnet ist.

2007 und 2010 fand der renommierte Segelwettbewerb **America's Cup** vor Valencia statt, auch hierfür wurden am Hafen große bauliche Veränderungen vorgenommen.

Zudem gab es gute Nachrichten aus der kulturellen Vergangenheit. Das bekannteste Volksfest der Stadt, **Las Fallas**, wurde 2016 durch die UNESCO zum **immateriellen Kulturerbe der Menschheit** ernannt. So zeigt sich Valencia auch in der jüngeren Geschichte, durch was es sich immer auszeichnete: zukunftsorientiert, aber gleichzeitig die Historie erhaltend und pflegend. Das galt auch für den alten Hauptbahnhof **Estació del Nord**. Er ist ein bauliches Schmuckstück, das nicht angetastet wurde. Als die Strecke nach Madrid mit dem Hochgeschwindigkeitszug *AVE* geplant wurde, baute man kurzerhand einen gänzlich neuen Bahnhof, um den alten nicht zu beschädigen, denn der *AVE* hat eine andere Spurbreite als die normalen spanischen

Züge, weswegen neue Gleise verlegt werden mussten. Der neue Bahnhof liegt nur 800 m Fußweg vom alten Bahnhof entfernt, und all das zeigt, dass man Modernität und Bewährtes verbinden kann.

Spaziergang

Ausgangspunkt ist der **Bahnhof Estació del Nord.** Nach dem ausgiebigen Bestaunen des alten Bahnhofsgebäudes die davor verlaufende breite Straße c/ Xàtiva queren und weiter durch die Fußgängerzone c/ de la Ribera bis hoch zum weitläufigen Platz **Plaça de l'Ajuntament** gehen. Hier stehen ein paar prägnante Gebäude, wie die Post *(Correos y Telégrafos)* auf der rechten Seite, oder links das Rathaus. Sehr schön anzuschauen sind auch die knapp ein Dutzend zählenden Blumenkioske, die hier stehen. Den Platz einmal überqueren, dann links am Springbrunnen vorbeigehen, in Richtung des markanten Hauses, das sich wie ein Schiffsbug in die Kreuzung schiebt.

An diesem Gebäude vorbei und weiter auf der **Av. María Cristina** gehen. An dieser Straße stehen weitere schicke Gebäude mit Geschäften und Lokalen, es gibt eine Menge zu schauen.

Dann wird auch rasch der Platz vor der Markthalle, die Plaça del Mercat, erreicht. Die **Markthalle** *(Mercat Central)* ist nicht nur von außen ein schönes Gebäude, im Inneren staunt man über die Vielzahl an Verkaufsständen und die Vielfalt der Waren, der Gerüche, der Stimmen der Händler und Käufer.

Wieder draußen liegt schräg gegenüber das wuchtige Gebäude der alten Seidenbörse **Llotja de la Seda.** Hier trafen sich schon vor Jahrhunderten die reichen Händler der Stadt und sprachen Geschäfte und Kontrakte ab, das Haus kann auch von innen besichtigt werden. Zum Eingang durch die c/ Cordellats einmal um das halbe Gebäude herum gehen. Gegenüber des Eingangs steht übrigens ein Blindentastmodell der Altstadt aus Metall.

Weiter geht es nach rechts durch die c/ Drets bis zur **Plaça del Dr. Collado.** Hier taucht man noch stärker in die Altstadt ein, denn die Gebäude haben Patina-Charme. Hier wird Touristenkitsch verkauft, aber es gibt auch alte Läden und Bars mit abgewetztem Tresen.

Dann nach links durch die c/ Martín Mengod zur Plaça Lope de Vega gehen, wo das „**schmalste Haus Europas**" *(La Estrecha)* mit 107 cm Breite steht, was aber wohl mittlerweile nicht mehr gilt. Sehenswert ist es jedoch allemal. Auch hier sollte man die Atmosphäre auf sich wirken lassen.

Es schließt sich hier sogleich die **Plaça Redonda** an, ein tatsächlich runder Platz, wie der Name suggeriert. In seiner Mitte steht ein Springbrunnen, ansonsten ist er von kleinen Bars und Geschäften gesäumt und vollständig von Häusern eingefasst, sodass man ihn von außen kaum wahrnimmt.

Weiter geht es durch die kurze, aber sehr lebendige c/ Trench, bis es nach links durch die c/ Sant Ferrn, und dann weiter nach links geht, durch die c/ Sant Vicent Mártir. Schließlich geht es hoch bis zur großen **Plaça de la Reina.** Hier ist es zumeist etwas trubeliger, denn hier ist auch eine große Bushaltestelle. Es finden sich genügend Lokale für eine kleine Pause.

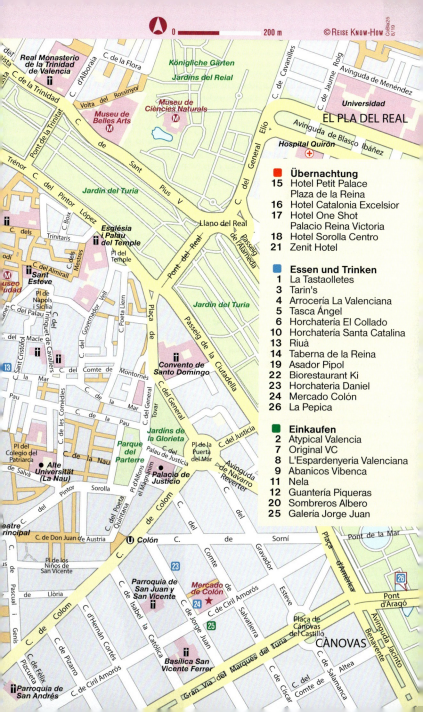

Ansonsten sieht man schon im Hintergrund die mächtige **Kathedrale** mit dem hohen Turm **Micalet.** Gegen recht teuren Eintritt (8 €) kann sie besichtigt oder der Turm (2 €) bestiegen werden, der Aufgang liegt gleich links neben dem Eingang.

Weiter geht es links an der Kathedrale vorbei, bis zum folgenden großen Platz, der **Plaça de la Mare de Déu,** auf Spanisch auch *Plaza de la Virgen*. Beim Erreichen des Platzes liegt rechts eines der drei Tore der Kathedrale, wo seit Urzeiten jeden Donnerstag um 12 Uhr das **Wassergericht,** das aus acht Personen besteht, tagt. An diesem Platz gibt es auch Terrassenlokale und am oberen Ende einen etwas kuriosen Springbrunnen: Der Mann im Zentrum stellt den Fluss Turia dar, und die acht leicht bekleideten Damen speisen ihn mit Wasser. Sie symbolisieren die acht Wasserbezirke, die je einen Vertreter ins Wassergericht entsenden. Weiterhin steht hier die **Basílica de la Mare de Déu del Desemparats,** die Kirche der Schutzheiligen der Stadt, deren Bildnis in der Basilika zu finden ist.

Wir verlassen den Platz über die c/ Cavallers und biegen dann nach links in die c/ dels Juristes ein. In dieser Gegend wird es gleich ruhiger, es gibt nur wenige Lokale, kaum Geschäfte, eher Altstadt-Flair. Dann erneut nach links abbiegen in die c/ Corretgeria, die uns wieder zum Platz vor der Kathedrale bringt. Diesen nun queren und auf der gegenüberliegenden Seite in die c/ de la Mar einbiegen. Nach ca. 100 m nach rechts in die c/ dels Castellvins einbiegen, kurz danach die breite c/ de la Pau überqueren und weiter durch die c/ dels Marqueses de Dosaïgues. Hier stößt man auf den unüberseh-

▷ Die prächtige Fassade des Nordbahnhofs

baren **Adelspalast Palau del Marqués de Dosaïgues,** in dem das sehenswerte **Keramik-Museum** untergebracht ist.

Zum Ende noch ein kurzes Stück die Straße weiter hochgehen, dann nach rechts in die c/ de Vilaragut abbiegen, die zu einem gemütlichen kleinen Platz, der **Plaça de Rodrigo,** führt, wo zwei schöne Terrassenlokale unter einem mächtigen Baum auf ermattete Spaziergänger warten.

Nun nur noch durch die c/de la Barcelonina gehen, und die **Plaça de l'Ajuntament,** nahe dem Ausgangspunkt des Spazierganges, ist wieder erreicht.

Sehenswertes

Estació del Nord

Der **Nordbahnhof** steht mitten im Zentrum von Valencia und ist eine Augenweide, erschaffen im Stil des **valencianischen Modernismus.** Geplant vom Architekten *Demetrio Ribes,* erbaut zwischen 1906 und 1917. Herausragend ist die Fassade des Haupteingangs, die aus einem breiten Baukörper mit drei Türmen besteht. Der mittlere trägt den Na-

men des Bahnhofs, eine Uhr und einen Adler. Die Fassade ist mit Keramiken und Mosaiken geschmückt. Die Motive sind Orangen sowie ein roter Stern – das Logo der früheren Betreiberfirma.

Im Inneren befindet sich ein schöner **Vorraum,** wo man seine Fahrkarten an historischen Schaltern aus Holz kaufen kann. Auch hier sind die Wände mit Keramiken ausgekleidet, wie auch die wuchtigen Stützpfeiler. Es lohnt sich, auf Details wie beispielsweise die wunderbar gearbeitete Holzdecke, die historische Uhr an der rechten Seite sowie die mehrsprachigen Gute-Reise-Wünsche aus zerschlagenen Keramikstücken *(trancadís)* zu achten.

Auf der rechten Seite befindet sich ein **Ausstellungsraum** mit sehr schönen Wandbildern, die Motive aus dem ländlichen Valencia zeigen. Als Schriftband steht ganz oben der Name der damaligen Eisenbahngesellschaft.

Gleich neben dem Bahnhof liegt die **Stierkampfarena** *Plaza de Toros.* Sie zählt zu den größten Arenen Spaniens und wurde zwischen 1850 und 1860 im neoklassizistischem Stil erbaut. Sie soll Ähnlichkeiten mit dem Kolosseum in Rom haben. Die Arena kann besichtigt werden, genau wie auch das nahegelegene kleine **Museo Taurino** in der Pasaje del Doctor Serra 10 (kleine Fußgängerzone links der Arena), welches 1929 gegründet wurde und das älteste Museum Spaniens sein soll.

■ **Museo Taurino,** geöffnet: Di–Sa 10–19 Uhr, So/Feiertage 10–14 Uhr, Eintritt: 2 €, Sa/So frei.

Plaça de l'Ajuntament

Dieser zentrale Platz ist der **größte öffentliche Platz in Valencia,** er liegt nur wenige Schritte vom Nordbahnhof entfernt. An der Stirnseite zur Altstadt steht ein Springbrunnen, dessen Wasserfontänen am Abend illuminiert sind. Flankiert wird der Platz von einem guten Dutzend Blumenhändlern, die in kleinen Kiosken ihre Waren anbieten.

◁ Die Uhr im Bahnhofsgebäude

▷ Plaça de l'Ajuntament

Das auffälligste Gebäude hier am Platz ist das **Rathaus** *(Ajuntament)*, das dem Platz seinen Namen gibt, und dessen unübersehbare große Uhr noch immer die Stunden per Glockenschlag verkündet, allerdings nur noch von 8 Uhr bis Mitternacht. Es wurde zwischen 1906 und 1930 gebaut und mit einem anderen Gebäude aus dem 18. Jh., einer früheren Schule für Kinder armer Eltern, zusammengefügt. Es zeigt eine klassizistische Fassade, das Portal wird von Allegorien geschmückt, die Recht, Wehrhaftigkeit und Weisheit darstellen. Neben dem Haupteingang stehen je zwei Säulen, die einen Balkon tragen, auf dem sich bei wichtigen Anlässen die Amtsträger der Stadt zeigen, so beispielsweise auch zur Zeit des Volksfestes *Las Fallas* im März. Geschmückt wird die Fassade von drei Türmchen – der mittlere mit der Uhr ist der höchste, links und rechts stehen zwei kleinere, aber wuchtigere. Im Inneren befindet sich ein kleines **Geschichtsmuseum,** in dem auch das Schwert von *Jaime I.* ausgestellt ist sowie die Fahne, mit der christliche Truppen im 13. Jh. die Stadt einnahmen. Weiterhin gibt es historische Gemälde, Gesetzestexte, und es wird die Stadtentwicklung anhand von historischen Plänen dargestellt. Die Besucher dürfen sogar den oben beschriebenen Balkon betreten und einen tollen Blick auf den Rathausplatz werfen.

▪ **Ajuntament** (Rathaus), geöffnet: Mo–Fr 9–15 Uhr, Eintritt ist frei.

Gegenüber dem Rathaus steht das nicht minder auffällige **Gebäude der Post** *(Correos),* das zwischen 1915 und 1922 erbaut wurde. Im Inneren öffnet sich ein Raum mit einer Vielzahl von Schaltern, die zwar heute alle modern gestaltet sind, aber die alte Pracht noch erahnen lassen. Wunderschön ist die Glaskuppel,

in welche die Wappen aller 48 spanischen Provinzen eingearbeitet sind. Im Eingangsbereich befinden sich links die **Briefkästen**, hübsch sortiert nach den verschiedenen Bestimmungsorten. Wer mutig ist, geht einmal links ums Gebäude. Dort sind zwei Briefkästen in Form eines Löwenmauls installiert. Wer hier seine Postkarten einwirft, muss sinnbildlich seine Hand ins Löwenmaul stecken.

Mercat Central

Der **Zentralmarkt**, eine schöne Markthalle, die im Jugendstil zwischen 1915 und 1928 erbaut wurde und 8160 m² misst, ist in zwei unterschiedlich große Zonen unterteilt. Das Gebäude wird von Eisenträgern gehalten und ist mit viel Glas versehen sowie mit Glaskunst dekoriert. Im Inneren fällt Licht durch eine große Kuppel von 30 m Höhe. Diese ist mit Keramiken geschmückt, welche hauptsächlich Zitronen und Orangen zeigen. Auf dem Dach dreht sich eine eigenwillige Wetterfahne mit einem grünen Papagei, der mittlerweile eine Art Logo für den Markt geworden ist.

Insgesamt gibt es an die 300 Verkaufsstände, welche eine riesige Bandbreite an Lebensmitteln anbieten. Es macht einfach Spaß, hier hindurch zu schlendern, die Farben und Gerüche aufzunehmen und den Händlern beim Anpreisen ihrer Waren zuzuhören, bis das fachkundige, leicht skeptische Gegenargument der Kunden kommt. Ein wunderbares Schauspiel!

■ **Mercat Central,** Plaça del Mercat s/n, www.mercadocentralvalencia.es, geöffnet: Mo–Sa 7–15 Uhr.

Llotja de la Seda

Gegenüber der Markthalle steht ein wuchtiges gotisches Gebäude, das Haus der alten **Seidenbörse**. Das Gebäude wurde von 1483 bis 1498 erbaut und 1996 durch die UNESCO zum **Weltkulturerbe der Menschheit** erklärt. Es steht im mittelalterlichen Viertel der Händler, die sich seinerzeit einen sicheren Platz für ihre Handelsgeschäfte gewünscht hatten. Das Gebäude drückt schon durch seine Größe Macht und Reichtum aus, dem Wohlstand der wichtigsten Fernhändler des 15. Jahrhunderts angemessen. An der Außenfassade finden sich viele kleine Skulpturen mit nichtchristlichen, teils anzüglichen, teils symbolhaften Darstellungen, so beispielsweise Monstern, Tieren, Menschen oder gar Zwitterwesen von Mensch und Tier.

Der **Eingang** liegt an der c/ de la Llotja 2. Man betritt einen Innenhof und gelangt von dort in den großen Saal, in dem früher die Handelsgeschäfte getätigt wurden. Hier standen Schreibpulte, und hier verhandelten Kaufleute ihre

◁ Das Rathaus von Valencia

Geschäfte. Der Saal wirkt schon durch seine Größe beeindruckend – gewaltige Palmensäulen, die sich oben wie Palmenwedel verästeln, tragen die 17,40 m hohe Decke. Die Händler wurden ermahnt, auch schriftlich an der Innenwand(!), saubere Geschäfte zu betreiben. Wer sich nicht daran hielt, konnte in den Kerker geworfen werden, der sich in dem kleinen Turm befand. Neben dem Turmaufgang lag eine Kapelle, sie ist heute als solche jedoch nur noch schemenhaft zu erkennen, z.B. an der Darstellung in den Ecken – die vier Evangelisten, die das Himmelsreich halten.

Über eine geschwungene Treppe wird in der oberen Etage der Raum vom *Consulat del Mar* erreicht, einer Einrichtung aus dem 16. Jh., die über Streitigkeiten im Seehandel wachte. In diesem Raum fällt die besonders kunstvoll gearbeitete und vergoldete Holzdecke auf, die bereits 1445 für ein heute nicht mehr existierendes anderes Gebäude gefertigt worden war.

■ **Llota de la Seda,** c/ de la Llotja 2, Tel. 962 084 153, geöffnet: Mo–Sa 10–19, So/Feiertag 10–14 Uhr, Eintritt: 2 €, So freier Eintritt.

Plaça Redonda

Der „**runde Platz**" liegt mitten in der Altstadt und ist vollständig von Häusern umgeben, sodass man ihn als solchen erst erkennt, wenn man direkt dort steht. Diese Zone wurde schon immer von Kleinhändlern genutzt, die in diesen Gassen ihre Verkaufsstände oder kleine Geschäfte hatten. Der runde Platz wurde im Jahre 1840 ursprünglich dafür geschaffen, diese Händler an einem Platz zu versammeln, nachdem man einen früheren Fischmarkt abgerissen hatte. Die Plaça Redonda hat vier Zugänge, der Hauptzugang liegt an der c/ San Vicente Mártir, und einen Durchmesser von 37 Metern. Im Zentrum steht ein Brunnen, und an einigen Häusern finden sich historische Fotos, welche seine Geschichte erklären. In den Gebäuden befinden sich heute kleine Geschäfte (Seide, Kerami-

◁ In der alten Seidenbörse

ken, Handarbeitsartikel u.a.) und einige Bars. Sonntags findet hier und in den Seitengassen zwischen 8 und 14 Uhr statt ein **Flohmarkt** statt.

La Estrecha

An der Plaça Lope de Vega 6 steht eine sehr schlanke Hausfassade, an der ein Schild anzeigt, dass dies das **schmalste Haus Europas** mit 107 cm Breite sei. Das früher tatsächlich existierende schmale Haus ist heute allerdings teilweise in die benachbarten Gebäude integriert, die Wände wurden entfernt. Der Eingang unten ist Teil eines Lokals, der *Tasquita La Estrecha*. Es heißt, dass ein junges Mädchen, das hier tatsächlich lebte, am Tag ihrer Kommunion ihr Kleid nur auf der Straße anziehen konnte, da der Rockreifen zu breit war. Der Grund für den Bau eines derart schmalen Hauses waren Steuern, die früher nach der Breite der Fassade gezahlt wurden, so heißt es jedenfalls. Ob das alles so stimmt, sei mal dahingestellt, nett anzusehen ist die Fassade allemal, und der Rest entspringt dann eben der Fantasie des Betrachters. Und dass es heute in Warschau ein noch schmaleres Haus (92 cm) gibt, sei nur am Rande erwähnt.

Iglesia de Santa Catalina

An der Plaça Lope de Vega steht auch die **Kirche** Iglesia de Santa Catalina, die so dicht von angebauten Häusern umgeben ist, dass man das Kirchengebäude vor allem durch seinen 56 Meter hohen barocken Glockenturm aus dem 17. Jh. wahrnimmt. Dieser gilt unter den Bewohnern der Stadt als „Verlobte" des

> La Estrecha

Kirchturms der Kathedrale (Micalet), der sich nur wenige hundert Meter entfernt aus dem Häusermeer erhebt. Der Glockenturm wurde sehr viel später als die Kirche gebaut. Diese entstand bereits Ende des 13. Jh. auf den Resten einer früheren Moschee. Das barocke Haupttor der dreischiffigen Kirche wurde nachträglich im 17. Jh. eingebaut. Im Inneren ist die Kirche ziemlich schlicht gehalten, sie hat nur wenige schmückende Elemente, was am spanischen Bürgerkrieges liegt, bei dem vieles zerstört wurde. Man kann den Kirchturm besteigen (2 €) und anschließend einen schönen Rundblick über die Altstadt genießen.

Plaça de la Reina

Die Plaça de la Reina ist ein großer, begrünter **Platz vor der Kathedrale,** der von etlichen Terrassenlokalen umgeben ist, sowie von einigen Geschäften. An diesem Platz halten auch viele Buslinien, sodass ein ständiges Kommen und Gehen herrscht. In Sichtweite stehen die Kathedrale und die Kirche Iglesia de Santa Catalina, weswegen hier auch viele Touristen unterwegs sind. Dennoch findet man auch ruhige Ecken mit Bänken. Der Platz wurde 1878 fertig gestellt und erhielt seinen Namen (übersetzt: Platz der Königin) zur Erinnerung an die spanische Königin *María de las Mercedes* am Tag ihrer Hochzeit mit König *Alfonso XII.* (23. Januar 1878). Hier stand 1930 übrigens auch die erste Ampel der Stadt Valencia.

Kathedrale

Die mächtige Kathedrale **Santa María de Valencia** steht auf historischem Boden. Bereits die Römer hatten an dieser Stelle einen Tempel zu Ehren der Göttin *Diana* errichtet. Später wurde daraus eine kleine westgotische Kapelle, und seit dem 8. Jh. stand hier eine muslimische Moschee. Nach der christlichen Eroberung der Stadt (1238) wurde 1262 mit dem Bau der Kathedrale auf den Resten der zerstörten Moschee begonnen. Die Bauzeit dauerte bis 1426, wobei es in

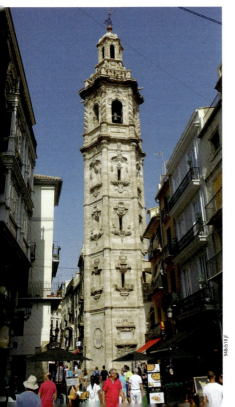

◁ Iglesia Santa Catalina

▷ Die Kathedrale von Valencia

späteren Jahren zu baulichen Veränderungen und Ergänzungen kam, die zu einem regelrechten Stilmix führten. Man kann dies sehr gut an den drei unterschiedlichen Eingängen erkennen.

Der barocke Haupteingang der Kathedrale, genannt **Puerta de los Hierros,** liegt an der Plaça de la Reina und wurde ab dem Jahre 1703 gebaut. Dieses Tor ist mit prachtvollen, fast überschwänglich allegorischen Skulpturen versehen. An der Plaza de la Almoina liegt der zweite Eingang, das älteste Tor, **Puerta del Palau,** erschaffen im 13. Jh. im romanischen Stil mit Rundbögen. An der Plaça de la Mare de Déu befindet sich schließlich der dritte Eingang, das gotische Tor **Puerta de los Apóstoles** aus dem 14. Jh. mit Spitzbögen und Skulpturen der Apostel, darüber eine große Rosette mit einem Davidstern. Hier tagt jeden Donnerstag das **Wassergericht** *Tribunal de les Aigües* (siehe unten).

Nach dem Betreten der Kathedrale durch das Haupttor befindet sich gleich rechts, in der *Capilla del Santo Cáliz,* der so genannte **heilige Gral**, ein Kelch, den *Jesus* beim letzten Abendmahl benutzte, so heißt es jedenfalls. Der **Hauptaltar** ist ein prachtvolles Werk, das mehrere Einzelbildnisse enthält, die jedes für sich ein eigenes Kunstwerk darstellen, und wurde um 1510 vollendet. Hinter den Bildnissen ist ein weiteres Bild verborgen, das 1812 geschaffen wurde, um Gelder für den Krieg gegen *Napoleon* zu sammeln. Über dem Hauptaltar gibt es Wandmalereien aus dem 15. Jh., die jahrhundertelang hinter einer Holzwand verborgen waren und 2004 zufällig entdeckt wurden. In der Seitenkapelle *Capilla de San Francisco de Borja* befindet sich ein Gemälde von *Goya*.

Das angeschlossene **Museum** zeigt verschiedene Gemälde und religiöse Kultgegenstände der lokalen Prozessionen.

■ **Kathedrale,** geöffnet: 20.3.–31.10. Mo–Sa 10–18.30 Uhr, So/Feiertag 14–18.30 Uhr, 1.11.–19.3. 10–17.30 Uhr, So/Feiertag 10–14 Uhr, Eintritt 8 €, ermäßigt (Personen über 65 Jahre, Kinder bis 12 Jahre) 5,50 €. Turmbesteigung: 10–19 Uhr, 2 €.

◁ Im Altarraum der Kathedrale

▷ Im Inneren der Basílica

Glockenturm Micalet

Der Glockenturm der Kathedrale ist achteckig und misst 51 m Höhe. Im Jahr 1381 wurde der Grundstein gelegt und 1424 der letzte, der Schlussstein, eingefügt. Besucher können über 207 schmale Stufen hochsteigen. Von oben genießt man einen fabelhaften Rundblick über die Stadt. Der Glockenturm hat insgesamt 14 Glocken, die alle einen eigenen Namen tragen und auch einen eigenen Klang haben. Die schwerste ist die Micalet-Glocke mit 7800 kg, sie schlägt stündlich.

Tribunal de les Aigües

Das **Wassergericht** ist eine einmalige Institution, die bereits seit über 1000 Jahren existiert, wahrscheinlich schon seit 960. Jeden Donnerstag treffen sich um 12 Uhr die Vertreter von acht ländlichen Wasserbezirken in traditionell dunkler, bäuerlicher Tracht vor dem Tor der Kathedrale an der Plaça de la Mare de Déu, um Streitigkeiten rund um die Bewässerung und die Kanäle zu verhandeln. Alles geschieht mündlich auf Valencianisch, nur das Urteil wird schriftlich festgehalten. Die Richter sitzen im Halbkreis hinter einem Absperrgitter; wer eine Klage vorzubringen hat, muss persönlich erscheinen und sie vortragen, Anwälte gibt es nicht. Dazu fragt ein Gerichtsdiener, ob jemand im Publikum aus dem Bezirk xy eine Klage vorbringen möchte: *¿Denunciats de la sèquia de xy?* Falls nicht, ruft er den nächsten Bezirk auf. Erhebt jemand eine Anklage, bleibt der Gerichtsvertreter aus diesem Bezirk in der Urteilsfindung außen vor. Dann berät sich das Gericht, befragt notfalls den Beklagten, trifft eine Entscheidung, und diese wird ebenfalls mündlich erläutert. Die Urteile sind **rechtsgültig**, Widerspruch ist unmöglich. Strafen fallen nur symbolisch aus, der Bestrafte muss die Kosten des Gerichtsdieners ersetzen.

Das valencianische Wassergericht ist von der UNESCO in die Liste des **immateriellen Kulturerbes der Menschheit** aufgenommen worden.

Basílica de la Mare de Déu del Desemparats

Diese Basilika ist die **Kirche der Schutzheiligen von Valencia.** Das Bildnis der „Heiligen Gottesmutter der Schutzlosen" befindet sich im Inneren der Kirche, die im 17. Jh. auf den Resten einer früheren Moschee entstand. Der Gebetsraum hat eine ungewöhnliche ovale Form, das gewaltige **Deckenfresko**, welches die himm-

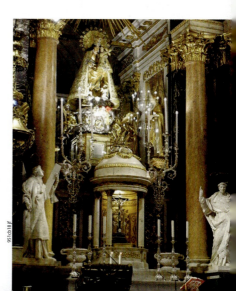

lischen Heerscharen zeigt, erschuf *Antonio Palomino* im Jahr 1701. Die Kuppel sitzt nicht zentral auf dem Gebäude, sondern ist seitlich zur benachbarten Kathedrale versetzt. Täglich finden mehrere Messen statt, und ganz besonders die Messe um 13 Uhr ist immer gut besucht, wenn der Knabenchor der *L'Escolanía* singt.

■ **Basílica de la Mare de Déu del Desemparats,** Plaça de la Mare de Déu 6, geöffnet: tägl. 8–14, 16.30–21 Uhr.

Plaça de la Mare de Déu

Vor der Basilika der Schutzheiligen von Valencia öffnet sich ein großer Platz mit einem auffälligen **Springbrunnen,** genannt *Monumento al Río Turia,* erschaffen 1976 von *Manuel Silvestre Montesinos.* Die zentrale, männliche Gestalt symbolisiert den Fluss Turia (der durch Valencia führt), er wird von acht leichtbekleideten Damen mit Wasserkrügen gespeist, sie repräsentieren die acht Bewässerungsbezirke Valencias. Aus diesen acht Bezirken kommen die Vertreter des **Wassergerichts,** das jeden Donnerstag um 12 Uhr vor der Kathedrale an diesem Platz tagt. Der weitläufige Platz lädt zum Verweilen ein, entweder auf einer der Ruhebänke oder auf der großen Terrasse eines Lokales, von wo man ihn sehr schön überblicken kann. Mehrere markante Gebäude grenzen an den Platz, so die Kathedrale, die Basilika der Schutzheiligen Valencias und auch der Palau de la Generalitat, wo die valencianische Regionalregierung tagt.

◠ Springbrunnen Monumento al Río Turia

◿ Torres de Serranos

Palau del Marqués de Dosaigües

Dieser sehr auffällige **Stadtpalast** ist im Stil des überbordenden Rokoko gebaut und beherbergt heute das interessante **Keramik-Museum.** Das Haus entstand ursprünglich im 15. Jh., gebaut von der Familie *Rebassa de Perellós,* die ab 1496 den Titel *Marqués de Dosaigües* (Markgraf von Zweiwasser) tragen durfte. Gemeint waren große Ländereien mit den Flüssen Turia und Júcar. Die Fassade des Hauses wurde im 18. Jh. grundlegend renoviert, sie zeigt sich heute kunstvoll mit Skulpturen, Figuren und verspielten Schmuckelementen. Das Haupttor wird von zwei kräftigen, männlichen Figuren flankiert, sie symbolisieren die beiden Flüsse Turia und Júcar.

Im Inneren des Hauses liegt heute das **Museo Nacional de Cerámica González Martí,** das eine faszinierende Sammlung von Keramikwaren aller Art in der oberen Etage zeigt. Darunter sind auch fünf Keramikarbeiten von *Picasso,* die der Künstler dem Museum schenkte.

Sehr beeindruckend ist auch die kunstvoll ausgekleidete Küche, die eine Fülle von verschiedenen Details aufweist. Im unteren Bereich sind die Wohnräume einer sehr wohlhabenden Familie zu besichtigen, die mit wertvollen Möbeln, Tapeten, Gemälden und vergoldeten Spiegeln ausgestattet sind. Im Eingangsbereich steht, fast wie geparkt, eine repräsentative Kutsche.

■ **Museo Nacional de Cerámica González Martí,** c/ Poeta Querol 2, Tel. 963 513 512, geöffnet: Di–Sa 10–14, 16–20, So 10–14 Uhr, Eintritt: 3 €, ermäßigt 1,50 €, So freier Eintritt.

Torres de Serranos

Torres de Serranos ist ein gewaltiges **Stadttor,** dessen Größe und bauliche Wucht noch heute erahnen lässt, dass Feinde hier kaum passieren und in die Stadt eindringen konnten. Es war das

wichtigste Stadttor der mittelalterlichen Stadt und entstand Ende des 14. Jh. Hier erreichten Reisende aus Aragón und Barcelona Valencia. Heute können Besucher über mächtige Treppen hochsteigen und von einem Balkon hinunterschauen, oder von ganz oben einen Blick auf die Stadt oder zur anderen Seite über den inzwischen wasserlosen, aber dafür begrünten Flusslauf werfen.

■ **Torres de Serranos,** Plaça dels Furs s/n, geöffnet: Mo–Sa 9.30–19 Uhr, So/Feiertag 9.30–15 Uhr, im Winter bis Einsetzen der Dunkelheit. Eintritt: 2 €, Kinder (7–12 Jahre) 1 €.

Jardín del Turia

Der **Fluss** Turia ist 280 km lang und mündet in Valencia ins Mittelmeer. Sein Flussbett führt mitten durch die Stadt. Durch ein ausgeklügeltes Bewässerungssystem, das schon zur maurischen Zeit existierte, wird die umliegende landwirtschaftliche Fläche von Valencia mit seinem Wasser versorgt. Allerdings brachten anhaltende Regenfälle mehrfach auch schwere **Überschwemmungen** in Valencia mit sich, eine besonders dramatische ereignete sich 1957, als über 80 Todesopfer zu beklagen waren. Daraufhin beschloss man, den Teil des Flusses, der durch das Stadtgebiet fließt, trockenzulegen und das Wasser schon früher, also weiter südlich der Stadt, und damit außerhalb, durch einen Kanal ins Meer umzuleiten. Dadurch wurde das ursprüngliche Flussbett in der Innenstadt auf einer Länge von acht Kilometern **trockengelegt.** Was also nun tun mit dieser jetzt eher unansehnlichen Fläche? Es gab verschiedene Pläne, beispielsweise wollte man hier eine Stadtautobahn entlangführen. Schließlich setzte sich die Idee durch, einen **Park** zu schaffen und das trockene Flussbett hübsch zu begrünen. Den Auftrag erhielt *Ricardo Bofill*, und nach langer Diskussion wurde die Umgestaltung in den 1990er Jahren durchgeführt.

Heute wird dieser begrünte Teil **Jardín del Turia** (Garten des Turia) genannt. Er folgt kilometerweit dem alten Flussbett, angefangen beim Tierpark *Bioparc* bis hinunter zur *Ciutat de les Arts i Ciències* (Stadt der Künste und Wissenschaften), s.u. Dazwischen ist die Fläche unterschiedlich begrünt. So wachsen beispielsweise in einer Zone hohe Bäume, die im heißen Sommer viel Schatten werfen, in anderen sind Sportstätten zu finden. In wieder einer anderen liegt der große Kinderspielplatz **Parque Gulliver** mit einer riesigen Figur der Hauptfigur des Kinderbuches *Gullivers Reisen*. Es gibt auch einfach nur Rasenflächen und Wasserläufe sowie einige sehenswerte Brücken, die das alte Flussbett überspannen – eine einzigartige **Einladung zum entspannten Spazieren.**

Später kam es zu einem weiteren großen Wurf bei der Umgestaltung des trockenen Flussbettes, denn 1991 begann der zweite Plan zu greifen – die Errichtung einer völlig neuen, modernen **„Stadt der Künste und Wissenschaften"** (*Ciutat de les Arts i Ciències*) etwas außerhalb der City. Es entstand ein futuristisches Gebäude-Ensemble mit einem IMAX-Kino, einem interaktiven Wissenschaftsmuseum, dem größten Aquarium Europas und einem spektakulären Konzertgebäude (siehe unten).

▷ Pont de les Flors

Pont de l'Exposició

Die Pont de l'Exposició ist eine spektakuläre **Brücke,** erschaffen 1995 von *Santiago Calatrava.* Sie besteht aus einem weit geschwungenen, leicht seitlich geneigten Halbbogen, der von mehreren hellen Stützpfeilern getragen wird. Die Bevölkerung nennt die Brücke wegen dieser speziellen Bauform auch *Peineta* (Aufsteckkamm), ein Schmuckstück, das Frauen bei festlicher Kleidung im Haar tragen. Neben der Brücke befindet sich die Metrostation „Alameda", die ebenfalls von *Calatrava* gestaltet wurde.

Der Brückenname (übersetzt: Brücke der Ausstellung) erinnert an eine Regional-Ausstellung von 1909, die hier stattfand. Diese war damals ein großes Ereignis, und Valencia zeigte seine industrielle, künstlerische und wirtschaftliche Stärke auf einer Fläche von 164.000 m², sodass damals etwas großspurig von „einer Weltausstellung im Regional-Format" gesprochen wurde. Immerhin kamen etwa 1500 Aussteller. Es wurden mehrere gewaltige Gebäude eigens für diese Ausstellung geschaffen, was damals durchaus üblich war und auch auf anderen Ausstellungen geschah, von denen heute aber kaum noch eines steht. Zu diesen wenigen Überbleibseln gehört z.B. der *Palacio de la Exposicón* (Palast der Ausstellung).

Pont de les Flors

Die **„Blumenbrücke"** zählt zu den ältesten Brücken der Stadt. Ursprünglich wurde sie bereits im 16. Jh. erbaut und hieß lange offiziell *Puente del Mar* (Brücke zum Meer), denn über sie verlief der kürzeste Weg aus der Stadt hinaus zum Meer und zum Hafen. 2002 wurde sie von *Santiago Calatrava* umgestaltet. Sie ist ein optischer Leckerbissen, da sie von etwa 105.000 Blumentöpfen geschmückt und mit Geranien bepflanzt ist, was ein ganz zauberhaftes Bild abgibt. Früher wurden die Blumen mehrmals im Jahr ausgetauscht, was aber zu

sehr hohen Kosten führte. Polemische Stimmen sprachen damals von „der teuersten Brücke der Welt", was natürlich völlig überzogen war. Aber spätestens während der Wirtschaftskrise ab dem Jahr 2008 ließen sich die jährlichen Kosten von um die 500.000 € nicht mehr vertreten. Jetzt wird nicht mehr getauscht. Hübsch anzuschauen ist das Ganze aber immer noch.

Palau de la Música

Dieses Konzerthaus, der „Musik-Palast", war das erste Gebäude, das im April 1987 im trockengelegten Flussbett entstanden war, gestaltet von *José María García de Paredes,* einem Experten für den Bau von Konzerthäusern. Der große Konzertsaal ist für 1682 Besucher konzipiert, daneben gibt es noch weitere Säle. Hier spielt dauerhaft das Orchester von Valencia, aber auch wechselnde namhafte Künstler, denn das Haus ist wegen seiner außergewöhnlich guten Akustik berühmt. Unmittelbar vor dem Gebäude liegt ein künstlicher Wasserlauf, der zumeist am Wochenende ein zauberhaftes Wasserspiel bietet.

■ **Palau de la Musica,** Passeig de l'Albereda 30, Tel. 963 375 020, www.palauvalencia.com, Ticketschalter: Di–So 10–14, 17–21.30 Uhr.

Ciutat de les Arts i les Ciències

Die **„Stadt der Künste und der Wissenschaften"** ist ein gewaltiger baulicher Komplex auf 350.000 m² Fläche, beste-

hend aus unterschiedlichen Gebäuden, der im trockengelegten Flussbett des Río Turia entstand und hauptsächlich vom valencianischen Star-Architekten *Santiago Calatrava* entworfen wurde. Diese „Stadt" besteht aus unterschiedlich gestalteten Gebäuden, die alle eine andere Funktion haben. Es gibt ein **IMAX-Kino**, ein **interaktives Wissenschaftsmuseum**, eine **große überdachte Grünanlage**, das **größte Aquarium Europas**, einen **Opern- und Musikpalast** sowie ein **multifunktionales Veranstaltungsgebäude**. Ein derart großes Projekt konnte wohl kaum ohne Probleme entstehen, so wurden Kostensteigerungen von bis zu 500 % bei einem der Gebäude bekannt, und ein anderes ist immer noch nicht fertig bzw. musste kurz nach der Eröffnung bereits umfassend renoviert werden. Aber trotz allem muss einfach zur Kenntnis genommen werden, dass hier ein einzigartiger Gesamt-Komplex entstand, der unbedingt sehenswert ist.

Palau de les Arts Reina Sofía

Das spektakuläre **Operngebäude** wurde im Oktober 2005 eröffnet. Seine äußere Gestaltung hat eine ungewöhnlich geschwungene Bauform und wirkt beinahe wie eine Kugel. Es ist 230 m lang und immerhin 75 m hoch.

Der Hauptsaal, mit 1400 Plätzen auf vier seitlichen Rängen neben dem mittleren Hauptbereich, wurde speziell für Opern-Aufführungen gebaut und hat dafür auch einen außergewöhnlich großen Platz für das Orchester erhalten. Daneben gibt es noch drei weitere Säle.

■ **Palau de les Arts Reina Sofía,** Avinguda Profesor López Piñero 1, www.cac.es. Geführte Besuche von einer Stunde Dauer auf Spanisch und Englisch: Erw. 10,90 €, ermäßigt 8,50 €; Tickets für Konzerte: www.lesarts.com, Tel. 902 202 383; Ticket-Schalter: Mo–Fr 11–17.30 Uhr (an Tagen ohne Konzerte), Mo–Fr 11–20 Uhr (an Tagen mit Konzerten), Sa/So mit Konzerten: ab 2 Std. vor Konzertbeginn.

L'Hèmisféric

Inmitten eines Wasserlaufs steht dieses spannende Gebäude (in dem ein **IMAX-Kino** untergebracht ist), welches ebenfalls von *Calatrava* konzipiert wurde,

◁ Palau de la Música

und das ein riesiges menschliches Auge darstellt. Dieses kann sogar sein Lid öffnen und schließen, was jeweils 19 Minuten dauert. Bei geöffnetem Auge erkennt man eine riesige weiße Kugel – dort ist der Kinosaal untergebracht. Eröffnet wurde das Kino im April 1998. Im Inneren der Kugel können 310 Besucher Platz nehmen, um auf einer 900 m² großen, konkaven Leinwand Filme oder andere Projektionen zu sehen. Es werden auch Filme im 3D-Format gezeigt.

■ **L'Hèmisféric,** www.cac.es/en/hemisferic, Ticketschalter: ab 10 Uhr bis zum Beginn des letzten Films zwischen 18 und 20 Uhr, Eintritt: 8 €, ermäßigt 6,20 €.

◁ L Hèmisféric

L'Umbracle

L'Umbracle ist eine überdachte **Grünzone,** deren Name etwa mit „Schatten-Haus" übersetzt werden kann. Das 320 m lange und 60 m breite, halboffene Gebäude wird von 55 festen sowie 54 schwimmenden Stahlbögen von jeweils 18 m Höhe getragen. Es ist aber nicht völlig geschlossen, sodass ein wenig Sonne hineinfällt, vor allem spendet es jedoch viel Schatten, denn es ist im Inneren vollständig begrünt. Es hat sich hier ein recht warmes **Mikroklima** gebildet, in dem sogar seltene Pflanzen, wie z.B. Bitterorangen-Bäume, gedeihen. Besucher können hier wie durch ein Gewächshaus hindurch schlendern und in dieser sehr besonderen Welt sogar Momente der Ruhe finden. *L'Umbracle* ist

△ L'Umbracle

eine Art öffentlicher Raum, der immer zugänglich ist. Nachts verwandelt sich ein Teil des *L'Umbracle* in einen **Musikclub**. Was man kaum ahnt: das Gebäude steht auf einem Parkhaus. Draußen, am **Paseo del Arte** (Kunst-Weg), befinden sich Kunstwerke im öffentlichen Raum.

L'Àgora

Dieses **multifunktionale Veranstaltungszentrum** wurde ebenfalls von *Calatrava* geschaffen. Es ist ein elipsenförmiges Gebäude von 88 m Länge und 66 m Breite, eröffnet im Jahr 2009 als letztes Gebäude der „Stadt der Künste und der Wissenschaften". Es wurde als öffentlicher Raum innerhalb eines Gebäudes konzipiert, der sich zu den unterschiedlichen Events umgestalten lässt. Hier fanden sowohl Konzerte als auch Ausstellungen, Sport-Events und Kongresse statt. Tatsächlich war dieses Gebäude bislang aber häufiger geschlossen als geöffnet, denn es gab immer wieder Män-

gel. Die letzte bekannte Meldung besagt, dass das Haus ab 2020 zu einem Kulturzentrum der Bank *Caixa*, die bereits in mehreren spanischen Städten ähnliche Zentren führt, verwandelt werden soll. Zugänglich ist der Bau derzeit nicht.

Museu de les Ciències Príncipe Felipe

In diesem **interaktiven Wissenschaftsmuseum** werden die Besucher aufgefordert, mitzumachen und auszuprobieren. *Prohibido no tocar* heißt es auf Spanisch (Nicht zu berühren verboten!). Besucher sollen also nicht nur die Exponate bestaunen, sondern auch be**greifen,** und zwar im Wortsinn, also anfassen, nutzen, probieren, ziehen, schieben, wie auch immer, einfach mitmachen und etwas lernen. Das Museum ist ein riesiges Gebäude von vier Etagen, hell und großzügig gestaltet in einer Größe von 220 m Länge, 80 m Breite und 55 m Höhe, erschaffen wiederum von *Calatrava* und Ende 2000 eröffnet.

Die untere Ebene ist frei zugänglich, dort sind Kasse und Garderobe, und es werden 55 Wissenschaftler mit ihren Bildnissen vorgestellt und einem jeweils typischen Satz zitiert. In der ersten Etage geht es dann gleich spektakulär los: Man verfolgt das Schwingen eines gigantischen **Foucaultschen Pendels** von 34 m Länge und wundert sich, wie lange es tatsächlich dauert, bis eine Kugel endlich mal fällt. Ebenso spektakulär ist die 15 m lange DNA-Kette, die hier abgebildet wird. Etwas weiter liegt ein Probierbereich für Kinder, genannt **L'Espai dels Xiquets** (Raum der Kinder). Auf der folgenden Etage („Erbe der Wissenschaft") werden Arbeiten von berühmten Wissenschaftlern vorgestellt. Weitere große Themen: die Welt der Chromosomen, der Klimawandel, Geschichte der Luftfahrt. Und überall gibt es hier Mitmach-Stationen.

■ **Museu de les Ciències Príncipe Felipe,** geöffnet: tägl. ab 10 Uhr, geschlossen wird je nach Jahreszeit zwischen 18 und 21 Uhr, Eintritt: 8 €, ermäßigt 6,20 €, www.cac.es/en/museu-de-les-ciences.

L'Oceanogràfic

Das **größte Aquarium Europas** stellt maritime Lebensräume aus allen Winkeln der Erde vor, sei es aus der Karibik,

aus der Arktis, dem Mittelmeer oder dem Atlantik. Das benötigte Salzwasser (42 Mio. Liter) wird dem Mittelmeer entnommen und über ein kompliziertes System aufbereitet bzw. an kühlere oder auch wärmere Lebensräume angepasst. 500 Tierarten sind auf eine Gesamtfläche von 110.000 m² und auf neun Bereiche verteilt, das größte Becken fasst 7 Mio. Liter Wasser. Spektakulär ist der 70 m lange **Unterwassertunnel,** der sinnbildlich die Meeresfauna und -flora Europas mit der der Karibik verbindet, und durch den Besucher spazieren, während über und neben ihnen die Meeresbewohner schwimmen. Außerdem gibt es ein **Delfinarium** mit täglichen Shows. Weiterhin existiert ein großes **Freigehe**ge von 26 m Durchmesser, in dem exotische Vögel leben. Entworfen wurde dieser 2003 eröffnete Marine-Park von *Félix Candela*. Er ist eine der touristischen **Hauptattraktionen an der gesamten Costa Blanca.**

■ **L'Oceanogràfic,** www.oceanografic.org, geöffnet: tägl. ab 10 Uhr, geschlossen wird zwischen 18 und 20 Uhr, vom 13.7. bis 1.9. um Mitternacht. Eintritt: 30,70 €, ermäßigt 22,90 €. Bus Nr. 35 fährt ab Valencia-Zentrum (Plaça de l'Ajuntament) bis zum Aquarium.

◹ Das größte Aquarium Europas

◸ Playa Malvarosa

Ausflug zum Strand

Keine vier Kilometer vom Zentrum entfernt liegt der **breite, hellsandige Strand** von Valencia. Offiziell heißt der Strand **Platja de la Malvarosa,** und es schließt sich direkt die **Platja del Cabanyal Les Arenes** an, die wiederum an den Hafen grenzt. Diese Strandzone ist von Valencia-City aus recht einfach zu erreichen, entweder mit der Metro (einmal umsteigen) oder direkt mit Bus (siehe unten). Der Strand ist zwischen 80 und 100 m breit und wird im südlichen Teil von einer Promenade begleitet, an der zahlreiche Terrassenlokale liegen, die besonders am Sonntagnachmittag sehr gut besucht sind. Weiter nördlich stehen weitere Strandlokale, allerdings mit etwas mehr Abstand.

Südlich schließt sich der weitläufige **Hafenbereich** mit mehreren Anlegearmen, Marinas genannt, an. Hier liegen viele Segelschiffe und Motorboote, der Handelshafen liegt weiter außerhalb. Es gibt einige Lokale, und man kann hier ein wenig herumspazieren und das Ganze auf sich einwirken lassen. Die gesamte Zone wurde bis 2007 großzügig umgestaltet, weil hier 2010 der renommierte Segelwettbewerb *America's Cup* ausgetragen wurde. Für die 12 teilnehmenden Teams baute man gewaltige Gebäude, die heute allerdings teilweise leer stehen. Historische Sehenswürdigkeiten sind die ehemaligen **Warenspeicher,** *tinglados* genannt. Es sind riesige Hallen von 50 m Länge und 14 m Breite, die unmittelbar am Wasser stehen. Diese Speicher gab es bereits im 14. Jh., heute haben sie weitestgehend ihre Funktion verloren und werden teils umgebaut oder gelegentlich für Ausstellungen genutzt. Gleich nebenan steht der **frühere Hafenbahnhof**

(1916 erbaut), er wird *Edificio del Reloj* (Uhren-Gebäude) genannt, da das Haus noch immer eine große öffentliche Uhr trägt.

■ **Anfahrt zur Strandzone** mit Bus Nr. 19 oder 32 ab Plaça de l'Ajuntament. Metro ab Zentrum mit der Linie 9 oder 3 bis Benimaclet, dort umsteigen und weiter mit der Linie 4 bis Les Arenes, dann noch ca. 300 m Fußweg.

■ **Anfahrt zur Marina** mit Metrolinie 5 bis zur Endstation Marítim Serrería, dann weiter mit Straßenbahn Linie 8 bis Endstation Marina Reial Joan Carles I. und noch 200 m Fußweg.

Die Marina von Valencia

Praktische Tipps

Räumen und eigenem Ausgang auf eine Terrasse. Die Zimmer sind funktional eingerichtet, mittelgroß, und unten befindet sich der Frühstücksraum nebst einer kleinen Bar. WiFi.

17 Hotel One Shot Palacio Reina Victoria③-④, c/ de les Barques 4, Tel. 963 513 984, www.hoteloneshotpalacioreinavictoria04.com. Ein schönes, altes Gebäude in sehr zentraler Lage, stuckverziert und von schmiedeeisernem Gitter eingefasst, draußen vor dem Haupteingang wachsen Palmen. Komfortable Zimmer in modernem Design, von Standard-Räumen bis zur Suite oder gar einer Grand Suite. WiFi.

15 Hotel Petit Palace Plaza de la Reina④, c/ de l'Abadia de Sant Martí 3, Tel. 963 945 100, www.petitpalace.com. Ruhige, zentrale Lage in der Altstadt, sehr schick gestaltet in einem historischen Gebäude aus dem Jahr 1930. Es gibt unterschiedliche Zimmertypen, neben EZ und DZ auch Dreier-, Familien- und sogar Fünferzimmer. WiFi.

18 Hotel Sorolla Centro③-④, c/ Convento de Santa Clara 5, Tel. 963 523 392, www.hotelsorollacentro.com. Ein modernes, nicht zu großes Haus, das absolut zentral in einer Fußgängerzone liegt, wo sich auch einige Lokale befinden. Vernünftig und solide eingerichtete Zimmer.

16 Hotel Catalonia Excelsior④-⑤ c/ Barcelonina 5, Tel. 963 514 612, www.cataloniahotels.com. Das Haus liegt zentral in einer Nebenstraße unweit der Plaça de l'Ajuntament. Komfortable und elegante Zimmer, die in unterschiedlichen Varianten angeboten werden. So haben einige Zimmer beispielsweise eine eigene Terrasse. Es stehen auch Dreierzimmer zur Verfügung.

Unterkunft

21 Zenit Hotel③-④, c/ del Bailèn 8, Tel. 963 529 000, www.valencia.zenithoteles.com. Zentral gelegen, direkt neben dem Bahnhof und nur fünf Gehminuten von der City entfernt. 67 moderne Zimmer, es gibt auch Dreierzimmer und Suiten mit zwei

Essen und Trinken

MEIN TIPP: 14 Taberna de la Reina, Plaça de la Reina 1, Tel. 963 152 214, www.grupolareina.com/restaurantes/taberna-de-la-reina, tgl. 9–24 Uhr. Eine Tapas-Bar am zentralen Platz vor der Kathedrale mit einer gemütlichen Terrasse, wo man in Korbsesseln sehr lässig sitzen kann. Draußen mit Bedienung, drinnen am Tresen Selbstbedienung. Es gibt auch größere, mediterrane Gerichte nach Karte.

4 Arrocería La Valenciana, c/ Juristas 12, Tel. 963 153 856, https://arroceriaavalenciana.com, tägl. 13–17 Uhr und 18–23 Uhr. Die Einrichtung des Lokals ist etwas zweckmäßig, fast puristisch. Die Küche bietet vor allem Reisgerichte, natürlich auch die *Paella Valenciana* mit hellem Fleisch und, wenn man es wünscht, mit Schnecken.

3 Tarin's, c/ Cavallers 4, Tel. 658 377 502, tägl. 19–2 Uhr. Ein schick aufgemachtes Lokal auf zwei Ebenen mit mediterraner Küche, es gibt verschiedene Menüs.

5 Tasca Ángel, c/ de la Purísima 1, Tel. 963 917 835, Mo–Sa 10.30–15, 19–23 Uhr. Sehr kleine, etwas enge Bar. Es gibt Tapas, wobei die Sardinen hochgelobt werden. Solche Bars gab's früher in Spanien überall, heute sind sie fast ausgestorben. Hier ist noch eines dieser Relikte.

19 Asador Pipol, c/ de la Ribera 15, Tel. 963 942 157, https://pipolrestaurantes.com, tägl. 8–1 Uhr. Liegt sehr zentral in einer Fußgängerzone und hat draußen eine große Terrasse. Serviert wird ein günstiger und reichhaltiger Mittagstisch. Aufmerksames Personal, das auf Zack ist.

MEIN TIPP: 13 Riuà, c/ del Mar 27, Tel. 963 914 571, www.lariua.com, Di–So 14–16.15, Di–Sa 21–23 Uhr. Familiäres, bodenständiges und etwas uriges Lokal auf zwei Ebenen, das über und über mit kleinen Keramiken, Bildern und Fotos dekoriert ist. Es liegt nur wenige Schritte von der Plaça de la Reina entfernt. Es gibt traditionelle Küche aus Valencia.

24 Mercado Colón, c/ Jorge Juan 19, http://mercadocolon.es, tägl. 7.30–2 Uhr, freitags bis 3 Uhr. Die frühere Markthalle ist ein hübsches Jugendstilgebäude, heute befinden sich hier mehrheitlich gastronomische Betriebe.

⌵ Eine gute Adresse für Tapas

Vegetarisch

1 La Tastaolletes, c/ de Salvador Giner 6, Tel. 963 921 862, Di–So 13–16, Di–Sa 20.30–23 Uhr, www.latastaolletes.com. Ein vegetarisches Restaurant, das auch vegane Speisen anbietet. Neben einem Menü gibt es auch vegetarische Tapas, Bio-Biere und -Weine.

22 Biorestaurant Ki, c/ Pintor Salvador Abril 3, Tel. 654 060 509, https://kibiorestaurant.com, Mo–Sa 13–16 Uhr. Restaurant mit makrobiotischer und veganer Küche. Geboten werden verschiedene Menüs, es wird auch Essen außer Haus verkauft.

Am Strand

MEIN TIPP: 26 La Pepica, Passeig de Neptú 6, Tel. 963 710 366, www.lapepica.com, Mo–So 13–15.30, Mo–Sa 20.30–22 Uhr. Ein Traditionshaus seit über 100 Jahren, direkt am Strand mit großer Terrasse. Sehr beliebt und auch bekannt für seine *Paella*. Eine vielleicht etwas zu nüchterne Atmosphäre, was die Spanier jedoch eher weniger stört, sie schätzen die Küche und besonders die *Paella Pepica* mit bereits geschälten Meeresfrüchten.

Horchaterías

23 Horchatería Daniel, c/ Jorge Juan 7 (Mercado Colón), www.horchateria-daniel.es, tägl. 10–22 Uhr. Ein Unternehmen mit jahrzehntelanger Erfahrung, neben *Horchatas* gibt es auch Backwaren, Eis und Turrón sowie Kosmetik aus Erdmandelmilch!

6 Horchatería El Collado, c/ d'Ercilla 13, Tel. 963 916 277, tägl. 10–14, 16–21 Uhr. Eine *Horchatería* mit über 125 Jahren Tradition, neben *Horchatas* gibt es Fettgebäck (z.B. *Buñuelos*), Schokolade und Eis.

10 Horchatería Santa Catalina, Plaça de Santa Catalina 6, Tel. 963 912 379, www.horchateriasantacatalina.com. Altehrwürdig, mit stilvollen Bistrotischen. Neben *Horchata* gibt es auch Fettgebäck *(churros)* und Eis.

Fachgeschäft für Erfrischungsgetränke aller Art: die Horchatería

Einkaufen

11 Nela, c/ Sant Vicent Màrtir 2, Tel. 963 923 023, Mo–Fr 10–20, Sa 10–13.30 Uhr. Fachgeschäft für Fächer, Umschlagtücher, Aufsteckkämme, also klassische Accessoires, die eine valencianische Frau zu einer traditionellen Feierlichkeit trägt.

12 Guantería Piqueras, Plaça de la Reina 18, Tel. 963 923 981, Mo–Fr 10–14, 17–20, Sa 10–14 Uhr. Kleines Traditionsgeschäft (gegründet 1886) für Handschuhe, Fächer und Hüte.

2 Atypical Valencia, c/ Cavallers 10, 11–14.30, 17–20, So 11.30–14 Uhr, Mi geschlossen. Sie beschreiben sich selbst so: *atypical shop for atypical people.* Hat untypische Souvenirs von Valencia, z.B. große laminierte Poster der Stadt, gemalte Bilder mit ungewöhnlichen Blickwinkeln, auch sehr schöne Postkarten, Tassen, Buttons und einiges mehr.

7 Original VC, Plaza Mercado 35, Tel. 963 918 480, Mo–Sa 10–20.30, So 10.30–14.30 Uhr. Ein Laden für Produkte aus Valencia.

8 L'Espardenyeria Valenciana, c/dels Drets 19, Tel. 963 156 873. Sehr angenehm aufgemachter kleiner Laden für *Espadriles,* die typischen Bastschuhe in allen denkbaren Varianten.

25 Galería Jorge Juan, c/ de Cirilo Amorós 62, Mo–Sa 10–21 Uhr. Ein Shoppingcenter im Herzen der Stadt mit einer Vielzahl von Geschäften aller Art.

9 Abanicos Vibenca, Plaça Lope de Vega 5, Tel. 960 050 802. Schöne, kunstvolle Fächer aus eigener Herstellung. Man kann zuschauen, wie die Fächer in der Werkstatt bemalt werden, danach schätzt man diese Kunstwerke noch höher ein.

20 Sombreros Albero, c/ Xàtiva 21, Tel. 963 512 245, Mo–Sa 10–14, 16.30–20.30 Uhr. Ein Hut-Fachgeschäft, wie aus der Zeit gefallen. Die Hüte werden noch in speziellen Hut-Schachteln aufbewahrt und im Regal gestapelt, die Angestellten holen die Schachteln mit speziellen Greifstangen herunter. Wie im Kino!

Wichtige Adressen

Konsulate
- **Deutschland,** Consulado de Alemania, Av. Marqués de Sotelo 4, Tel. 963 106 253, Mo–Fr 9–13 Uhr.
- **Österreich,** Consulado de Austria, c/ del Convent de Santa Clara 10, Tel. 963 522 212, Mo–Fr 11–13 Uhr.
- **Schweiz,** Consulado de Suiza, Hotel Westin Valencia, c/ Amadeu de Savoia 16, Tel. 963 625 900, Termine nach telefonischer Vereinbarung.

Unterwegs in der Stadt

Stadtbesichtigung Bus Turistic
Ein Doppeldeckerbus fährt auf zwei Routen durch die Stadt zu den wichtigsten Sehenswürdigkeiten. Man kann unterwegs aussteigen und mit dem nächsten Bus weiterfahren. Zentraler Abfahrtsplatz ist die Plaça de la Reina ab 9.30 Uhr, letzte Fahrt um 21 Uhr. Tickets: Erwachsene 17 € (1 Tag) bzw. 19 € (2 Tage), Kinder (7–16 Jahre) 10/11 €.

Valencia Tourist Card
Diese Touristenkarte gibt es für 24 Std. (15 €), 48 Std. (20 €) oder 72 Std. (25 €). Neben diversen Rabatten in Museen, Geschäften und Restaurants kann man die öffentlichen Verkehrsmittel nutzen. Verkauf u.a. durch die Touristeninformation an der Plaça de l'Ajuntament oder durch das touristische Info-Büro am Flugplatz.

Stadtbusse
Die Innenstadt ist kompakt, die Sehenswürdigkeiten liegen fußläufig zusammen. Etwas außerhalb liegen die Strände und der gesamte Komplex „Stadt der Künste und Wissenschaften", hier empfiehlt sich die Nutzung eines Busses. Alle hier vorgeschlagenen Busse fahren ab der Plaça de l'Ajuntament. Zum Strand geht's mit dem Bus Nr. 19 oder 32, zur „Stadt der Künste und Wissenschaften" nimmt man den Bus Nr. 35 (Tickets siehe unten).

Metro
Die Metro spielt für die eigentliche Stadtbesichtigung kaum eine Rolle, man kann aber per Metro **an die Strände** und zum Hafen fahren (siehe oben bei „Ausflug zum Strand").

Tickets
Für die Nutzung der öffentlichen Verkehrsmittel benötigt man eine kreditkartengroße Karte, die **Tarjeta Móbilis,** auf die das eigentliche Ticket geladen wird. Diese Karte gibt es am Automaten in Metrostationen, in einigen Kiosken und auch in Tabakläden. Sie kostet 2 € (aus Plastik) oder 1 € (aus Karton). Die eigentlichen Tickets für die **Metro** gibt es am Automaten bei der Metrostation. Für mehrere Fahrten lohnt es sich die Zehnerkarte für 9 € zu wählen und diese auf die *Tarjeta Móbilis* zu laden. Die Zehnerkarte heißt *Bonometro,* und man kann innerhalb von drei Stunden nach erstmaligem Entwerten auch umsteigen. Im **Bus** wird die *Tarjeta Móbilis* vorne beim Fahrer entwertet, indem man sie gegen ein Lesegerät hält. Es piept einmal kurz, und die Fahrt ist abgebucht. Ähnlich funktioniert es auch in der Metro. Eine einmalige Fahrt kostet 1,50 € beim Busfahrer. Das Ticket für die **kombinierte Nutzung von Metro und Bus** heißt das Ticket *Bono Transbordo*.

◁ Läden in der Altstadt von Valencia

Feste

Las Fallas

Schlag Mitternacht ist alles vorbei – ein Streichholz flammt auf und setzt eine Zündschnur in Brand. Zischend frisst sich das Feuer seinen Weg hoch zum Monument, und dieses steht ruck-zuck in Flammen. Keine halbe Stunde später ist das meterhohe Gebilde zu Asche verbrannt, die Umstehenden applaudieren.

Jedes Jahr **Mitte März** begrüßt Valencia mit einem spektakulären Fest den Frühling. Vom 15. bis 19. März befindet sich Spaniens drittgrößte Stadt im Ausnahmezustand. Fantasievolle Kunstwerke stehen in allen Stadtvierteln und auf den großen Straßenkreuzungen. Wo gestern noch Autos im Stau standen, erheben sich nun kunst- und fantasievolle **Werke aus Pappmaché und Holz.** Diese Figuren gaben dem Fest seinen Namen: *Las Fallas* bzw. *Les Falles*. Es sind Monumente von großer künstlerischer Qualität, an denen das ganze Jahr über gearbeitet wird. Wahre Wunderwerke von gewaltigen Ausmaßen entstehen, nicht selten erreichen sie eine Höhe von über 20 Metern, erschaffen von Bruderschaften der einzelnen Stadtviertel und Stadtteilgruppen. Es gibt aber auch die *Fallas* der Kinder, welche zwar auf drei Meter begrenzt, aber nicht weniger gelungen sind. Die meisten *Fallas* widmen sich **Themen der Zeitgeschichte,** so werden oft Politiker und ihre jüngsten Skandale

> La Cremà – die Verbrennung der Fallas

Feste 189

gezeigt, meist satirisch übertrieben. Thematische Einschränkungen gibt es kaum. Manche *Fallas* sind derart komplex, dass sogar Infoblätter gedruckt werden, um sie zu erklären. Für gewöhnlich sind sie unglaublich detailgetreu gearbeitet, und man kann nur staunen, welche Kreativität und welches handwerkliche Können dahinter steckt.

Diese Art den Frühling zu begrüßen fußt auf einer **Tradition aus dem 16. Jahrhundert,** als Handwerker ihre Werkstätten aufräumten und die Abfälle verbrannten. Der Abfall wurde am Tag des *Heiligen Josef,* des Schutzpatrons der Tischler, gemeinsam verbrannt; das war zugleich ein Abschied vom Winter. Im 19. Jh. wandelte sich das Fest in Richtung der heutigen Form. Aus den Abfällen wurden erste einfache Figuren geformt, denen man einen Hut aufsetzte oder einen Lumpenmantel anzog – und so entstanden die ersten *Fallas,* die immer stärker verfeinert wurden.

Das heutige Fest folgt einem **klaren Rhythmus.** Um den 1. März erfolgt die **Cridà,** der Ruf. Es ist die feierliche Eröffnung dieser Woche, bei der die Vertreter der Bruderschaften eingeladen werden, der Stadt ihre *Fallas* zu präsentieren. Dies geschieht vom Balkon der Torres dels Serranos, wo der Bürgermeister der *Fallas*-Königin symbolisch die Stadtschlüssel übergibt. Dann folgt ein ziemlich merkwürdiges Spektakel, das sich von nun an täglich wiederholt. Jeden Tag findet um 14 Uhr das **Mascletà** (Lärm, Krach) statt. Auf der Plaça de l'Ajuntament findet für ca. 10 Minuten ein unfassbarer Krach statt, erzeugt durch Böller und Feuerwerk – je lauter, desto besser. Gewaltige Mengen von Knallkörpern explodieren, aber nicht einfach so, sondern man versucht, sie nach einer Melodie, einem eigenen Rhythmus zu zünden, und zwar jeden Tag nach einem anderen.

Am 15.3. erfolgt die **Plantà,** der Aufbau der *Fallas* über Nacht. Da aber manche *Fallas* mittlerweile sehr komplex sind, wird mit dem Aufbau schon ein paar Tage vorher begonnen.

Ruhiger geht es bei der **Ofrenda de Flors** zu. Am 17. und 18.3. ziehen Tausende von Frauen festlich gekleidet durch die Straßen zur Basilika der Schutzheiligen der Stadt, um ihr auf der Plaça Mare de Déu dels Desemparats Blumen zu schenken. Der Vorplatz der Basilika verwandelt sich in ein Meer aus Blumen. Die Bewohner der Stadt spazieren derweil neugierig durch Valencia und begutachten die kunstvollen *Fallas*. Die Besten werden schließlich prämiert, eingeteilt nach mehreren Klassen und unterteilt in Kinder- oder Erwachsenen-*Fallas*. Das jeweils beste oder originellste Teil, **Ninot** genannt, wird gesondert ausgestellt. Die Bevölkerung wählt dann aus allen *Ninots* eines aus, das „freigesprochen", in ein Museum gebracht, und nicht wie alle anderen verbrannt wird. Dies geschieht seit dem Jahr 1934. In der Nacht vom 18.3. erfolgt die **Nit de Foc** (Nacht des Feuers), in der ein spektakuläres Feuerwerk über den Jardines del Turia abgebrannt wird.

Und schließlich folgt in der Nacht des 19.3. der Höhepunkt, die **Cremà** (Verbrennung). Um Mitternacht (vereinzelt auch schon etwas früher) werden alle Monumente verbrannt. Als letzte ist die große *Falla* auf der Plaça de l'Ajuntament dran. Dies ist dann der Schlusspunkt der Fiesta.

Semana Santa Marinera

Die **Osterwoche** wird auch in Valencia mit Prozessionen gefeiert, hier gibt es aber noch eine spezielle Form, denn dieses Fest wird von den Bewohnern der früheren Fischerdörfer **am Meer gefeiert.** Die Prozessionen zeigen neben Heiligenstatuen auch biblische Szenen. Organisiert wird sie von etwa 25 Bruderschaften (www.semanasantamarinera.org).

San Vicente Ferrer

Das **Fest des Schutzheiligen von Valencia** wird am **Montag nach Ostermontag** gefeiert. In der Altstadt werden kleine Altäre und Skulpturen des Heiligen aufgebaut, und die Bevölkerung pilgert ihm zu Ehren dorthin.

La Mare de Déu dels Desemparats

Das **Fest der Schutzheiligen der Stadt** findet **am zweiten Sonntag im Mai** statt. Am Sonntagmorgen tragen Würdenträger der Kirche, begleitet von vielen Gläubigen, das Bildnis der Heiligen den kurzen Weg von ihrer Basilika zur Kathedrale. Am Abend finden Konzerte und auch Tanz statt, ab 4 Uhr in der Früh werden draußen vor der Basilika mehrere heilige Messen gefeiert. Am Nachmittag kehrt das Bildnis der Heiligen in einer weiteren Prozession wieder zurück.

Corpus Christi

Fronleichnam findet **60 Tage nach Ostern** statt und wird mit spektakulären Prozessionen gefeiert, bei denen biblische Szenen auf Wagen nachgestellt werden, welche durch die Stadt gefahren oder gezogen werden.

Feria de San Jaime/ Juli-Fest

Konzerte, Aufführungen und Veranstaltungen aller Art, Feuerwerk und auch Musikumzüge bilden den Rahmen für dieses **Sommerprogramm.**

Tag der Autonomen Gemeinschaft Valencia

Am 9. Oktober wird durch Umzüge, Feuerwerk und Konzerte an die Eroberung der Stadt Valencia durch König *Jaime I.* am 9. Oktober 1238 erinnert. Zugleich ist es auch der **Tag der Liebenden** – die Frauen werden mit Tüchern voll mit Früchten aus Marzipan beschenkt, was angeblich eine Erinnerung an den Empfang der christlichen Heere ist, als diese in die Stadt kamen und die valencianischen Frauen ihnen ein Tuch voller Trockenfrüchte schenkten.

Autofahren | 194
Camping | 200
Diplomatische Vertretungen | 201
Essen und Trinken | 201
Feste und Feiertage | 210
Formalitäten | 218
Geldfragen | 218
Gesundheit | 220
Hin- und Rückreise | 221
Infostellen | 227
Mit Kindern unterwegs | 228
Notfälle | 229
Öffentliche Verkehrsmittel | 231
Öffnungszeiten | 232
Post | 233
Radfahren | 234
Reisezeit | 234
Sicherheit | 234
Sport und Erholung | 235
Sprache | 236
Telefonieren | 236
Unterkunft | 238
Versicherung | 246
Zollbestimmungen | 248

5
Praktische Reisetipps von A bis Z

◁ Sie hat ein knallbuntes Gummiboot ...
und erweckt damit ein bisschen Neid

Autofahren

Straßennetz

Die Costa Blanca ist mit einem **bescheidenen Straßennetz** ausgestattet. Richtung Nord-Süd verläuft die gebührenpflichtige **Autobahn AP 7**. Beinahe parallel dazu, teils in Sichtweite, nimmt die gebührenfreie **Nationalstraße N-332** die gleiche Route. Sie verbindet Valencia mit dem Ort Vera und hat dort Anschluss an eine weiter nach Süden führende Autobahn. Die Nationalstraße verläuft entlang der gesamten Costa Blanca. Sie passiert die meisten der hier im Buch vorgestellten Orte, wie Valencia, Dénia, Jávea, Calpe, Benidorm, Villajoyosa und Alicante.

Querstraßen führen zum Meer, allzu weit ist es nie. Weitere Straßen gibt es aber kaum, denn ein **Gebirgszug**, der sich ziemlich nah am Küstenbereich erhebt, hat weiteren Straßenbau unmöglich gemacht. Nur einige, zumeist kurvige, enge Stichstraßen durchschneiden das Gebirge und führen ins Hinterland. Das Verkehrsaufkommen konzentriert sich vor allem auf die gebührenfreie Nationalstraße, während der Verkehr auf der mautpflichtigen Autobahn deutlich schwächer fließt. Nur im Großbereich Alicante erhöht er sich spürbar; kein Wunder, denn diese stadtnahen Autobahnabschnitte sind gebührenfrei.

Autobahn

Womöglich etwas verwirrend ist, dass es in Spanien **zwei Begriffe für „Autobahn"** gibt. Die *Autopista* (Kürzel: *AP*) ist immer gebührenpflichtig, auf einer *Autovía* (Kürzel: *A*) fährt man kostenfrei. Auf manchen Passagen zieht man bei der Einfahrt ein **Ticket**, das dann bei der Ausfahrt bezahlt wird. Manchmal wird aber auch für eine kurze Strecke ein **fester Betrag angezeigt,** dann gibt's kein Ticket. Begleichen kann man die Summe bar oder per Kreditkarte. Wer den Betrag passend hat, fährt an die Kasse mit dem Schild *automático* und wirft dort die Münzen in einen Trichter. Wechselgeld gibt's hier nicht. Wer es nicht passend hat, reiht sich in die Schlange beim Schild *manual* ein. Dort sitzt ein Kassierer, der wechselt. Und wer mit Kreditkarte zahlen will, nutzt die Spur mit dem *T*, das für *tarjeta* (Karte) steht.

Straßenkarten

■ **Costa Blanca 1:200.000,** *Mair DuMont.* Eine genaue, großflächige Karte.
■ **Costa Blanca, Zoomkarte, 1:130.000,** *Michelin.* Sehr detaillierte Landkarte.
■ **Costa Blanca, 1:150.000,** *Freytag-Berndt U., Artaria.* Mit Cityplänen und speziellen Tipps.
■ In Spanien bekommt man an den meisten **Tankstellen** eine Karte zur Costa Blanca im Maßstab 1:200.000 von *Euro Tours* in Zusammenarbeit mit dem Verlag *Plaza & Janes*. Sie ist einseitig bedruckt, im Detail nicht immer genau, deckt aber in einem handlichen Format exakt die in diesem Reiseführer vorgestellten Gebiete ab.

▷ Mautstation

Verkehrsregeln

Es gilt **Überholverbot** 100 m vor Kuppen und auf Straßen, die nicht mindestens 200 m zu überblicken sind.

Auf beleuchteten Straßen, außer Autobahnen und Kraftfahrstraßen, darf man nur mit **Standlicht** fahren.

Das **Abschleppen** durch Privatfahrzeuge ist verboten.

Fremd dürfte vielen Reisenden auch der häufig anzutreffende **Kreisverkehr** sein. An größeren Kreuzungen hat man auf Ampeln verzichtet und stattdessen einen geräumigen Kreisverkehr angelegt. Wie es scheint erfolgreich, denn lange Schlangen bilden sich hier nie. Jeder passt ein wenig auf, fädelt sich ein, dreht eine halbe Runde und fährt wieder raus, fertig! Wer drin ist, hat Vorfahrt, wer reinfahren will, muss warten. Und wenn man nun „seine" Abfahrt verpasst hat? Kein Problem: einfach eine „Ehrenrunde" drehen, auf die Schilder achten und ab.

In etlichen kleineren Orten sind **flexible Ampeln** zu finden. Diese hängen unübersehbar gelb blinkend hoch oben über der Zufahrtsstraße. Rauscht nun ein Pkw mit überhöhter Geschwindigkeit heran, springt die Ampel auf Rot. Simples Prinzip, nicht wahr? „50 km/h, a más velocidad semáforo cerrado", so steht es dazu auf kleinen Schildern.

In Spanien gilt hochoffiziell die **0,5-Promille-Grenze.** Wer mit mehr Alkohol im Blut erwischt wird, muss mit bis zu 600 € Strafe rechnen.

Eine ähnlich hohe Summe zahlt, wer fahrend mit einem **Handy** am Ohr erwischt wird. Erlaubt ist das Telefonieren am Steuer über eine Freisprechanlage.

„Bandas sonoras" bedeutet, dass zwei quer über die Straße gelegte Schwellen folgen. Wer hier nicht die Geschwindigkeit reduziert, kracht richtig schön darüber, sodass es wirklich „wohlklingt", wie das Schild verspricht.

„Cambio de sentido" besagt, dass man hier die Richtung wechseln kann, also einen „U-Turn", wie es neudeutsch heißt, fahren darf. Es steht aber auch für „Abfahrt" mit anschließender Möglichkeit, die Fahrtrichtung zu wechseln.

Speziell auf Überlandstraßen müssen **Linksabbieger** oft zuerst nach rechts auf eine besondere Spur schwenken, die einen Halbkreis beschreibt, und dann die eben verlassene Straße kreuzen. Staus werden so vermieden. Ähnlich verhält es sich an Stellen, an denen man sich in den Verkehr einfädeln will. Biegt man an einer Kreuzung nach links ab, befindet man sich manchmal noch nicht gleich auf der eigentlich angesteuerten Straße, sondern auf einer Art **Einfädelungsspur**, die links neben der Straße verläuft – ungewohnt, aber durchaus sinnvoll.

Immer häufiger werden **Kontrollen** durchgeführt. Wer als Temposünder erwischt wird, muss zahlen, und zwar sofort! Bis zu über 600 € sind dann fällig.

Parken

In den Städten einen Parkplatz zu finden, ist oft schwierig. Ortsunkundigen kann man nur dringend empfehlen, den **Parkleitschildern** zu folgen, auch wenn man dort immer eine Gebühr zahlen muss. Wer auf eigene Faust einen Platz irgendwo an einer Straßenecke sucht, kann sich schnell heillos verfahren.

Mit **blauen Linien** gekennzeichnete Parkplätze sind gebührenpflichtig. Also nicht einfach forsch rein in eine Parklücke und verschwinden, sondern erst einmal den Automaten suchen. Dort muss der Parkschein gezogen werden. Hierbei muss man sich ungefähr darüber im Klaren sein, wie lange man parken möchte. Die Gebühren variieren stark, die Höchstparkdauer ebenfalls.

Bei **gelben Bordsteinmarkierungen** heißt es aufpassen, hier herrscht absolutes **Parkverbot!** Wer hier falsch parkt, der wird schnell durch die *GRÚA* abgeschleppt. **Abgeschleppt, was tun?** An der Stelle, wo das Auto ursprünglich stand, prangt ein Aufkleber in Form eines Dreiecks mit einer Telefonnummer. Diese muss man anrufen und erfragen, wo der Wagen steht, und dann mit Ausweis und Autopapieren hinfahren, Strafe und *Depósito*, also die Kosten für die Aufbewahrung, bezahlen und den Wagen auslösen. Wenn man sich Zeit lässt, kann das teuer werden, denn die Aufbewahrungskosten verteuern sich pro Tag.

Höchstgeschwindigkeiten

	in Orten	Landstraßen[1]	Landstraßen[2]	Autobahnen
■ **Pkw und Motorräder**	50	90	100	120
■ **Busse**	50	80	90	100
■ **Pkw mit Anhänger, Lkw**	50	70	80	80, 90[3]
■ **Wohnmobile bis 3,5 t**	50	90	90	120
■ **Wohnmobile über 3,5 t**	50	80	80	100

[1] zwei Fahrspuren   [2] drei Fahrspuren   [3] Lkw ohne Anhänger

Verkehrsschilder

Zumindest in einigen Orten kann es vorkommen, dass Verkehrsschilder auf **Valencianisch** den Weg weisen. Daher folgt hier eine Übersicht der wichtigsten Schilder:

- *prohibit estacionar* = Parken verboten
- *prohibit estacionar caravanes; autocaravanes* = für Wohnmobile und Caravans Parken verboten
- *temps maxim autoritzat 1:30* = maximal erlaubte (Park-)Zeit: 1 Std. 30 Min.
- *zona blava* = blaue Zone; Parken nur mit Parkschein
- *P gratuit* = hier kann kostenfrei geparkt werden
- *aparcament* = Parkmöglichkeit
- *totes direccions* = alle Richtungen (an einer Kreuzung)
- *altres direccions* = andere Richtungen; meist steht dann ein weiteres Schild, das zu einem bestimmten Ort weist
- *centre vila* oder *centre urbà* = ins Zentrum
- *platja (platges)* = Strand (Strände)
- *cediu el pas* = Vorfahrt gewähren
- *itinerari amb prioritat* = Vorfahrtsstraße („Weg mit Priorität")
- *circulació prohibida, zona peatonal* = Durchfahrt verboten, Fußgängerbereich
- *solo turismes* = nur Pkw (nein, es bedeutet nicht, dass hier nur Touristen fahren dürfen …)

Autounfall

Ich hoffe es natürlich nicht, aber es kann ja doch mal passieren, dass es kracht. Was dann? Mir ist klar, dass die folgenden Ratschläge in dem Stress, der womöglich großen Hitze und noch dazu in einer fremden Sprache nicht leicht zu befolgen sind. Dennoch: Hat es gekracht, möglichst die **Polizei** rufen. Zuständig ist innerorts die Policía Urbana de Tráfico (Verkehrspolizei), die man unter der **Telefonnummer 092** erreicht. Außerhalb von geschlossenen Ortschaften ist die *Guardia Civil* zuständig, die man unter der **Nummer 091** rufen kann.

Sie wird allerdings nur bei größeren Schäden oder bei Unfällen mit Verletzten ein **Protokoll** aufnehmen. Deshalb sollte man so genau wie möglich selbst

> Erst zahlen, dann parken!

dokumentieren. Hierbei hilft der **internationale Unfallbericht**, den jeder Versicherer ausgibt. Die Unfallstelle genau fotografieren, exakte Lage der Fahrzeuge, Bremsspuren, Verkehrszeichen nicht vergessen. Auch den Kilometerstein notieren. Anschrift, Kennzeichen und Versicherungsnummer des Unfallgegners festhalten und Anschriften von Zeugen notieren. Den internationalen Unfallbericht unbedingt auch vom Unfallgegner unterschreiben lassen.

Alle Kfz-Versicherungen der EU – und damit auch alle spanischen Versicherungen – müssen einen **Schadensregulierungsbeauftragten** in Deutschland benennen, an den man sich später wenden kann. Die Adresse des Repräsentanten erfährt man über die folgende Auskunftsstelle:

■ **Zentralruf der Autoversicherer,** Tel. (0180) 25 026, www.zentralruf.de. Über die gebührenfreie Nummer 0800 NOTFON D ist an 354 Tagen der Handy-Notruf der deutschen Autoversicherer erreichbar. Die Tasten ergeben auf der Tastatur des Handys die Nummer (0800) 6 683 663.

Regressansprüche

Geschädigte können sich dann an diesen Repräsentanten der spanischen Versicherung wenden und ihre Ansprüche geltend machen. Der Repräsentant bzw. die spanische Versicherung muss binnen drei Monaten nach Schadensmeldung reagieren, d.h. ein **Schadensangebot** unterbreiten oder aber eine **begründete Absage** erteilen.

Erhält der Geschädigte innerhalb dieses Zeitraums keine Antwort, kann er sich direkt an eine **Entschädigungsstelle** wenden. Dies ist auch möglich, wenn die ausländische Versicherung keinen Repräsentanten benannt hat. Unter bestimmten Voraussetzungen kann diese dann sogar selbst den Schaden regeln. Die Adresse:

■ **Verkehrsopferhilfe e.V.,** Wilhelmstr. 43/43 G, 10117 Berlin, Tel. (030) 20 205 858, www.verkehrsopferhilfe.de.

Auch wenn die Abwicklung eines in Spanien geschehenen Unfalls nun von der Heimat aus geregelt werden kann, greift dennoch **spanisches Recht.** Das bedeutet u.a. eine deutliche Abweichung bei Höchstgrenzen von Entschädigungen bei Sachschäden (100.000 €) und Personenschäden (350.000 €).

Jeder Autofahrer ist gut beraten, einen **internationalen Unfallbericht** und den **Schutzbrief** eines Automobilclubs oder eine **Verkehrsrechtschutzversicherung** zu haben.

Autopanne

Es muss ja nicht immer der Automobilclub im Heimatland gerufen werden, entlang der Küste finden sich **Werkstätten** der namhaften Autohersteller, vor allem in den großen Urlaubsorten. Sprachprobleme? Dann fragen Sie doch einfach den Kellner Ihres Restaurants oder den Hotelportier. Gegen ein gutes Trinkgeld wird er bestimmt helfen.

■ **Telefonnummern** der **Pannendienste** und der größten **Automobilclubs** Deutschlands, Österreichs und der Schweiz siehe unter „Notfälle".

Mietwagen

In jedem Ort, in dem sich überwiegend ausländische Touristen aufhalten, werden Mietwagen angeboten. Werbezettel liegen überall aus, an der Hotelrezeption genauso wie in vielen Läden. Man kann sie gar nicht übersehen. *Rent-a-Car* oder spanisch *Alquiler de Coches,* manchmal auch *Alquiler de Motos* (Motorradverleih) heißt es dann. Als Voraussetzungen gelten manchmal ein Mindestalter von 21 Jahren und immer der Besitz einer **Kreditkarte.** Der Vermieter zieht sich einen Blankoabschnitt. Wer keine Karte hat, muss einen hohen **Barbetrag hinterlegen.** Es kann auch passieren, dass man ihm gar keinen Wagen leiht.

Die Angebote sind meist so gehalten, dass der **Preis** für einen Tag, für drei und sieben Tage genannt wird, selten jedoch der Endpreis. Addiert werden dann Steuern, Versicherung und eventuell die mehr gefahrenen Kilometer.

Der Wagen muss mit der gleichen Menge **Benzin,** die sich bei Abholung im Tank befand, zurückgegeben werden. Die Menge wird im Vertrag festgehalten.

Wer für einen **längeren Zeitraum** einen Wagen mieten möchte, sollte sich eventuell schon **zu Hause** darum kümmern. Reiseveranstalter bieten nämlich mitunter ganz erstaunliche Tarife an, die zumeist in Kombination mit einer Flugreise gelten. Außerdem kommt im Streitfall in der Regel deutsches Recht zum Tragen, was im Falle eines Falles nicht unwichtig sein kann.

Neben dem unbedingt empfohlenen Abschluss einer Vollkaskoversicherung kann für Mietwagenfahrer auch eine sogenannte **Traveller-Police** von Nutzen sein. In Spanien liegen die Deckungssummen der Haftpflichtversicherungen deutlich unter den in Deutschland übli-

> Falls mal ein Seitenspiegel abhanden kommt – an der Costa Blanca finden sich ausreichend Autowerkstätten

chen. Bei einem Unfall gehen höhere Schadensforderungen zu Lasten des Unfallverursachers. Die *Traveller-Police* deckt Personen-, Sach- und Vermögensschäden bis zu 500.000 € ab, wenn die örtliche Haftpflichtdeckungssumme erschöpft ist. Informationen gibt es u.a. über die Automobilclubs. Siehe auch Kapitel „Versicherungen".

Camping

Campingurlaub spielt eine **wichtige Rolle** an der Costa Blanca. Nicht wenige Plätze profitieren von nord- und mitteleuropäischen Rentnern, die es in der kalten Jahreszeit für Monate in den Süden zieht. Warum auch nicht, die Plätze sind ausgelastet, und die älteren Herrschaften fühlen sich erkennbar wohl.

Auf etlichen Plätzen haben auch spanische Stadtmenschen einen **Dauerplatz** gemietet und kommen jedes Wochenende. Unter der Woche bleiben diese Plätze eher leer, zumindest außerhalb der Sommermonate. Im Juli und vor allem im August sieht es völlig anders aus. Nicht wenige reisen dann aus Madrid oder anderen fernen Städten an und richten sich im wahrsten Sinne des Wortes häuslich ein – ein Zelt mit Fernseher und ein eigenes Kochzelt mit Kühlschrank zählen zum Standard. Ruhe und Beschaulichkeit darf niemand erwarten, auch keine Zimmerlautstärke.

Das **Unterkunftsverzeichnis** der Provinz Alicante listet knapp 40 Plätze auf, von denen die meisten an der Küste liegen. Generelle **Infos gibt es im Internet** unter www.campingsalicante.com.

Kategorien

Spanische Campingplätze sind in **vier Kategorien** eingeteilt, wobei die dritte Kategorie die einfachste Qualität darstellt. Absolute Spitzenplätze tragen das Etikett „Lujo" („Luxus"). Die Einteilung erfolgt nach klaren Kriterien. So muss ein Platz der Luxus-Klasse immerhin Parzellen von 90 m² anbieten, bei den Plätzen der 1. Kategorie sind es 70 m², und Stellplätze der 3. Kategorie bringen es auf 55 m². Weiterhin wird z.B. für die Einstufung in die 1. Kategorie gefordert, dass für je 14 Parzellen eine Dusche von 1,30 m² zur Verfügung steht und dass mindestens die Hälfte der Duschen und Wasserhähne warmes Wasser aufweist. Es gibt noch eine ganze Reihe weiterer Gradmesser.

Alle Plätze an der Costa Blanca gehören der 1. (insgesamt sieben) oder 2. Kategorie an. Alle Campings sind durchweg in Ordnung, was Serviceangebot und Einrichtungen betrifft, aber kaum einer kann mit den teilweise exzellenten Plätzen der Costa Brava konkurrieren.

Preise

Beim Preis muss man mit etwa **20–40 €** rechnen, je nach Platz und Berechnungsmodalität (also zzgl. oder inkl. Auto, Strom, Steuern usw.). Berechnet wird zumeist die Parzelle und die Anzahl der Personen. Für Familien, die mehrere Zelte aufbauen, wird es so günstiger. Richtig billig ist ein Campingurlaub aber auch nicht.

Diplomatische Vertretungen

Werden **Reisepass** oder **Personalausweis** im Ausland **gestohlen,** muss man dies der örtlichen Polizei melden. Darüber hinaus sollte man sich an die nächste diplomatische Auslandsvertretung seines Landes wenden, damit man einen Ersatz-Reiseausweis zur Rückkehr bekommt (ohne einen solchen kommt man nicht an Bord eines Flugzeugs!).

Auch in dringenden Notfällen, z.B. medizinischer oder rechtlicher Art, Vermisstensuche, Hilfe bei Todesfällen o.Ä. sind die Auslandsvertretungen in Spanien (s.u.) bemüht zu helfen.

Vertretungen in Spanien

Wie überall auf der Welt, sitzt die Botschaft in der Hauptstadt des Landes, also in Madrid. Konsularische Betreuung wird aber auch im Bereich der Costa Blanca (bzw. im nahegelegenen Valencia) angeboten.

Deutschland
- **Alicante:** *Consulado Honorario de Alemania* (Honorarkonsulat), Av. Maisonnave 7, 2. Stock, Tel. 965 118 070, alicante@hk-diplo.de.
- **Valencia:** *Consulado de Alemania,* Av. Marqués de Sotelo 4, Tel. 963 106 253, Mo–Fr 9–13 Uhr.

Österreich
- **Valencia:** *Consulado Honorario de Austria* (Honorarkonsulat), Calle Convento Santa Clara 10-2-3, Tel. 963 522 212, consuladoaustriaco@hernandez-marti.com.

Schweiz
- **Valencia,** *Consulado de Suiza,* Hotel *Westin Valencia,* Calle Amadeo de Saboya 16, Tel. 963 625 900, valencia@honrep.ch.

Diplomatische Vertretungen in D/A/CH

In Deutschland, Österreich oder der Schweiz lebende **Nicht-EU-Bürger** benötigen unter Umständen ein Visum für Spanien und sollten sich an die zuständige Spanische Botschaft wenden. Adressen siehe Kapitel „Formalitäten".

Essen und Trinken

Spanische Essgewohnheiten

Frühstück

Spanier halten sich nicht lange mit dem Frühstück auf. Ein Kaffee, begleitet von einem **Croissant oder Toast,** das war's im Wesentlichen. Viele gehen morgens ab 8 Uhr zum *desayuno* gleich in eine Bar und frühstücken gar nicht zu Hause. Die großen internationalen Hotels haben sich jedoch auf die Gewohnheiten ihrer ausländischen Urlauber eingestellt; dort wird ein üppiges Frühstücksbüfett serviert. Die meisten spanischen Hotels halten es mittlerweile ebenso.

Wer **Kaffee** bestellen will, hat drei Varianten zur Auswahl: Ein **café sólo** ist tiefschwarz und winzig, er wird gerne nach dem Essen bestellt. **Cortado** („Abgeschnittener") nennt sich eine kleine Tasse Kaffee mit etwas Milch, und ein **café con leche** (Milchkaffee) besteht aus einer normal großen Tasse Kaffee mit viel Milch.

Das bisschen Mageninhalt reicht natürlich nicht bis zum Mittag, also wird mindestens noch einmal die Bar für eine Art **zweites Frühstück** aufgesucht. Zwischen 10 und 11 Uhr bleiben es aber bescheidene Mengen, die verzehrt werden: **Gebäck** vielleicht oder auch eine Eierspeise, ein Stückchen **Tortilla**. Um diese Zeit gibt's meist noch Kaffee, nur wenige versuchen sich schon am *vino*.

Zwei Stunden später, so zwischen 12 und 13 Uhr, geht es dann zur Vor-Mittags-Pause in die Bar. Gerne werden jetzt **bocadillos** (belegte Baguettes) gegessen, begleitet von einem **Bier** oder **Wein**.

Mittagessen

Das Mittagessen wird niemals vor 14 Uhr eingenommen, zumeist sogar erst um 15 Uhr. Dann versammelt sich die gesamte Familie am Tisch, die Arbeitskollegen gehen ins Restaurant.

Mittags werden in fast allen Restaurants **günstige Menüs** serviert. Ein *menú del día* besteht zumeist aus zwei Gängen nebst Nachtisch und einer halben oder gar einer ganzen Flasche Hauswein. Der Preis liegt zwischen 10 und 15 €. Eine andere Variante sind **„Mittagsteller"**, *plato del día* genannt. Dabei wird ein gut gefüllten Teller mit dem jeweiligen Tagesgericht serviert, mehr aber nicht.

Das Mittagessen zieht sich hin, vor 16 Uhr steht niemand auf, die letzten Ausdauernden erst um 17 Uhr. Dann wird entweder eine *siesta* („Mittagsruhe") gehalten, oder es geht zurück an die Arbeit.

Abendessen

Abends wird entsprechend **spät** gegessen, vor 21 Uhr öffnen nicht einmal die Restaurants. Eine *cena* („Abendessen") um 22 oder gar 23 Uhr ist nichts Ungewöhnliches. Kein Wunder also, dass Spanier morgens keinen Hunger verspüren.

In den Touristikorten regiert natürlich ein anderer Rhythmus; dort werden

◳ Ein Klassiker der alicantinischen Küche: Reisspezialität Paella

in den großen Hotels und auch in vielen Restaurants Mahlzeiten zu den üblichen nordeuropäischen Zeiten serviert.

Spanische und regionale Spezialitäten

Tapas

In spanischen Bars wird eine breite Auswahl kalter, seltener warmer **Häppchen** angeboten, die, auf kleinen Tellerchen serviert, den Wein oder das Bier begleiten. Manchmal sind sie eine kostenlose Beigabe des Wirtes und werden dem Gast, der am Tresen steht und ein Getränk bestellt hat, mit dem Glas gereicht. Manchmal sind es zu kleinen Kunstwerken „montierte" Tapas, die aufgespießt auf einem kleinen Stäbchen auf einer Scheibe Brot stecken und deshalb auch **Montaditos** heißen. Diese sind jedoch recht teuer!

Über die **Ursprünge** dieser *tapas* kursieren verschiedene Legenden. Die verbreitetste behauptet, dass im 18. Jh. Gästen in Wirtshäusern das Glas Wein mit einem Tellerchen bedeckt gereicht wurde. So sollte vermieden werden, dass Fliegen ins Glas gerieten. Auf diese Tellerchen wurde dann immer häufiger eine kleine Beigabe gelegt: eine Olive, ein halbes Ei, ein Stück Schinken – die *tapa* war geboren. Der Begriff leitet sich nämlich vom spanischen Wort *tapar* ab, was „zudecken" bedeutet.

Die sympathische Sitte der **kostenlosen Dreingabe** einer kleinen Leckerei

Die Paella

Jeder Tourist kennt einige Brocken Spanisch – *Sí* oder *No* können die meisten unterscheiden, auch *cerveza* (Bier) ist wohl bekannt, ähnlich wie *vino* (Wein). Und so dürfte es auch mit *Paella* sein, dem angeblichen Nationalgericht der Spanier! Leider falsch, ein landesweites Nationalgericht ist die *Paella* gewiss nicht. Sicherlich wird sie in vielen spanischen Haushalten gegessen, aber so sehr verbreitet ist sie nun auch wieder nicht. Der Ursprung der *Paella* liegt in **Valencia,** denn hier wächst Reis, der Grundstock des Gerichts, hier bekommt man die Zutaten aus dem Meer, vom Acker und von den Tieren. Die Region, zu der die Costa Blanca zählt, ist also gewissermaßen *Paella*-Land. Hier weiß man, wie es geht, und es haben sich ein paar Gewissheiten, quasi Regeln, verfestigt.

Die *Paella* dauert in der **Zubereitung.** Zumindest, wenn sie frisch zubereitet wird, was man ja wohl hoffen sollte. In einem guten Restaurant sagt der Kellner auch sofort an, dass es 30 bis 45 Minuten dauern wird; falls es schneller geht, kommt sie aus der Mikrowelle. Eine *Paella* wird über offenem Feuer zubereitet, zumindest soweit dies möglich ist, alternativ auf einem Gasherd. Im Bereich der Costa Blanca isst man *Paella Valenciana,* also ohne Meeresfrüchte, dafür mit hellem Fleisch (Huhn, Kaninchen, Schnecken).

Die *Paella* wird in einer großen Pfanne dünn aufgetragen und ausgebreitet, maximal 3–4 cm hoch und mit Öl und Wasser gekocht. Das Wasser wird nicht umgerührt, soll verdampfen, der Reis soll sich vollsaugen. Unten bildet sich eine **Kruste,** *socorrat* genannt. Das ist so gewollt und keineswegs eine „angebrannte *Paella*", wie sich manche Touristen auf Bewertungsportalen über ein Restaurant beschweren. Nein, diese Kruste gehört dazu, und wenn eine *Paella* perfekt gelungen ist, dann klebt der Reis nur wenig. Viele Köche schwören dabei auf einen Reis, der *arroz bomba* heißt. Die gelbliche Farbe kommt vom Safran, der in Spanien nicht so teuer ist, und hoffentlich nicht vom Lebensmittelfarbstoff.

Paella wird **mittags** gegessen, abends verspeist sie kein Spanier, da sie zu schwer im Magen liegt, u.a. auch, weil sie mit reichlich Öl zubereitet wird.

Paella ist **Männersache.** Eigentlich. Das ist so ähnlich wie bei uns das Grillen. Treffen sich Freunde, Bekannte, Familien zum gemeinsamen *Paella*-Essen, schwingen die Männer die Kochlöffel.

Paella wird am **Sonntag** gegessen. Das stimmt zwar, aber natürlich darf man sie auch an anderen Tagen bestellen, nur eben nicht zum Abendessen.

---

wird noch in vielen dörflichen Bars gepflegt, in den Touristikhochburgen natürlich selten.

Es gibt eine unglaubliche **Vielfalt** an Tapas. Einfache Varianten, die kostenlos serviert werden, sind Oliven, eine Sardine oder ein halbes Ei mit einem kleinen

▷ Tapas werden gern am Tresen serviert

Belag, oder einfach ein Schälchen Erdnüsse, frittierte Kartoffeln oder ein Klecks Kartoffelsalat, manchmal auch eine Scheibe Schinken.

Andere Tapas müssen bezahlt werden, und entsprechend aufwendiger fallen die Kreationen aus: ganze Teller mit Schinken-, Salami- und Käsescheiben oder die unterschiedlichsten Meeresfrüchte, mit einem Zahnstocher auf kleine Scheiben von Stangenbrot gespießt, oder *patatas bravas*, das sind frittierte Kartoffeln in scharfer Sauce.

Es können auch verschiedene Varianten auf einem Teller zusammengestellt werden, sodass der Gast mehrere probieren kann.

Standard-Tapas sind *albóndigas*, kleine Hackbällchen in scharfer Sauce, oder *ensaladilla rusa*, eine Art Kartoffelsalat, ebenso *boquerones*, sauer eingelegte Sardinen. Dazu ein Bier – schmeckt köstlich! Manche Tapas sind richtig teuer, beispielsweise der *jamón de bellota*, ein Schinken, der unglaublich zart auf der Zunge zergeht.

Wenn der Hunger doch etwas größer ausfällt, kann man gleich eine *ración* (Portion) bestellen. Dann erhält man einen gut gefüllten Teller.

Eine **Tapa-Tour** durch mehrere Bars ist ein kulinarisches Highlight! *Irse de tapas* oder *tapeo* nennt sich der Bummel durch mehrere Tapa-Bars. In Gruppen trifft man sich dann in einer Bar (man geht niemals alleine), steht am Tresen (niemals am Tisch), bestellt eine Runde Bier oder *vino* und die jeweilige Tapa-Spezialität der Bar. Beim Trinken und Naschen der Tapas wird viel geplaudert (niemals geschwiegen), dann zahlt einer die Runde und weiter geht's in die nächste Bar. Die besten Tapas gibt es übrigens in den baskischen Bars.

Bocadillos

Bocadillos sind **kleine Baguettes** oder etwas größere Brötchen, die ohne Butter unterschiedlich belegt werden, z.B. mit Schinken, Käse, Tortilla, Fleisch oder Sa-

Essen und Trinken

lat. Diese idealen Hungerstiller für zwischendurch gibt es in jeder Bar.

Alicantinische Küche

Reis und **Meeresfrüchte** prägen die Küche der Provinz Alicante. Reis wird an etlichen Stellen angebaut, vor allem aber im Ebro-Delta nördlich der Provinz Alicante. Er ist die Grundzutat der bekannten **Paella,** s.a. Exkurs „Die Paella".

Weitere **Reisspezialitäten:** *Arroz a banda* wird mit Fischsud gekocht, die Zutaten, u.a. Fisch, werden auf einem Extrateller serviert. Nicht fehlen darf *alioli,* eine Sauce aus Öl und Knoblauch. *Arròs negre* („schwarzer Reis") erhielt seinen Namen und seine Verfärbung durch das Verkochen von Tintenfisch. *Arroz con costra* ist ein Gericht mit Wurst, Huhn und Erbsen. *Barjoques farcides* sind mit Reis gefüllte Paprika.

Fisch und **Meeresfrüchte** kommen in zahllosen Variationen auf den Tisch, hauptsächlich gebraten oder gegrillt.

Typisch für die Region ist auch die Süßspeise **Turrón,** eine Leckerei aus Mandeln, Honig und Zucker, die hauptsächlich zu Weihnachten gereicht wird, eigentlich ...

Weitere regionale Spezialitäten sind **Schokolade** aus Villajoyosa, **Gambas** aus Dénia und **Langusten** aus Guardamar del Segura.

Vegetarisch

In den typischen Ferienorten wird man schwerlich ein rein vegetarisches Restaurant finden. Immerhin bieten viele Lokale auch vegetarische Gerichte an, wobei sich das Angebot nicht selten auf Salate und/oder Reisgerichte beschränkt.

Getränke

Bier

Auch Kurzzeiturlauber lernen recht schnell wenigstens ein spanisches Wort: *cerveza.* Tatsächlich hat der **Bierkonsum** schon lange das Weintrinken in den Schatten gestellt. Auf ein kleines Gläschen mal eben in die nächste Bar gehen, auch schon mal morgens um 11 Uhr, das gehört heute zum alltäglichen Leben. Trotzdem sieht man selten einen Spanier sturzbetrunken. Ein kleines Gläschen: ja, auch mehrmals am Tag, aber literweise Bier in sich hineinschütten: niemals!

Ein kleines Glas Bier bestellt man mit „una caña", ein etwas größeres mit „un tubo", beides wird dann blitzschnell gezapft. Die „7-Minuten-braucht-ein-gutes-Bier"-Regel gibt es in Spanien nicht. Wer einen Krug möchte, bestellt *una jarra.* Eine Flasche ist *una botella,* ein winziges Fläschchen *un botellín.* Alkoholfreies Bier, *cerveza sin alcohol,* findet auch in Spanien immer mehr Freunde, und *una clara,* mit Limo gemischtes Bier, schmeckt in der andalusischen Hitze ebenfalls sehr erfrischend.

Wein

Wein aus Spanien ist längst nicht so bekannt wie französischer oder italienischer. Zu Unrecht, denn spanische Winzer achten schon seit den 1920er Jahren auf hohe Qualität. In jener Zeit entstand nämlich ein System der **Her-**

kunftsbezeichnung, das strengen Kriterien unterliegt. Eine sogenannte *denominación de origen* gilt für bestimmte Weinanbaugebiete, in denen jeweils regionale Vorschriften eingehalten werden müssen. So versucht man, eine gleich bleibende Qualität zu erzeugen. Momentan existieren rund 65 *denominaciones* in ganz Spanien, davon zwei im Gebiet der Costa Blanca: La Marina Alta (süße Weine und Moscatel) sowie Vinalopó (Rotweine).

Festgelegt wird beispielsweise, welche Rebsorten verwendet werden dürfen, in welchem Gebiet angepflanzt wird, und gegebenenfalls ist sogar eine Höchstmenge festgesetzt. Weiterhin wird die Lagerzeit bestimmt. Weiß- und Roséweine müssen wenigstens ein Jahr, Rotweine zwei Jahre gelagert werden, ein Jahr davon im Fass. Die Einhaltung all dieser Vorgaben überwacht ein unabhängiges Gremium und vergibt dafür ein **Gütesiegel.** Jedes Gebiet der *denominaciones* hat sein eigenes. Obendrein erhalten die Weine eine fortlaufende Nummer, sodass eventuelle Unregelmäßigkeiten sich genau zurückverfolgen lassen. Auf den Etiketten der Flaschen müssen neben dem Herkunftssiegel und der Nummer die Traubenbezeichnungen erscheinen.

Wein kann wie überall in unterschiedlichen Qualitäten und zu entsprechenden Preisen bestellt werden. In den Bars ist der **Hauswein** stets relativ preiswert, aber leider nicht immer von zufriedenstellender Qualität. Bestellt wird er am Tresen einfach mit „un blanco" (ein Weißer), „un rosado" (ein Rosé) oder „un tinto" (ein Roter). Im Restaurant klappt es im Prinzip ähnlich, da sollte nur der Zusatz „vino de la casa" (Hauswein) nicht fehlen. Eine erfrischende Variante heißt schlicht *vino del verano* („Sommerwein"), eine Art gespritzter Rotwein mit Eis.

Horchata

Horchata de chufa – oder wie es auf Valencianisch heißt, *Orxata de Xufes* – ist ein wohlschmeckendes, erfrischendes, leicht süßliches Getränk. Es wird aus **Erdmandelmilch** hergestellt und in einer *Horchatería (Orxateria)* kalt ausgeschenkt. Ergänzt mit einem länglichen Gebäck zum Eintunken, *Farton* genannt.

Beliebt als Sommergetränk: Sangría

Lokalitäten

Bar

In jedem noch so kleinen Dorf findet man wenigstens eine Bar. Darunter darf man sich aber keinen Nachtclub oder Ähnliches vorstellen, sondern mehr eine Mischung aus **Eckkneipe** und **Café.** Die Einrichtung ist meist schlicht, die Gäste drängeln sich am Tresen, um ein Gläschen zu trinken und eine Kleinigkeit zu essen. Die meisten verweilen aber nicht lange, sodass die wenigen Sitzplätze selten in Anspruch genommen werden.

Cafetería

Unter einer *Cafetería* darf man sich wiederum kein stilvolles Kaffeehaus vorstellen, in dem Kellner Tabletts mit Kaffee und Cognac durch rauchgeschwängerte Luft balancieren. Eine *Cafetería* ist ein **schlichtes Lokal,** das sich meist nur durch andere Öffnungszeiten von einer Bar unterscheidet. Auch die *Cafetería* ist mit einem langen Tresen, grellem Neonlicht, einigen wenigen Tischen und einem häufig ununterbrochen laufenden Fernseher ausgestattet. Der Unterschied: Hier kann man meist ein kleines Mittagessen einnehmen, während dies nicht in jeder Bar möglich ist.

Chiringuitos

Chiringuitos waren früher kleine, **einfache Kioske** am Strand oder auf dem Lande. Dort wurde eine begrenzte Anzahl an Gerichten für die Urlauber oder Wochenendgäste zubereitet. Das Angebot war bescheiden, Ambiente und Preise ebenfalls. Mit der Zeit entwickelten sich beliebte und gefragte *Chiringuitos* zu kleineren Bars, vor allem an Stränden, die von vielen Menschen aufgesucht wurden.

Restaurant-Knigge

Platzsuche

Wer ein Restaurant betritt, setzt sich niemals direkt an einen freien Tisch. Ein **Kellner** wird unverzüglich kommen, nach der Personenzahl fragen und dann Tischvorschläge unterbreiten. Sollten alle Tische besetzt sein, wird man gebeten, einen Moment an der Bar zu warten.

In spanischen **Bars** stellt man sich an den **Tresen.** Der Kellner nimmt die Neuankömmlinge garantiert wahr und fragt nach den Wünschen. Sodann wird das Plätzchen am Tresen geputzt, dann kommen auch schon Speis und Trank. Wer an einem Tisch Platz nimmt, wartet zwar auch nicht länger, zahlt aber mehr. Und noch ein wenig teurer wird es für den, der draußen auf einer Terrasse sitzt.

Bezahlen

Die **Preisliste** muss in allen Gastronomiebetrieben aushängen, obgleich man sie oft erst nach intensivster Suche findet. In Bars und Cafés, aber auch in manchen Restaurants, findet man auf der Preisliste unter den Worten **barra** und **mesa** zwei verschiedene Preise. Das Getränk am Tresen, an der *barra*, zu bestellen und zu verzehren ist billiger als am Tisch *(mesa)*, da der Laufweg des

La propina oder die Würde des Kellners

Man kennt das. Immer wieder taucht die Frage auf: Wie viel darf oder muss ich geben? Die Rede ist hier vom **Trinkgeld**, spanisch: *la propina*. Wie viel Trinkgeld also gebe ich? Und wie macht man das eigentlich? Was heißt zum Beispiel: „Stimmt so!" auf Spanisch? Keine Ahnung, aber hier kommt der Trost: In Spanien funktioniert es anders. Egal, ob im Luxus-Restaurant ein Spitzenmenü mit Geschäftsfreunden auf Spesen genossen oder nur ein Gläschen Bier am Tresen gekippt wird, die Bezahlung erfolgt grundsätzlich nach dem gleichen Muster. Und damit auch die Frage des Trinkgeldes. Also gut aufgepasst, was nun folgt, gilt immer.

Der Gast möchte bezahlen und bittet um die **Rechnung.** „La cuenta, por favor" heißt das oder etwas umgangssprachlicher: „Me cobra, por favor", was in etwa: „Ziehen Sie es mir bitte ab" bedeutet. Daraufhin bringt der Kellner die Rechnung auf **einem kleinen Tellerchen.** In einem Sterne-Restaurant kann es auch schon mal ein ledergebundenes Büchlein sein oder ein mit Samt ausgeschlagenes Kirschholzkästchen. Aber meist bleibt es doch ein schnödes Tellerchen, auf das man jetzt den Betrag legt. Bloß nicht anfangen, die Summen auseinander zu dividieren, nach dem Motto: „ Also, ich hatte zwei Cola, die 25 und einen Salat." In Spanien **zahlt einer oder man legt zusammen,** fertig. Das Tellerchen steht nun noch ein Weilchen unbeachtet auf dem Tisch, die Gäste unterhalten sich angeregt weiter. Dann taucht der Kellner auf, murmelt ein „Gracias" und nimmt mal so eben im Vorbeigehen Tellerchen und Geld mit. Die Gäste plaudern weiter. Irgendwann kommt der Kellner zurück und platziert den Teller mit einem erneuten „Gracias" wieder auf dem Tisch. Darauf liegen die Rechnung und das **Wechselgeld.** Die Gäste ignorieren das. Jetzt aber kommt der entscheidende Moment: Irgendwer klaubt lässig die Münzen auf, so mal eben nebenbei, während die Unterhaltung natürlich fortgesetzt wird. Und genau in diesem Moment lässt man etwas **Kleingeld** als Trinkgeld auf dem Tellerchen liegen. Natürlich nicht willkürlich, sondern irgendwie in Richtung international üblicher **fünf bis zehn Prozent,** je nach Summe. Wer nur einen Kaffee oder vino am Tresen hatte, gibt meist nur ein kleines Trinkgeld, etwa um 10 Cent, selten mehr. Auf jeden Fall kommt es immer mehr auf die Geste an.

Unsere Gäste plaudern jedenfalls noch ein Weilchen weiter. Dann erhebt man sich und unter ausgiebiger Verabschiedung und ausführlicher Kommentierung der Speisen, des Wetters, der letzten Fußballergebnisse verlässt man zufrieden das Lokal. Jetzt erst schnappt der Kellner sich erneut das Tellerchen, ruft ein halblautes „Adiós, gracias" und packt das Trinkgeld in ein **Gefäß** mit der Aufschrift **„bote".** Da aber mancher Bote-Topf ein wenig erhöht im Regal steht, muss der Kellner die Münzen mit Schwung hineinwerfen. Und das macht er mit einer unnachahmlichen Geste. Ohne groß hinzugucken, schmeißt er sie in Richtung *bote*. Die Münzen fliegen durch die Luft, die Hälfte segelt vorbei, prasselt über Flaschen, Teller und Gläser auf den Fußboden. Egal. Bloß nicht bücken! „Danke für's Trinkgeld, aber eigentlich hab' ich's nicht nötig", sagt uns diese Geste. Was natürlich Quatsch ist. Abends ist sich niemand zu schade, alle Münzen aufzuklauben. Natürlich nicht, denn 10 bis 20 Euro *propina* sind auch in einer einfachen Bar pro Kellner drin.

Kellners entfällt. Einige Lokale haben noch einen dritten Preis, den man auf der Terrasse *(terraza)* zahlt. Dies ist immer der teuerste, da der Kellner den weitesten Weg zurückzulegen hat.

Wer in einem Restaurant speist, zahlt in der Regel inklusive Bedienung. **Trinkgeld** *(la propina)* wird zwar immer gegeben, aber nie besonders viel (siehe Exkurs: „La propina oder die Würde des Kellners"). Es wird immer die Gesamtrechnung auf einem kleinen Tellerchen präsentiert, auseinanderdividiert wird nicht. Die spanischen Kellner sind getrennte Rechnungen nicht gewöhnt und mögen sie auch nicht besonders. Es sollte möglichst einer für alle zahlen.

Rauchen

In Spanien herrscht **absolutes Rauchverbot** in allen Lokalen! Nachdem 2006 zunächst ein Anti-Tabak-Gesetz mit vielen Lücken in Kraft getreten war, wurde Anfang 2011 die Gangart verschärft. Angeblich soll dies auch deshalb geschehen sein, weil die damalige Ministerin einige Abgeordnete in der eigentlich rauchfreien Cafetería des spanischen Parlamentes munter qualmend erwischt hatte. Darüber soll sie so erbost gewesen sein, dass sie sogleich ein richtig hartes Rauch-Verbots-Gesetz durchsetzte. Jedenfalls herrscht jetzt nicht nur in sämtlichen gastronomischen Betrieben Rauchverbot, auch am Arbeitsplatz und teilweise sogar unter freiem Himmel (auf Schulhöfen bzw. auf Plätzen vor einem Krankenhaus). Ausnahmen gelten nur auf offenen Sportplätzen (Stierkampfarena, Fußballstadion) und im Gefängnis.

Feste und Feiertage

Jeder Ort feiert seine eigenen Feste, nicht nur das des jeweiligen Ortspatrons, sondern auch weitere, die meist uralten Traditionen entspringen. Unter den jeweiligen Ortsbeschreibungen sind die Termine zu den wichtigsten lokalen Festivitäten aufgeführt.

Feste

Die **Semana Santa** (Heilige Woche) wird durch mehrere Prozessionen und Umzüge geprägt. Je größer die Stadt, desto mehr Prozessionen finden statt, organisiert mehrheitlich durch religiöse Bruderschaften, aber auch durch Studentengruppen, Vertreter der Polizei, des Militärs oder bestimmter Berufsgruppen (Fischer beispielsweise). In Alicante finden in der einwöchigen **Osterzeit** zwischen Palmsonntag und Ostersonntag täglich mehrere **Prozessionen** statt, die eine Mischung aus Religiosität, Fiesta, Bußgang, Drama und farbenfrohem Spektakel

▷ Osterprozession

Feste und Feiertage 211

sind. Die Bruderschaften ziehen durch die Straßen und sie tragen ein tonnenschweres Gestell, auf dem die Skulptur der Schutzheiligen ihrer Kirche steht. Es ist eine sehr anstrengende Sache und ein Majordomus dirigiert die Träger durch Kommandos. Er versucht, sie in einen leicht schaukelnden Gang zu bringen, gewährt ihnen aber immer wieder Pausen, indem er ein Glöckchen als Zeichen zum Absetzen des Gestells läutet. Begleitet wird die Prozession von einer Musikkapelle, die getragene Melodien spielt. Manchmal sind es aber auch **schweigende Umzüge** (besonders am Karfreitag). Immer wieder kommt der ganze Umzug zum Stehen, wenn jemand voller Emotionalität ein Loblied *(Saeta)* singt. Begleitet werden diese Umzüge auch von *Nazarenos,* Büßern, die in knöchellangen Trachten mit spitz zulaufenden Kapuzen gehen, welche das Gesicht verbergen. Das Ganze dauert meist mehrere Stunden, denn die Bruderschaft muss zunächst den *trono* (Thron), das Gestell mit der Heiligenfigur, aus der jeweiligen Kirche holen, dann auf einem festgelegten Weg auf der Prozessionsstrecke durch die Stadt ziehen und schließlich wieder zurück zur Kirche gehen.

Cruces de Mayo (Mai-Kreuze) wird in vielen Orten gefeiert. Dabei werden am ersten Mai-Wochenende auf den wichtigsten Plätzen eines Ortes blumengeschmückte Kreuze aufgestellt, wobei auch immer ein wenig um das schönste Werk gewetteifert wird. Abends findet dann rund um dieses Kreuz eine Feier mit Tanz und Getränken statt. Das Fest erinnert an das Auffinden des Kreuzes im 6. Jh., an dem *Jesus* starb, durch die Mutter eines römischen Kaisers. Sie schickte kleine Teile des Kreuzes in die gesamte Christenheit, so jedenfalls besagt es die Legende.

Weihnachten wird in Spanien am 25.12. gefeiert und auch mit Messen in der Nacht vorher. Die Weihnachtsgeschenke gibt es hier allerdings erst am 6. Januar (Fest der Heiligen Drei Könige). Am Vorabend (5. Januar) ziehen **Los Reyes** (die Könige) in einem prunkvollen Umzug in die jeweilige Stadt ein, verteilen Süßigkeiten von einem Prunkwagen herab und bringen symbolisch die Geschenke, die die Kinder dann am nächsten Morgen finden.

Fiestas

Jeder Ort, sei er noch so klein, feiert einmal im Jahr das **Fest zu Ehren des Ortspatrons.** Im Grundsatz verlaufen diese *fiestas* immer ähnlich. Nach einer Messe wird das Bildnis des Ortspatrons bzw. der Ortspatronin in einer Prozession durch die Straßen getragen, die Bewohner gehen hinterher. Je nach Ausrichtung werden diese Umzüge mal feierlich, mal feucht-fröhlich gehalten. Aber immer findet abends eine richtige *fiesta* statt, die die ganze Nacht dauert, und das kann man wörtlich nehmen.

▷ Cruces de Mayo

Feste und Feiertage

Romerías

Ähnlich verlaufen die *romerías*. Im ursprünglichen Wortsinn sind das **Wallfahrten** zu Ehren bestimmter Heiliger. Am berühmtesten ist die *romería* zu Pfingsten nach El Rocío, einem kleinen Dorf im Südwesten Andalusiens. Von Sevilla aus wandert eine Gruppe von Pilgern in tagelangen Märschen dorthin, manches Jahr 100.000 Menschen.

Besonders spektakulär fallen die *romerías* zu Ehren der Virgen del Carmen aus. Der 16. Juli ist der **Día de Nuestra Señora del Carmen,** der Patrona de la Mar, also der Schutzpatronin aller Seeleute und Fischer. Überall an der spanischen Küste wird der Virgen gedacht, auch in vielen Orten der Costa Blanca, wie beispielsweise in Benidorm, Villajoyosa, Calpe, Santa Pola oder Altea. Das sieht dann so aus, dass das Heiligenbild der Schutzpatronin aus der Kapelle der Bruderschaft der Seefahrer zu einem festlich geschmückten Schiff gebracht wird. Begleitet von vielen ebenso fein hergerichteten Booten findet eine Prozession über das Meer statt. Auf offener See wird der Verstorbenen gedacht, die ihr Leben auf dem Meer verloren haben. Blumengebinde werden zum Gedenken über Bord geworfen. Nach der ebenso feierlichen Rückkehr folgen meist Feuerwerk, gemeinsames Essen und eine lange Nacht.

Las Fallas

Die Fallas werden in der Nachbarprovinz Valencia in jedem Dorf gefeiert, im Bereich der Costa Blanca eher nur in den nördlichen Gemeinden. Auf verschiedenen markanten Plätzen werden große **Figuren** oder gar Figurengruppen

---

Gesetzliche landesweite Feiertage
- 1. Januar: **Año Nuevo,** Neujahr
- 6. Januar: **Día de Reyes,** Hl. Drei Könige
- Gründonnerstag: **Jueves Santo**
- Karfreitag: **Viernes Santo**
- 1. Mai: **Día del Trabajo,** Tag der Arbeit
- 25. Juli: **Santiago Apóstol,** Sankt Jakobus
- 15. August: **Fiesta de la Asunción,** Mariä Himmelfahrt
- 12. Oktober: **Día de la Hispanidad,** auch: **Día de la Raza,** Jahrestag der Entdeckung Amerikas
- 1. November: **Todos los Santos,** Allerheiligen
- 6. Dezember: **Día de la Constitución,** Tag der Verfassung
- 8. Dezember: **Purísima Concepción,** Tag der Unbefleckten Empfängnis
- 25. Dezember: **Navidad,** Weihnachten

Feiertag der autonomen Region Valencia
- 9. Oktober: **Festa de Sant Dionís,** zur Erinnerung an die Befreiung aus maurischer Herrschaft

---

Las Fallas – auch dieses Kunstwerk wird verbrannt

aus Holz, **Pappmaschee** und ähnlichen Materialien errichtet. Es sind äußerst kunstvolle Gebilde mit vielen Details, die unter einem Oberthema stehen und/oder eine Geschichte erzählen. In der Nacht zum 19. März werden all diese Figuren verbrannt. Auf diese Weise wird symbolisch der Winter verabschiedet. Siehe auch im Kap. „Valencia", „Feste", „Las Fallas".

Hogueras de San Juan

Ähnlich spektakulär fallen die am 24. Juni in ganz Spanien gefeierten Hogueras de San Juan aus. Am Día de San Juan (Johannistag) werden in der Nacht große Holzstapel *(hogueras)* verbrannt. In der kürzesten Nacht des Jahres verbinden die Menschen mit dem **Anzünden diverser Feuer** mythische Vorgänge, wie das Vertreiben von Geistern und die Belebung der Fruchtbarkeit der Erde, sowie, ganz irdisch, der Liebe.

Das größte Fest dieser Art wird im Bereich der Costa Blanca in Alicante gefeiert. Dort heißt das Fest auf Valencianisch Fogueres de Sant Joan. Direkt vor dem Rathaus wird pünktlich um Mitternacht ein riesiger Holzstapel angezündet, nachdem vorher ein beeindruckendes Feuerwerk den Himmel verzaubert hat. In der sogenannten **Nit de Foc** („Nacht des Feuers") ist dies der Auftakt zum Anzünden von gut 200 weiteren Feuern in der ganzen Stadt. Dabei werden wie bei den Fallas in Valencia auch Figuren aus Pappmaschee verbrannt. Dann folgen eine ganze Nacht lang Musik, Tanz und Mutproben à la „über das langsam verglimmende Feuer springen". Die Feuerwehr steht bereit und löscht die restlichen Flammen. Die Jugendlichen lassen sich derweil bereitwillig nass spritzen. Diese Aktion trägt dann auch den netten Namen *banyà* („Bad nehmen"). Gefeiert wird eine ganze Woche lang, meist vom 20. bis 29. Juni.

Moros y Cristianos

Dieses Fest wird in beinahe jedem Ort der Costa Blanca gefeiert, wenn auch zu unterschiedlichen Terminen. Es geht tief in die Historie und erinnert an die Zeit, als Spanien unter **maurischer Herrschaft stand** (daher: *moros*). Die Christen *(cristianos)* eroberten schließlich einen Ort nach dem anderen und verjagten die Araber. An diese Vertreibung erinnern die Feste. Der Ablauf orientiert sich durchaus an der **lokalen Historie,** folgt aber überall auch einem generellen Schema. Zunächst marschieren sowohl die Truppen der Moros als auch die der Cristianos feierlich in den Ort ein. Alle sind perfekt verkleidet, in authentische Uniformen und Gewänder des jeweiligen Lagers gehüllt. Musik, feierliches Auftreten und Reden gehören immer dazu. In den meisten Küstenorten wird auch die Anlandung in Booten nachgespielt. Schließlich kommt es zur entscheidenden Schlacht, die ebenfalls relativ „echt" nachgestellt wird: mit Kanonendonner, Pulverdampf und Schwerterkampf Mann gegen Mann. Am Ende – na klar – siegen immer die Christen, vertreiben die Moros oder diese lassen sich konvertieren. Die bekannteste Fiesta de Moros y Cristianos findet im April in Alcoi statt.

◁ Ein farbenfrohes Fest: Moros y Cristianos

Formalitäten

Einreise

Spanien hat das Schengen-Abkommen unterschrieben und gehört somit zu dem Territorium Europas, das als sogenanntes grenzloses Gebiet gilt. Bürger aus EU-Ländern können sich hier in der Regel **ohne Grenzkontrollen** bewegen. Staatsangehörige der **Schweiz** dürfen ohne Visum für drei Monate nach Spanien einreisen.

Für einen längeren Aufenthalt müssen Schweizer z.B. bei der spanischen Botschaft in Bern ein **Visum** beantragen. In Deutschland, Österreich oder der Schweiz lebende Staatsbürger von Nicht-EU-Staaten müssen grundsätzlich ein Visum bei der entsprechenden diplomatischen Vertretung Spaniens beantragen:

- **Deutschland:** Spanische Botschaft, Lichtensteinallee 1, 10787 Berlin, Tel. (030) 2 540 070, www.spanischebotschaft.de.
- **Österreich:** Spanische Botschaft, Argentinierstraße 34, 1040 Wien, Tel. (01) 5 055 788, www.exteriores.gob.es/Embajadas/VIENA/de.
- **Schweiz:** Spanische Botschaft, Kalcheggweg 24, Postfach 310, 3000 Bern 15, Tel. (031) 3 505 252, www.exteriores.gob.es/Embajadas/BERNA/de.

Auch für alle Durchreiseländer über Land müssen **Nicht-EU-Bürger** ein Visum beantragen. Die diplomatischen Vertretungen kann man hier erfahren:

- **Deutschland:** www.auswaertiges-amt.de
- **Österreich:** www.bmeia.gv.at
- **Schweiz:** www.eda.admin.ch

Papiere

Das bedeutet aber nicht, dass auf den **Personalausweis** oder **Reisepass** verzichtet werden kann, im Gegenteil, die meisten Hotels und alle Campingplätze verlangen ein Personaldokument. Die meisten Campingplatz-Betreiber nehmen den Ausweis sogar als Pfand in Verwahrung und geben ihn erst nach Bezahlen der Rechnung zurück. Auch wer eine Flugreise gebucht hat, sollte seinen über den Rückreisetermin hinaus gültigen Ausweis mitnehmen.

Kinder benötigen einen eigenen Reisepass; Kindereinträge im Reisepass eines Elternteils sind nicht mehr gültig.

Wer mit Pkw einreist, benötigt den nationalen Führerschein und das Nationalitätenkennzeichen am Fahrzeug.

Geldfragen

Banken *(bancos)* sind montags bis freitags von 9 bis 14 Uhr geöffnet. Wechselkurs für Schweizer: 1 SFr = 0,85 €, 1 € = 1,21 SFr/Stand Februar 2019).

Kaufkraft

Ein Billig-Reiseland ist Spanien schon lange nicht mehr. Sicherlich werden immer noch einzelne Produkte billiger als bei uns angeboten, aber bei der Kalkulation des Urlaubsbudgets sollte man von **heimatlichen Preisen** ausgehen.

▷ Hier sollte man fündig werden

Geldautomaten

In jeder Stadt finden sich heute Automaten, an denen man **mit Bank- oder Kreditkarte** Geld ziehen kann. Bei Bankkarten ist das Maestro-System am meisten verbreitet, aber auch Karten mit V-PAY-Logo funktionieren bereits an fast allen Automaten in Spanien. Die Geheimnummer eintippen und als nächsten Schritt die Sprache wählen, dann folgen alle weiteren Anweisungen auf Deutsch. Kleiner Haken: Die **Höchstgrenze** der Maestro-Karten liegt bei etlichen (aber nicht bei allen) Banken bei 150 bzw. 300 €. Ob und in welcher Höhe **Kosten** für die Barabhebung anfallen, variiert je nach kartenausstellender Bank und der Bank, bei der die Abhebung erfolgt. Man sollte sich vor der Reise bei seiner Hausbank informieren, mit welcher Bank sie in Spanien zusammenarbeitet und auch z.B. bei www.geld-abheben-im-ausland.de die Konditionen für Kreditkarten vergleichen, mit denen man im Ausland gebührenfrei Bargeld abheben kann. **Schweizer** sollten beachten, dass sie am Geldautomaten den Betrag immer in Euro abbuchen lassen und nicht in Schweizer Franken. Bei Letzterem wird die *Dynamic Currency Conversion* zugrunde gelegt, die erhebliche Kosten verursachen kann. Bei Abbuchung in Euro wird hingegen der vorteilhaftere, offizielle Devisenkurs der eigenen Bank zugrunde gelegt.

Meistens vorteilhafter als eine Barabhebung ist das **bargeldlose Zahlen** im Geschäft mit der Bank- oder Kreditkarte. Dafür darf die Hausbank innerhalb der Euro-Länder keine Gebühr für den Auslandseinsatz veranschlagen (für Schweizer wird ein Entgelt von 1–2 % des Umsatzes berechnet).

Viele Geldautomaten sind außerhalb einer Bank **direkt an der Straße** angebracht. Sicherer aber ist das Geldabheben im kleinen **Vorraum** einer Bank, wo es meist auch Automaten gibt. Die Tür öffnet man, wie auch hierzulande, mittels seiner Bankkarte, die in ein Gerät neben der Tür geschoben werden muss.

Kreditkarte

Angesichts der (niedrigen) Höchstgrenzen beim Abheben am Geldautomaten

sollte man **größere Ausgaben** per Kreditkarte bezahlen. Hotels und viele Campingplätze bieten diesen Service genauso an wie die meisten Geschäfte, die touristische Artikel im Sortiment führen. An Tankstellen wird das Plastikgeld ebenfalls akzeptiert.

Bei **Verlust** bzw. **Diebstahl** der Karten siehe „Notfälle".

Gesundheit

Ein nicht unerhebliches Hindernis beim Arztbesuch ist womöglich das Sprachproblem. Über das deutsche Honorarkonsulat in Alicante oder über den jeweiligen Automobilclub können Adressen von **deutschsprachigen Ärzten** erfragt werden.

Gesetzliche Krankenversicherung

Die gesetzlichen Krankenkassen von Deutschland und Österreich garantieren eine Behandlung im akuten Krankheitsfall auch in Spanien, wenn die Versorgung nicht bis nach der Rückkehr warten kann. Als Anspruchsnachweis benötigt man die **Europäische Krankenversicherungskarte**, die man bei seiner Krankenkasse erhält. Im Krankheitsfall besteht Anspruch auf ambulante oder stationäre Behandlung, dazu muss (!) zunächst eines der staatlichen Gesundheitszentren oder ein staatliches Krankenhaus aufgesucht werden. Da die Leistungen nach den gesetzlichen Vorschriften im Ausland abgerechnet werden,

Rüstige Senioren vor einer Apotheke

muss man die Kosten der Behandlung zunächst evtl. selbst tragen. Obwohl bestimmte Beträge von der Krankenkasse hinterher erstattet werden, kann ein Teil der finanziellen Belastung beim Patienten bleiben und zu Kosten in kaum vorhersagbarem Umfang führen.

Eine **Zahnbehandlung** fällt übrigens nicht in den Leistungskatalog der spanischen Sozialversicherung.

Deshalb wird grundsätzlich der Abschluss einer privaten Auslandskrankenversicherung empfohlen. Bereits privat Versicherte (u.a. Schweizer) sollten prüfen, ob ihre private Krankenversicherungsgesellschaft die Auslandsdeckung auch in Spanien garantiert.

Auslandskrankenversicherung

Bei Abschluss der Versicherung sollte auf einige Punkte geachtet werden:

- Vergütung der Arzt-, Zahnarzt- und Krankenhauskosten ohne Summenbeschränkung
- Deckung bei Krankheit und Unfall
- Vergütung von Krankentransporten, Rettungskosten und Krankenrücktransport ohne Einschränkungen und nicht nur, wenn es medizinisch notwendig ist oder der Krankenhausaufenthalt länger als 14 Tage dauert (werden nie von gesetzlichen Krankenkassen übernommen und es gibt viel Kleingedrucktes)
- Abdeckung der gesamten Aufenthaltsdauer mit automatischer Verlängerung über die festgelegte Zeit hinaus, wenn die Rückreise nicht möglich ist (durch Krankheit oder Unfall)
- Eventuell auch Abdeckung der Reise- und Unterkunftskosten von Familienangehörigen, wenn diese zur Betreuung anreisen

- Bei Jahresverträgen sollte man darauf achten, dass der Versicherungsschutz meist für eine bestimmte Anzahl von Tagen pro Reise gilt.
- Die Versicherung als Familie ist i.d.R. günstiger sich als Einzelpersonen zu versichern, aber man sollte die Definition von „Familie" genau prüfen.

Zur Erstattung der Kosten benötigt man ausführliche **Quittungen** (mit Datum, Namen, Bericht über Art und Umfang der Behandlung, Kosten der Behandlung und Medikamente).

Hin- und Rückreise

Per Auto

Wer zwei oder drei Wochen Urlaub hat, wird um eine Fahrt über die gebührenpflichtigen **französischen Autobahnen** nicht herumkommen. Ich habe selbst vor Jahren einmal versucht, über Landstraßen durch Frankreich zu rollen, aber es dauert mindestens einen Tag länger.

Grob führen je nach Ausgangspunkt drei Wege in Richtung Spanien, alle laufen spätestens ab Lyon zusammen. Norddeutsche reisen vorzugsweise **über Freiburg**, zunächst über die A 7, später über die A 5. Die Grenze wird bei Mulhouse überquert, es geht weiter über die französische Autobahn A 36 Richtung Dijon. Dort stößt die A 36 auf die nach Süden führende Autobahn, die über Lyon, Montpellier und Narbonne zur spanischen Grenze führt.

Alternativ kann ein Reisender aus Norddeutschland auch den Weg wählen, den die meisten Westdeutschen wohl fahren werden, nämlich **über Luxemburg.** Die Route führt von Trier über Luxemburg nach Frankreich, verläuft dann über die A 31 nach Metz und Nancy und erreicht schließlich auch Dijon, wobei das Stück bis Nancy gebührenfrei bleibt. Ab Dijon verdichtet sich der Verkehr, denn dort vereinen sich drei Autobahnen, die aus Paris, die aus Mulhouse und die aus Luxemburg.

Wer aus aus dem Raum Süddeutschland startet, kann sowohl die Variante über Freiburg wählen als auch **durch die Schweiz** fahren. Diese Route führt über Zürich, Bern, Lausanne und Genf und stößt schließlich bei Lyon auf die zur spanischen Grenze führende Autobahn.

Autobahngebühren

Unter www.autoroutes.fr kann man die französischen Autobahngebühren auf Englisch und Französisch erfragen. Ebenso bietet der *ADAC* Hilfestellung (www.adac.de unter „Reise & Freizeit/Tourenplanung"). Österreicher finden diese Infos beim *ÖAMTC* unter www.oeamtc.at, Schweizer unter www.tcs.ch.

Wer ein **Wohnmobil** steuert, muss etwa 60–90 % mehr bezahlen, je nach Größe seines Fahrzeugs. Ein kleiner Gepäckanhänger unter 500 kg bleibt kostenfrei, während ein Caravan noch einmal etwa 50 % des Pkw-Preises zusätzlich kostet.

Die **Schweizer** bzw. **Österreicher Vignette** muss jeder Autofahrer haben, der in diesen Ländern auf Autobahnen oder autobahnähnlichen Strecken fährt. Wer ohne sie erwischt wird, zahlt eine saftige Strafe und muss die Vignette obendrein nachkaufen. Automobilclubs verkaufen die Vignette, ansonsten kann sie auch noch an den Grenzen erworben werden.

Staugefahr

Im Juli und August ist die Strecke zwischen Lyon und der spanischen Grenze **eine der am stärksten befahrenen Autobahnen Europas!** Schon aus diesem Grund sollte jeder Autoreisende sein Pensum nicht zu großzügig bemessen und Staus genauso wie Übernachtungspausen einkalkulieren.

Fahrt durch Spanien

Glücklich an der französisch-spanischen Grenze angekommen, bleiben immer noch schlappe 700 km. Die Grenze selbst nimmt man heute kaum noch wahr. Auf spanischer Seite rollt zunächst recht viel Verkehr Richtung **Barcelona.** Im Großraum dieser Millionenstadt, der nach etwas mehr als 100 km erreicht wird, verdichtet sich das Verkehrsaufkommen. Der Urlauber, den es nach Süden zieht, wird großzügig um Barcelona herumgeleitet. Ausgeschildert sind Tarragona

Höchstgeschwindigkeiten in Frankreich

	in Orten	Landstraßen	Autobahnen
■ Pkw	50	90	130/110[1]
■ Pkw mit Anhänger	50	80	80

[1] bei Regen

Hin- und Rückreise

und die AP-7. Zwischen beiden Städten verläuft die *autopista* dreispurig, wenn auch nicht durchgehend. Mehrfach müssen übrigens kleinere Summen zwischen 3 und 5 € an Mautgebühr bezahlt werden, Kleingeld also bereithalten.

Wenn **Tarragona** erreicht ist, wird es auch etwas ruhiger auf der Autobahn. Die AP-7 verläuft weiterhin parallel zur Küstenlinie nach Süden, ausgeschildert sind bereits „Valencia" und „Alicante". Für ein gut 200 km langes Teilstück heißt es nun „Kilometer fressen", denn allzu viel Spannendes gibt es unterwegs nicht zu sehen. Die Landschaft wird erkennbar karger. Bei Tortosa passiert man das **Ebro-Delta,** das einen Halt wert ist. Die flache Ebene ist vom Reisanbau geprägt und zeichnet sich durch sehr schöne Strände aus, wo mit dem ab Deltebre ausgeschilderten Delta-Hotel auch ein reizender Zwischenstopp empfohlen werden kann (www.deltahotel.net).

Weiter auf der Autobahn erreicht man schließlich **Valencia.** Den Autofahrer leitet eine eindeutige Ausschilderung großzügig an der drittgrößten Stadt Spaniens vorbei. Falls doch einmal Zweifel auftauchen: immer nach „AP-7" oder „Alicante" richten. Das Verkehrsaufkommen erhöht sich im Bereich Valencia kurzfristig, aber sobald die gebührenpflichtige Strecke erreicht ist, ebbt der Strom spürbar ab.

Nun kann man zum Endspurt ansetzen. Mit der Abfahrt Nr. 62 (Dénia) ist die Costa Blanca erreicht. Bis **Alicante** folgen die Abfahrten 63: Benissa, 64: Altea, 65: Benidorm (gibt's gleich zweimal), 66: La Vila Joiosa oder Villajoyosa und 67: Sant Joan oder San Juan. Wer noch weiter südlich gelegene Ziele hat, muss sich alsbald entscheiden: Die AP-7 verläuft hinter Alicante in Richtung Murcia weit im Hinterland.

Per Bahn

Langsamer und manchmal sogar teurer als mit dem Billig-Flieger – dafür mit mehr Erlebnis-Faktor!

Die Bahnreise zur Costa Blanca führt **zunächst nach Barcelona-Sants,** dem Hauptbahnhof der katalonischen Metropole. Zunächst geht es je nach Ausgangsort morgens nach Paris oder Lyon, und dort dann am frühen Nachmittag weiter in einem direkten *TGV* bis Barcelona, wo eine Zwischenübernachtung eingelegt werden muss.

Weiter in den Süden geht es dann mit einem der ungefähr alle 2 Stunden fahrenden **Schnellzüge** der Spanischen Eisenbahn *RENFE* (www.renfe.es); in rund 5 Stunden ist Alicante erreicht.

Von Alicante erreicht man den Norden der Costa Blanca mit einer Kleinbahn, die bis Denia verkehrt. Alternativ benutzt man in Valencia die häufig fahrenden Linienbusse. Die weiter südlich liegenden Küstenorte sind per Bus sehr gut ab Alicante zu erreichen.

Preise

Wie immer gilt: **Wer früh bucht und Hauptreisetage vermeidet,** kann eine Menge Geld sparen. Alle beteiligten Bahnen bieten zahlreiche Sondertarife an, die aber allesamt diesem Prinzip folgen. Mit etwas Glück und langfristiger Planung ist eine Fahrt von Deutschland bis Alicante durchaus schon für um die 200 € zu machen.

Hin- und Rückreise

Schilder vor einer spanischen Mautstation

Buchung und Infos

Die komplizierteste, mühsamste und meist teuerste Art, eine Bahnreise zu buchen, führt über den Schalter einer der beteiligten **Bahnen** oder über deren Internetseiten: Jede Bahn listet nur ihre eigenen Angebote vollständig auf, die der anderen Bahnen dagegen oft gar nicht oder ohne jegliche Sonderpreise.

Wer es bequem mag, sich nicht selbst durch den Dschungel der Bahntarife und Fahrpläne schlagen will, erhält bei spezialisierten **Bahn-Agenturen** kompetente Beratung und auf Wunsch die Tickets an jede Adresse in Europa geschickt. Empfehlenswert ist *Gleisnost* in Freiburg (www.gleisnost.de).

Per Bus

Internationale Buslinien fahren im Bereich der Costa Blanca Benidorm und Alicante an, im Bereich der Costa Cálida bis Murcia. Die Fahrt dauert je nach Abfahrtsort zwischen 30 und 36 Stunden. Die Preise liegen bei etwas über 200 € hin und zurück, die einfache Fahrt kostet rund 135 bis 150 €. Es gibt aber auch erhebliche Frühbucherrabatte. Infos:

■ **Eurolines**, Tel. 06196 2078501, www.eurolines.de.

Per Flugzeug

Der **zentrale Flughafen** für Reisende an die Costa Blanca ist **Alicante**. Für Hin- und Rückflug zahlt man je nach Saison

Mini-„Flug-Know-how"

Nicht vergessen: Ohne einen **gültigen Reisepass** (für EU-Staatsbürger und Schweizer reicht auch der **Personalausweis**) kommt man nicht an Bord eines Flugzeuges. Dies gilt auch für Kinder, die je nach Alter einen eigenen Kinderpass oder Personalausweis benötigen.

Bei einem Flug nach Spanien sollte man mindestens 1 Stunde vor Abflug am Schalter der Airline eingecheckt haben. Je nach Fluggesellschaft kann man den **Check-in** ab 23 Stunden vor Abflug auch zu Hause im Internet erledigen und muss am Flughafen nur die ausgedruckte Boardkarte vorlegen und sein Gepäck am entsprechenden Schalter abgeben. Manche Fluglinien bieten darüber hinaus die Übermittlung des Boardkarten-Barcodes aufs Handy oder Smartphone an – interessant für Passagiere, die nur mit Handgepäck reisen.

Das Gepäck

In der **Economy Class** darf man pro Person in der Regel ein Handgepäckstück bis zu 7 kg in die Kabine mitnehmen (nicht größer als 55 x 40 x 20 cm) und bei Bedarf ein Gepäckstück bis zu 23 kg einchecken (bei vielen Airlines mittlerweile nur gegen Bezahlung). In der **Business Class** sind es pro Person meist zwei Handgepäckstücke (insgesamt nicht mehr als 12 kg) und ein Gepäckstück bis zu 30 kg zum Einchecken. Aufgepasst: Bei sogenannten Billigfluggesellschaften wie z.B. Ryanair gelten andere Gewichtsklassen. Man sollte sich beim Kauf des Flugtickets über die Bestimmungen der Airline informieren.

Beim **Handgepäck** sollte man darauf achten, dass man Getränke oder vergleichbare Substanzen (Gel, Parfüm, Shampoo, Creme, Zahnpasta, Suppe, Käse, Lotion, Rasierschaum, Aerosole etc.) nur in geringen Mengen bis zu jeweils 100 ml mit ins Flugzeug nehmen darf. Diese Substanzen muss man separat in einem durchsichtigen Plastikbeutel (z.B. Gefrierbeutel) transportieren, den man beim Durchleuchten in eine der bereitstehenden Schalen auf das Fließband legen sollte. Auch das Notebook oder Smartphone muss in eine solche Schale gelegt werden. Hat man einen Gürtel mit einer Schnalle aus Metall, empfiehlt es sich, diesen auszuziehen und ebenfalls in die Schale zu legen, da sonst in der Regel der Metalldetektor anschlägt und man vom Flughafenpersonal abgetastet werden muss.

Aus **Sicherheitsgründen** dürfen Nagelfeilen sowie Messer und Scheren aller Art, also auch Taschenmesser, nicht im Handgepäck untergebracht werden. Diese Gegenstände sollte man unbedingt daheim lassen oder im aufzugebenden Gepäck verstauen, sonst werden sie bei der Sicherheitskontrolle einfach weggeworfen. Darüber hinaus gilt, dass leicht entzündliche Gase in Sprühdosen (Schuhspray, Campinggas, Feuerzeugfüllung), Benzinfeuerzeuge und Feuerwerkskörper etc. nicht im Koffer oder dem Handgepäck transportiert werden dürfen.

Vom **Verschließen des Gepäcks** mit einem Vorhängeschloss wird abgeraten, da das Gepäck bei Auffälligkeiten beim Durchleuchten vom Flughafenpersonal durchsuchbar sein sollte.

zwischen 150 und 400 €. Folgende „**Billigflieger**" steuern Alicante an:

- **Easyjet,** www.easyjet.com: von Berlin/Tegel, Basel-Mulhouse-Freiburg und Genf.
- **Ryanair,** www.ryanair.com: von Hamburg, Bremen, Berlin-Schönefeld, Berlin/Tegel, Düsseldorf, Weeze am Niederrhein, Hahn im Hunsrück, Nürnberg, Memmingen, Köln/Bonn und Karlsruhe/Baden.
- **Norwegian,** www.norwegian.com, von München aus.

Buchung

Für Tickets der Linienfluggesellschaften und Buchungen der Billigflieger kann man bei diesem Reisebüro oft günstigere Preise als bei vielen anderen finden:

- **Jet-Travel,** In der Flent 7, 53773 Hennef (Sieg), Tel. 02242 868606, www.jet-travel.de.

Anschluss vor Ort

Eine **Taxifahrt** vom Flugplatz Alicante in die City kostet 15–20 €. Für nur 3,85 € fährt der **Bus C6** in die Stadt: Er verkehrt alle 20 Min. und fährt zum Busterminal sowie zur zentralen Puerta del Mar; Fahrtdauer ca. 30 Min.

Infostellen

Ortsbüros

Die meisten der in diesem Buch vorgestellten Orte haben ein eigenes Touristenbüro, die Adresse steht jeweils vor der Ortsbeschreibung. Wer **allgemeine Infos** zum jeweiligen Ort möchte oder eine **Liste der Unterkünfte,** der wird gut bedient. Die Büros antworten auch auf Anfragen aus dem Ausland; wer eine spezielle/individuelle Frage stellt, wird allerdings oft enttäuscht. Der Prospektversand klappt ausgezeichnet.

Spanisches Fremdenverkehrsamt

Für **allgemeine Auskünfte** kann man sich auch an eines der *TURESPAÑA*-Fremdenverkehrsämter wenden: www.spain.info.

- **Berlin:** Litzenburgerstr. 99, 10707 Berlin, Tel. (030) 88 26 543, berlin@tourspain.es.
- **Wien:** Walfischgasse 8, 1010 Wien, Tel. (01) 5 129 580, viena@tourspain.es.
- **Zürich:** Seefeldstr. 19, 8008 Zürich, Tel. (044) 2 536 050, zurich@tourspain.es.

Internet

- **www.costablanca.org**
  Viele Infos auf Deutsch.
- **www.comunitatvalenciana.com**
  Die autonome Region Valencia stellt sich vor, zu der auch die Costa Blanca zählt (auf Deutsch).
- **www.tourspain.es**
  Große Informationsauswahl zu ganz Spanien.
- **www.costanachrichten.com**
  Infos und Nachrichten zur Costa Blanca auf Deutsch.
- **www.spain.info**
  Die Homepage von Tourespaña bietet viele praktische Infos, aber auch fundiertes Hintergrundwissen.

Mit Kindern unterwegs

Die breiten Sandstrände der Costa Blanca werden sicher auch die lieben Kleinen begeistern. Wer seinen Kindern noch mehr Urlaubsvergnügen bieten möchte, kann es mit folgenden Unternehmungen versuchen.

Schmalspurbahn

Der etwas andere Ausflug: gemütlich mit der Schmalspurbahn zwischen Dénia und Alicante die **Küste entlangschaukeln** und aussteigen, wo immer es einem beliebt.

Bootstrip

Vom Hafen in **Dénia** werden Fahrten entlang der Küste bis nach Jávea oder Calpe angeboten. Eine prima Gelegenheit, einmal den Strand „von der anderen Seite" zu begucken. Bootstouren nach Benidorm oder Dénia bzw. Jávea kann man von **Calpe** aus unternehmen.

Cueva de Benidoleig

Eine kühle und leicht finstere **Tropfsteinhöhle,** in der man mit viel Fantasie die tollsten Figuren in den Stalaktiten und Stalakmiten erkennen kann. Die Höhle liegt etwa 15 km von Dénia entfernt im Hinterland.

Fuentes de Algar

Einmal einen rauschenden **Wasserfall** erleben und dann in einem **Naturpool** planschen: Nicht nur für Kinder ein außergewöhnliches Erlebnis. Im Hinterland von Altea kann man es realisieren.

Aquarium

Das *Acuario Municipal* in **Santa Pola** zeigt in neun großen Aquarien die Artenvielfalt des Mittelmeeres.

Pola Park

In **Santa Pola** liegt dieser etwas ruhigere Animationspark.

Schokoladenmuseum

In **Villajoyosa** widmet sich ein ganzes Museum der süßen Leckerei. Hier wird alles über den Anbau der Rohstoffe und die Herstellung erklärt.

Aqualandia

In **Benidorms Badepark** mit diversen Rutschen und Spaßbädern kommen Wasserratten voll auf ihre Kosten.

Terra Mítica

Der zweitgrößte **Themenpark** Spaniens stellt Kulturen des Mittelmeerraumes vor und bietet allerlei Fahrattraktionen. Der Park liegt **unweit von Benidorm.**

Vor Ort erfährt man Wissenswertes aus der Tagespresse

Festilandia

Ein weiterer **Vergnügungspark** für Kinder, natürlich in **Benidorm**.

Museu de les Ciències Príncipe Felipe

In diesem **interaktiven Wissenschaftsmuseum** in **Valencia** können Kinder bei zahlreichen interaktiven Spielen mitmachen und vieles andere ausprobieren.

Notfälle

Autounfall und Panne

Spanische Pannendienste sind unter Tel. **091 441 2222** zu erreichen. Hilfe ist z.B. für *ADACPlus*- oder *ÖAMTC*-Mitglieder teilweise kostenlos. Man kann sich auch direkt an seinen heimischen Club wenden.

■ **ADAC,** Tel. (0049) 89 22 22 22 bei Fahrzeugschaden (man wird mit einer evtl. deutschsprachigen Notrufstation vor Ort verbunden), Tel. (0049) 89 76 76 76 für medizinische Notfälle.

- **ÖAMTC Wien** unter Tel. (0043) 12 512 000 oder in Barcelona unter Tel. 935 082 825; für medizinische Notfälle auch Tel. (0043) 1 251 20 20.
- **TCS Genf** unter Tel. (0041) 224 172 220.

Verlust von Geldkarten

Bei Verlust oder Diebstahl der Kredit- oder Maestro-Karte sollte man diese umgehend sperren lassen. Tipp: Die Notrufnummer mit IBAN bzw. Kreditkartennummer u.a. im Mobiltelefon speichern.

- **Deutscher Sperr-Notruf für alle Debit- und Kreditkarten,** Tel. 0049 116 116, aus dem Ausland Tel. 0049 30 4050 4050. Der Sperr-Notruf bietet auch eine kostenlose SperrApp für *iOS* und *Android* an.
- **Österreichischer Sperr-Notruf für Bankomat-Karten,** Tel. 0043 1 204 8800.
- **Schweizerischer Kartensperrservice des TCS,** Tel. 0041 844 888 111.

Ansonsten gelten für österreichische und schweizerische *MasterCard, VISA, American Express und Diners Club,* dass man sich vor der Reise die Rufnummer der Karte ausstellenden Bank notieren sollte.

Geldnot

Wer wegen eines Unfalls oder Ähnlichem dringend eine größere Summe Bargeld benötigt, kann sich über **Western Union** Geld nach Spanien schicken lassen. Für den Transfer muss die Person, die das Geld schicken soll, bei einer *Western-Union*-Vertretung (in Deutschland u.a. bei der *Postbank*) ein entsprechendes Formular ausfüllen und den Code der Transaktion telefonisch oder anderweitig übermitteln. Mit dem Code und dem Reisepass geht man zu einer beliebigen Vertretung von *Western Union* in Spanien (siehe Telefonbuch oder auf www.westernunion.com), wo das Geld nach Ausfüllen eines Formulars binnen Minuten ausgezahlt wird. Je nach

---

Notfall-Telefonnummern

- **Notruf allgemein:** 112
- **Notdienste, schwere Fälle:** 061
- **Ärztliche Hilfe:** 144 000
- **Rotes Kreuz:** 915 222 222
- **Feuerwehr:** 080
- **Policía Municipal** (städtische Polizei): 092; **Policía Urbana de Tráfico** (Verkehrspolizei): 092; **Guardia Civil:** 091
- **Pannendienste:** 091 441 2222
- **GRÚA** (Infos über abgeschleppte Autos): 092
- **Telefonauskunft Inland:** Tel. 11818, **Ausland:** 11825 (von *Telefónica*)

Diplomatische Vertretungen
- **Deutsches Honorarkonsulat** in Alicante: 965 11 80 70
- **Österreichisches Honorarkonsulat** in Valencia: 963 522 212
- **Schweizer Honorarkonsulat** in Valencia: 963 625 900

> Umweltfreundlich:
> mit der Schmalspurbahn nach Alicante

Höhe der Summe muss der Absender eine Gebühr bezahlen (lässt man sich z.B. 2000 € in Spanien als Bargeldauszahlung anweisen, kostet das 4,90 € Gebühr).

Ausweisverlust und andere dringliche Notlagen

Werden der Pass oder Ausweis im Ausland gestohlen, muss man dies bei der örtlichen **Polizei** melden. Darüber hinaus sollte man sich an die nächste diplomatische **Auslandsvertretung** seines Landes wenden, damit man einen Ersatz-Reiseausweis ausgestellt bekommt (ohne einen solchen kommt man z.B. nicht an Bord eines Flugzeuges).

In **dringenden Notfällen,** z.B. medizinischer oder rechtlicher Art, sind die Auslandsvertretungen bemüht zu helfen (s. Kap. „Diplomatische Vertretungen").

Öffentliche Verkehrsmittel

Bahn

Zwischen Dénia und Alicante verkehrt eine **Schmalspurbahn,** die unterwegs mehrere Dutzend Male hält und so jeden Ort an der Küste erreicht – eine prima Möglichkeit, um einen Ausflug zu unternehmen. Die Fahrt bis Alicante dauert durch die häufigen Stopps zwar recht lange, bietet aber **grandiose Blicke auf die Küste.** Streckenweise verläuft die Bahnlinie unmittelbar am Meer entlang. Leider gibt es keine durchgehende Verbindung zwischen Dénia und Alicante, in Benidorm muss umgestiegen werden. Und in Alicante existieren mehrere Bahnhöfe. Details dazu siehe Kapitel

„Nördliche Costa Blanca" bei „Tram – die Küstenbahn". Die Tickets gibt es meist am **Automaten,** man kann das Ticket aber auch im Zug lösen, dort stehen ebenfalls Automaten. In Alicante endet die Bahnlinie im unterirdischen Bahnhof Luceros. Von Alicante Hauptbahnhof gibt es eine Verbindung mit einem dem **Nahverkehrszug Cercanías** nach Elche und sogar bis Murcia, gefahren wird ungefähr einmal stündlich.

- **Infos:** www.renfe.es

Fahrpläne hängen an allen Bahnhöfen aus, Abfahrtszeiten findet man unter *Salida,* Ankunftszeiten unter *Llegadas.* Die **Wochentage** werden in den Fahrplänen mitunter abgekürzt:

- **L** *(lunes),* Montag
- **M** *(martes)* Dienstag
- **X** *(miércoles)* Mittwoch
- **J** *(jueves)* Donnerstag
- **V** *(viernes)* Freitag
- **S** *(sábado)* Samstag
- **D** *(domingo)* Sonntag

Bus

Von praktisch allen Orten kann man per Bus in die Provinzhauptstadt **Alicante** reisen. Es gibt einige *Express*-Busse, die unterwegs selten halten, beispielsweise die Linien nach Benidorm oder Dénia. Die meisten Linien halten sehr oft auf den Strecken südlich von Alicante, da es dort keine Bahnverbindungen gibt.

In Richtung **Süden** fährt die Gesellschaft *Costa Azul* (www.costaazul.net), gen Norden die Gesellschaft *Alsa* (www.alsa.es).

Öffnungszeiten

Geschäfte

Generell sind die Geschäfte von **9 bis 14** und von **17 bis 20 Uhr** geöffnet. Dies wird aber nicht als unumstößliches Dogma verstanden, besonders nach hinten bleibt oft Spielraum. Größere Geschäfte und Supermärkte schließen über Mittag nicht, manche haben abends sogar bis 21 oder 22 Uhr geöffnet.

Aufgrund der sommerlichen Hitze wird die **Siesta** ansonsten besonders genau eingehalten. Um 13.30, spätestens 14 Uhr schließen die Geschäfte, lassen die Metallrollos herunter, sperren die Sonne aus. Dann leeren sich die Straßen spürbar, bestenfalls ein paar unbelehrbare, rotgesichtige Touristen stolpern schwitzend herum. Vor 17 Uhr läuft zumeist gar nichts. Im August kann es sogar passieren, dass kleinere Läden am Nachmittag gar nicht mehr aufsperren. Wohlgemerkt: In den Orten, wo der Tourismus dominiert (im Sommer an der Costa Blanca nicht selten der Fall), gilt all dies nur eingeschränkt. Natürlich öffnen dort alle Geschäfte am Abend – vor allem am Abend sogar, wenn die Sonnenanbeter vom Strand zurückgekehrt und in Bummellaune sind.

Andere Einrichtungen

- **Post:** ähnliche Öffnungszeiten wie Geschäfte.
- **Banken:** Mo–Fr 8.30/9–14 Uhr.
- **Touristenbüros:** wie Geschäfte, einige im Juli/August durchgehend geöffnet.
- **Museen:** zumeist montags geschlossen.

Post

Briefmarken verkauften früher ausschließlich die Post und der Tabakladen *(estanco)*. Das ist vorbei – viele, aber nicht alle Kioske verkaufen sie heute gleich mit. Postkarten und Standardbriefe (bis 20 g) nach Deutschland, Österreich und in die Schweiz kosten 1,35 €.

Die Karten wird man in den öffentlichen **Briefkästen** los, große gelbe Kästen mit dem verschnörkelten Wappen der spanischen Post *(correos)*. Manchmal finden sich unterschiedliche Einwurfschlitze, beispielsweise *provincia* (Provinz) und *extranjero* (Ausland). Die Karten und Briefe in die Heimat wandern in den Extranjero-Kasten. Etwa nach fünf bis acht Tagen sollte der Gruß die Daheimgebliebenen erreicht haben.

☑ Postkarten aus Spanien sind etwa eine Woche unterwegs, bis sie die Daheimgebliebenen neidisch machen können

Und noch ein Hinweis: Ein beliebter Fehler der Abteilung *falsos amigos* (falsche Freunde) ist es, nach einer **carta** zu fragen und eine Postkarte zu meinen. Das spanische Wort *la carta* ist tatsächlich „der Brief", während „Postkarte" **tarjeta postal** heißt.

Radfahren

Entlang der Costa Blanca kann man nicht besonders gut Rad fahren, weil es nur eine nennenswerte Straße gibt, die parallel zur Küste verläuft und die Orte verbindet. Dies ist die **stark befahrene Nationalstraße N-332.** Einzig im Bereich Dénia und Calpe gibt es noch ein paar Straßen von Ort zu Ort. Ein Ausweichen ins Hinterland bedeutet riesige Umwege und vor allem das Durchqueren der küstennahen Gebirgszüge. Vergl. auch Kapitel „Sport und Erholung".

Reisezeit

Scheint die Sonne nun 280 Tage lang oder gar 300 Tage? Wer will das so genau sagen? Unbestritten bleibt das **Klima** der Hauptanziehungspunkt. Aus klimatischen Gründen kann man beinahe zu jeder Jahreszeit an die Costa Blanca fahren. Nur in den Monaten März, April und auch im Oktober fällt mal heftiger Regen, statistisch gesehen. Selbst im Winter liegt der Durchschnitt der Temperaturen bei 13 °C.

Im **Sommer** wird es hingegen sehr heiß und sehr voll, da die Spanier selbst Urlaub machen, vorzugsweise im August. Ebenso nutzen viele Spanier die **Osterwoche** zu einem Kurzurlaub. Viele nord- und mitteleuropäische Pensionäre zieht es sehr früh im Jahr, etwa ab Februar/März, in den Süden, und sie bleiben dann gleich einige Monate, bis die Sommerhitze sie wieder zurück nach Norden vertreibt. Einige Campingplätze verzeichnen dann eine derartige Auslastung, dass man ohne Reservierung kaum einen Platz bekommt. Ähnlich sieht es im Herbst aus, auch wenn dann nicht ganz so viele Nordeuropäer kommen. In den größeren Orten leben dauerhaft viele ausländische Residenten. Einige vermieten ihre Wohnungen auch zeitweise, sodass es eigentlich keine echte „tote" Saison gibt.

Die **besten Reisezeiten** sind wohl die Zeit nach Ostern bis etwa Anfang Juni sowie der Monat September.

Sicherheit

Ist Spanien ein gefährliches Pflaster? Nein! Aber natürlich werden in Anbetracht der vielen Millionen Urlauber im Land Begehrlichkeiten geweckt – und Nachlässigkeiten der Reisenden evtl. schneller als gedacht „bestraft". Während Urlauber aber sofort auffallen, verhält es sich umgekehrt leider nicht so. Wer kann schon einen potenziellen Dieb im Gewühl erkennen? Zumal es beileibe nicht nur Spanier sind, die nach Opfern suchen. Ein Diebstahl kann sich beinahe überall ereignen, mal dreist, mal unglaublich geschickt eingefädelt, am helllichten Tage auf dem Parkplatz eines Luxushotels ebenso wie auf einem halb leeren Campingplatz oder in der Nacht auf der Hauptflaniermeile.

Was also tun? **Nicht leichtsinnig sein.** Grundsätzlich gilt die alte Weisheit, dass man nicht zeigen sollte, was man Wertvolles hat. Besser noch: Hab und Gut in sichere Verwahrung geben. Jedes Hotel und immer mehr Campingplätze haben kleine **Mietsafes,** die Gebühren sind gering, und die Wertsachen sind dort gut aufgehoben.

Sport und Erholung

Hier eine knappe Übersicht über sportive Aktivitäten. Genaue Adressen stehen bei den Ortsbeschreibungen.

Wandern

Eine Herausforderung bietet der Gebirgszug **Sierra del Montgó** bei Dénia, dessen höchster Punkt immerhin 753 m misst. Aufstieg und Wanderungen von bis zu 5 Std. lassen sich unternehmen.

Markierte Wanderwege durch eine karstige, einsame Landschaft bietet auch die **Sierra Helada** unweit von Altea.

Wassersport

Erfahrene **Segler** können in **Altea** und **Jávea** Boote mieten.

In Moraira, Jávea und Benidorm bieten **Tauchschulen** Exkursionen, Schnupper-Tauchgänge oder auch Ausbildungsprogramme an.

Radeln in kühler Meeresbrise

Fahrradfahren

Die Costa Blanca ist **kein ideales Radlergebiet** (siehe a. Kapitel „Radfahren"). Wer es trotzdem versuchen will, findet in vielen Touristenorten Vermieter. Eine der wenigen guten Radstrecken führt rund um die Salzberge bei **Torrevieja**.

Sprache

Valencià

An der Costa Blanca spricht man neben **Spanisch** auch **Valencianisch** *(valencià),* das zur katalanischen Sprachgruppe gehört. Die Bewohner gehen hier aber entspannter damit um als die Katalanen. Während in Katalonien z.B. Ortsschilder ausschließlich in Katalanisch geschrieben sind und strenge Gesetze den Gebrauch der Sprache in der Öffentlichkeit regeln, wird diese Frage in der Provinz Alicante nicht allzu rigoros diskutiert. Man geht hier sogar so weit, sich deutlich von den Katalanen abzugrenzen, auch wegen deren Bestrebungen nach Unabhängigkeit. Valencianisch sei nicht Katalanisch, sagen zumindest die Bewohner. Das kann man nach linguistischen Kriterien sicherlich bezweifeln, es drückt aber eine gewisse **Haltung** aus, auch politisch, man geht einfach entspannter mit diesem Thema um. Hier wird kein Tourist zurechtgewiesen, wenn er auf Spanisch nach dem Weg fragt, was in Katalonien durchaus schon mal passieren kann. Die **Beschilderung** ist meist in Spanisch und Valencianisch gehalten. Man findet hin und wieder sogar arabische Schriftzeichen für die algerischen Emigranten.

Literatur

Wer kein Spanisch spricht, sollte in den großen Urlaubsorten trotzdem klarkommen, denn die Hoteliers, Kellner und Taxifahrer haben die Grundzüge der Sprachen ihrer Kunden verinnerlicht. Aber es macht doch Spaß, mal ein paar tapsige Schritte in der Sprache des Gastlandes zu wagen, oder? Eine gute Hilfe dabei bieten, neben der kleinen **Sprachhilfe im Anhang,** folgende Bücher:

■ **Spanisch – Wort für Wort,** Band 16 der Reihe Kauderwelsch, Reise Know-How Verlag. Praxisnah und leicht verständlich, auf die Bedürfnisse von Reisenden abgestimmt, mit Kommunikationsbeispielen. Zu dem Buch ist ein AusspracheTrainer auf Audio-CD oder als mp3-Download erhältlich.

■ **Spanisch Slang,** Band 57 der Reihe Kauderwelsch, Reise Know-How Verlag. Vom Autor dieses Buches, eher für Fortgeschrittene: Etwa 1000 Beispiele aus der Alltags- und Umgangssprache werden anschaulich dargestellt und erklärt. Begleitendes Tonmaterial ist auf CD oder als mp3-Download erhältlich.

Telefonieren

Telefonzellen stehen noch überall, öffentliche Fernsprecher gibt es auch in Bars und Restaurants, aber es werden weniger. Dort sind die Geräte leuchtend rot, während die Telefonzellen generell eine hellblaue Farbe aufweisen. Die Telefonnummern lauten in Spanien einheitlich **neunstellig,** seit die ehemalige Vorwahl in die Nummer integriert wurde. Jetzt muss sie auch bei Ortsgesprächen immer mitgewählt werden. Eine Telefonnummer, die mit einer 6 beginnt, gehört zu einem **Handy.**

Vorwahlen

Von Spanien ins Ausland
- Deutschland: 0049
- Österreich: 0043
- Schweiz: 0041

Nach Spanien
- 0034 + neunstellige Anschlussnummer

Handy

Das eigene Mobiltelefon lässt sich problemlos nutzen. Im EU-Ausland (für Schweizer gelten diese Regeln einstweilen noch nicht) zahlt man seit 2017 auch keine zusätzlichen **Roaming-Gebühren** mehr, sondern es gelten die gleichen Tarife wie im eigenen Land, sofern es sich um eine zeitweilige Nutzung der SIM-Karte im Ausland handelt. Insbesondere bei **Internetnutzung** fährt man dennoch mit kostenlosen WLAN/WiFi-Verbindungen zum Schreiben von E-Mails (vor allem mit Anhängen), (Video-)Telefonieren über *Skype* bzw. *Facetime* oder auch Teilen von Fotos/Dateien etc. über *WhatsApp* und andere kostenlose Bericht-Apps sicherlich am günstigsten. Wenn man die kostenlosen WiFi-Netze auf seinem Tablet, Smartphone oder Laptop nutzt, sollte man sich bewusst sein, dass diese in der Regel nicht geschützt sind und man darüber z.B. keine sensitiven Anmeldedaten (Bank-Login u.Ä.) eingeben sollte, wenn man sich nicht durch einen zusätzlichen Dienst wie z.B. einen VPN-Anbieter *(Virtual Private Network)* wie z.B. www.safervpn.com absichert.

Falls das Mobiltelefon SIM-lock-frei, also nicht für andere Provider gesperrt ist, kann man sich eine wiederaufladbare **Prepaid-Karte** *(tarjeta recargable)* in Spanien besorgen, z.B. in den Läden der Telefongesellschaften. Man muss sich nur daran gewöhnen, dass man dann eine neue, spanische Nummer hat.

Deutschland direkt

Es besteht die Möglichkeit, einen „Notruf" nach Hause zu schicken, auf Kosten der Angerufenen. „Deutschland direkt" nennt sich dieser Service, den die Telekom anbietet. Im Prinzip handelt es sich dabei um die Wiederbelebung des guten alten **R-Gesprächs.** So funktioniert es: Die unten angegebene Nummer anrufen; nach dem Begrüßungstext wird man aufgefordert, die Nummer des Teilnehmers zu wählen und anschließend den eigenen Namen auf Band zu sprechen. Nun wird die Verbindung aufgebaut. Übernimmt der Angerufene die Kosten, kann schließlich telefoniert werden.

- Die Telefonnummer der Zentrale in Deutschland lautet **900 990 049,** Preis pro Minute 0,50 €, die Vermittlung per Operator kostet einmalig 3,99 €.
- **Infos:** www.telekom.de/r-gespraech.

Unterkunft

Pauschalreise

Die Costa Blanca zählt zu den beliebtesten spanischen Ferienzielen, und tatsächlich werden auch eine Reihe von Hotels über **große Reiseveranstalter** angeboten, siehe dazu auch „Überblick Buchungsportale". Vor allem zu Benidorm und Dénia finden Interessierte hier dort viele Angebote.

Ferienwohnungen

Es gibt nicht wenige Orte an der Costa Blanca, die ausschließlich aus Ferienwohnungen bestehen. Diese Siedlungen werden **urbanización** genannt (und dann folgt irgendein Fantasiename). Eine *urbanización* ist nichts weiter als ein künstlich geschaffener Ort, eine Ansammlung von Apartments oder Reihenhäusern, die teilweise oder dauerhaft bewohnt sind – z.B. von deutschen Rentnern, die seit Jahr und Tag hier leben und sich irgendwann eine Wohnung gekauft haben, oder von anderen Ausländern, denen ein Hausteil gehört und die zwei-, dreimal pro Jahr kommen. Möglich auch, dass jemand sein Apartment über eine Agentur vermietet und nur selten selbst hinfährt. Aber nicht nur Ausländer zieht es in die Wärme, auch viele Spanier haben eine Zweitwohnung an der Küste und vermieten diese privat, sodass sie in keinem Verzeichnis auftaucht.

Bei der Anmietung einer Ferienwohnung erfolgt die Anreise individuell, den Schlüssel erhält man von der **örtlichen Agentur,** die auch für die Betreuung und die Abrechnung der Nebenkosten zuständig ist. Der Mietpreis richtet sich nach Größe, Lage, Anbieter und Saison. Grundsätzlich können die Preise in den Sommerferien leicht das Doppelte der Nebensaison erreichen.

Camping

Siehe im Kapitel „Camping".

Hotels

Jedes Touristenbüro hat eine **Hotelliste** für die jeweilige Provinz. Diese Hefte sind zwar niemals vollständig, bieten aber eine gute Übersicht, obendrein werden auch Campingplätze und Apartments genannt.

Sternekategorien

Hotels werden in **fünf Kategorien** eingeteilt. Ein Stern kennzeichnet ein einfaches Hotel, während die fünfte Kategorie für ein Fünf-Sterne-Luxushotel steht. Ausschlaggebend für die Beurteilung sind in erster Linie die Lage und Einrichtung, weshalb manch kritischer Reiseveranstalter eigene (niedrigere) Sterne vergibt. Die **in diesem Buch** verwendeten Kategorien von ① bis ④ beziehen sich nur auf die Preise, s.u.

Parador

Paradores sind **staatlich geführte Hotels,** die entweder in einer landschaftlich reizvollen Umgebung oder in historischen Gemäuern zu finden sind. Das erste Haus wurde 1928 in der Sierra de Gredos eröffnet, heute existieren in ganz Spanien knapp 90, weitere werden eröffnet. Da in jeder Provinz wenigstens ein Parador eröffnet wurde, liegen sie maximal 150 km auseinander. Viele Häuser wurden in alten Schlössern oder Burgen untergebracht, so in Carmona und Cardona, oder in malerischen alten Städtchen wie in Santillana del Mar. Sogar im nationalen Kunstschatz, der Alhambra in Granada, wurde ein Parador eingerichtet. Der wohl ungewöhnlichste Ort befindet sich auf Teneriffa in 3000 m Höhe, unweit der Seilbahnstation, die zum höchsten Berg Spaniens führt. Ein-

Überblick Buchungsportale

Als Ergänzung zu den sorgfältig zusammengetragenen Unterkunftsempfehlungen in diesem Buch können **Buchungsportale** wie *Booking.com*, *Agoda.com* oder *AirBnB* dazu genutzt werden, aktuelle Preise und die Bewertungen anderer Reisender einzusehen sowie Unterkünfte direkt zu buchen.

Die Plattformen arbeiten mit Unterkünften aller Art zusammen und machen diese für Reisende leicht auffindbar. Sie übernehmen bürokratische Aufgaben wie die Abwicklung der Bezahlung oder stellen den Kontakt zwischen Unterkunft und Unterkunftssuchenden her.

Hilfreich bei der Entscheidungsfindung sind die **Bewertungen** anderer Kunden in diesen Portalen. Gäste bewerten eine Unterkunft nach oder während ihres Aufenthalts und sorgen im besten Fall für aussagekräftige Benotungen (1–10, 10 ist das Optimum). Je mehr Nutzer eine Bewertung abgegeben haben, desto verlässlicher ist das Ergebnis. Vorsicht ist geboten, wenn nur sehr wenige Nutzer ihre Meinung abgegeben haben. Aber auch sonst lohnt es sich, kritisch zu lesen: Achtet man auf die zu den Rezensionen verfassten Texte, so erhält man oft Aufschluss über die Echtheit der Bewertung. Auch lassen sich Veränderungen im Qualitätsstandard erkennen, wenn eine insgesamt positiv bewertete Unterkunft in jüngster Zeit zahlreiche schlechte Bewertungen erhalten hat.

Über die Plattform **AirBnB** können private und gewerbliche Vermieter ihr „Zuhause" oder einen Teil davon anbieten. Auch hier vermittelt das Portal zwischen Anbieter und Kunde. Es werden zusätzlich Touren und Aktivitäten mit Einheimischen vermittelt, bisher allerdings nur in touristischen Ballungsgebieten.

Tripadvisor ermöglicht es, auch Bewertungen ohne eine Buchung abzugeben. Dies hat Vor- und Nachteile. Bei den Gastronomietipps ist es ein Vorteil, da auch Gäste, die nicht über ein Buchungsportal einen Tisch reserviert haben, eine Bewertung abgeben können und somit deutlich mehr Bewertungen zustande kommen.

Ob man sich für die Buchung über ein **Online-Buchungsportal** entscheidet, hängt weitestgehend von der Präferenz der Nutzer ab. Zu einer generellen Sondierung der Marktsituation und zur Einschätzung von Unterkünften sind die Portale meist recht empfehlenswert. Die Nutzung ist für Endkunden zunächst kostenlos, für die Betreiber der Unterkünfte fällt jedoch eine Provision an – die im Zweifel irgendwann eingepreist wird. Die Haltung der Betreiber ist unterschiedlich: Während manche über das Portal sogar günstigere Preise anbieten, freuen sich andere ausdrücklich, wenn man persönlich und direkt bucht.

Der Kampf mit den Stieren

Auch in Spanien wird um die corrida de toros heftigst gestritten. Fanatische Befürworter zanken sich mit ebensolchen Gegnern. Tatsache ist, dass der Stierkampf weiterhin seinen Platz im **Alltagsleben** hat. Eine Ausnahme bildet Katalonien, dort wurde der Stierkampf landesweit verboten. Trotzdem: Die beste und angesehenste spanische Zeitung „El País" schreibt am Montag mit dem gleichen Ernst über die Stierkämpfe aus Madrid und Sevilla wie ein paar Seiten weiter über Fußball und Basketball.

Der Stierkampf entwickelte sich aus einer **früheren Jugendtradition,** bei der Stiere mit Lanzen bekämpft wurden. Erst im 16. Jh. wurde daraus ein Sport für junge Adlige. Nachdem man ihnen verboten hatte, auf diese Weise ihr Leben aufs Spiel zu setzen, entstand daraus eine Mutprobe für das „niedere Volk". Die muleta, das rote Tuch, entwickelte sich aus dem großen Mantel, mit dem Mutige dem Stier entgegentraten. Den offiziellen Charakter erhielt die Corrida aber erst durch Romero. Sein Heimatort Ronda in Andalusien gilt als die Wiege des Stierkampfes. Hier wurde 1775 die erste Arena Spaniens gebaut.

Früher bestand die Corrida de Toros nicht nur aus würdigen Ritualen, die nach strengen Regeln vom Torero in ebenso würdiger Haltung aufgeführt wurden. Sie war vielmehr eine Art Gaudi für jedermann. Die (männlichen) Zuschauer nahmen nicht selten aktiv am Geschehen teil, stürmten in die Arena, um den Stier zu ärgern oder dem Torero beizustehen. Ebenso begnügten sich die Toreros nicht damit, den Kampf nach den allgemein gültigen Regeln abzuhalten, sondern man sprang schon mal über den angreifenden Stier hinweg oder „bekämpfte" ihn mit einem Stuhl. Erst im Laufe der Zeit bildete sich die heutige Form des Kampfes heraus, wobei das Buch des legendären Pepe Illó über den modernen Stierkampf eine wichtige Rolle spielte.

Ob Gegner oder Fan, dem Spektakel können und wollen sich nur wenige entziehen. Viele Ur-

lauber schauen sich wenigstens einmal eine Corrida an. In den Sommermonaten wird sie jeden Sonntag in vielen Städten ausgetragen, meist zur klassischen Uhrzeit um **17 Uhr.** Dies ist übrigens schon sprichwörtlich geworden, gilt doch eine Verabredung *a la hora de los toros* („zur Uhrzeit der Stiere") als klar umrissener Zeitpunkt – um 17 Uhr eben. In allen touristischen Orten werden Sonderfahrten angeboten, die Plakate hängen unübersehbar überall aus.

Der Autor möchte hier keine flammende Rede pro Stierkampf halten und schon gar niemanden animieren, sich das Spektakel anzuschauen, wie sich ein Leser empörte. Nein, das möge doch bitte jeder für sich selbst entscheiden. Falls man sich aber doch dazu entschließt, sollte man schon den grundsätzlichen Ablauf und die Regeln kennen. Diese sind genauestens festgelegt, und jede Handlung, jede Körperdrehung hat ihren Namen.

◿ Stier gegen Mensch und Pferd

◁ Einmarsch der Toreros

Am Beginn jeder Corrida steht der Umzug aller Teilnehmer, der **paseo,** bei dem die Musikkapelle den berühmten Paso Doble spielt. Angeführt wird der Zug von Männern in der Tracht des *siglo de oro* („Goldenes Jahrhundert" = 16./17. Jh.). Dann folgen die drei *matadore,* die je zwei Kämpfe bestreiten werden; rechts geht der älteste, links der zweitälteste und in der Mitte der jüngste. Ihnen folgen die *picadores* zu Pferd und die *banderilleros.* Den Schluss bilden die Helfer in roten Hemden und blauen Hosen, die nach dem Kampf den getöteten Stier von Maultieren aus der Arena schleifen lassen. Der Präsident (jede Corrida steht unter der Leitung eines Präsidenten) wirft einen Schlüssel in die Arena, mit dem das Tor aufgeschlossen wird, hinter welchem die Stiere warten.

Wenn der Stier in die Arena stürmt, beginnt die erste der drei Phasen: **tercio de varas** („Drittel der Lanzen"). Im Nacken des Stieres steckt ein kleines Fähnchen mit den Farben seiner Zucht. Der Matador und seine Helfer vollbringen zum Kennenlernen des Stieres einige Manöver mit der *capa,* einem gelb-weinroten

Tuch. Dieser Teil wird *suerte de capa* („Mantelparade") genannt. Der Matador überprüft auch, ob der Stier gesund ist, die Sehkraft ungetrübt ist usw. Falls er nicht einwandfrei ist, wird der Stier auf Zeichen des Präsidenten wieder aus der Arena gelockt.

Im zweiten Abschnitt des ersten Drittels, dem **suerte de varas** („Lanzengang"), findet der Auftritt des Picadors statt. Dies ist gewöhnlich ein schwerer Mann, der auf einem muskulösen Pferd reitet. Die Augen des Pferdes sind verbunden. Die Aufgabe des Picadors besteht darin, den Stier mit der *pica,* einer 2,60 m langen Lanze, zwischen den Schulterblättern zu treffen und ihn somit zu schwächen. Er muss dafür sorgen, dass der Stier nur von rechts angreift, da nur diese Seite besonders gut gepanzert ist. Den Schwung des angreifenden Stieres nutzt der Picador aus, um die Lanze zwischen die Schulterblätter zu stoßen, da es ihm aus eigener Kraft niemals gelingen würde. Dabei darf er den Stier nur zwischen der Holzwand und maximal dem inneren Kreidekreis bekämpfen, besser jedoch zwischen Wand und äußerem Kreis. Über die Anzahl der *picas* entscheidet der Präsident. Tatsächlich wirkt dieser Akt recht brutal, verglichen mit den eleganten Bewegungen der Kämpfer in den beiden folgenden Dritteln. Da der Picador oft genug mit dem ängstlichen Pferd beschäftigt ist, kann der Stier schon mal Ross und Reiter zu Fall bringen und verletzen.

Im zweiten Drittel, **tercio de banderillas** („Spießgang"), treten die Banderilleros auf. Ihre Aufgabe ist es, dem anstürmenden Stier zwei oder drei *banderillas*, kleine Holzstäbe mit einer Stahlspitze, in den Nacken zu stoßen. Stier und Mensch stürmen aufeinander zu, der Banderillero sticht mit Schwung in den Nacken und schwingt sich förmlich mit einem eleganten Seitenschwung vorbei. Bleiben die Stäbe stecken, ist der Applaus gewiss.

Ein gefährlicher Moment

Das Ende des Stiers ist nah

Der dritte Teil, **tercio de la muerte** („Degengang"), ist dann der eigentliche Auftritt des Matadors. Zu Beginn vollführt er die bekannten Manöver mit der *muleta*, versucht sie möglichst mutig, geschickt und genau durchzuführen. Ob der Stier links vom Matador steht oder rechts, mit gesenktem Kopf oder erhobenem, jede Bewegung hat ihren Namen und ist genau festgelegt. Diese *faena de la muleta* („Arbeit des roten Tuches") soll nicht zu lange andauern, um den Stier nicht übermäßig zu quälen.

Aufgabe des Matadors ist es, den Stier schließlich in die richtige Stellung zu manövrieren, um ihm den **tödlichen Stoß** mit dem Degen zu versetzen. Der Kopf des Stieres muss weit gesenkt sein, was durch die Ablenkung mit der *muleta* gelingt. Der Degen muss an der Wirbelsäule vorbei, genau zwischen die Schulterblätter gestoßen werden. Dieser Stoß, der *toque de la verdad* („Augenblick der Wahrheit") genannt wird, tötet bei richtiger Ausführung den Stier augenblicklich. Da das aber nur einem guten Matador auf Anhieb gelingt, muss er leider häufig mehrmals wiederholt werden.

Wenn es geklappt hat, gibt es tosenden Applaus, die ganze Equipe schreitet stolz eine **Ehrenrunde,** und Maulesel schleifen den toten Stier aus der Arena. Für den Kämpfer gibt es Geschenke und Blumen. Als Anerkennung erhält er ein Ohr des Stieres, bei einem besonders guten Auftritt sogar beide Ohren und den Schwanz.

Da gerade *suerte de varas* und *tercio de la muerte* in kleinen Arenen von Anfängern oder sogar von Stümpern ausgeführt werden und sie damit tatsächlich zum blutigen Spektakel eskalieren können, lohnt es in jedem Fall, etwas mehr Geld für eine gute Corrida in einer großen Stadt auszugeben. Eine *corrida de novillos* ist übrigens ein Anfängerkampf von Leuten, die noch nicht die *alternativa,* die Matadorenweihe, erhalten haben. Die hier Auftretenden kämpfen mit Jungstieren.

Zu den **Eintrittspreisen:** Grundsätzlich unterteilt man die Plätze in billige *sol* („Sonnenplätze") und teure *sombra* („Schattenplätze"). Manchmal gibt's auch noch die Zwischenstufe *sol y sombra*. Das sind die Plätze, die zunächst in der Sonne, später aber im Schatten liegen.

Unterkunft

samer geht's nicht! Im Bereich der **Costa Blanca** liegt ein Parador am Strand von **Jávea.** Infos unter:

■ **Paradores,** *Reservation Center,* c/ Requena 3, E-28013 Madrid, Tel. 915 166 666, www.parador.es.

Hostal

Die kleinere Version eines Hotels, zumeist etwas **familiärer** gehalten. Hierbei ist eine Einteilung von ein bis drei Sternen üblich.

Hotel Residencia

An einem Schild mit dem Kürzel „HR" auf hellblauem Untergrund erkennbar; es sind Unterkünfte **ohne Restaurant,** also reine Garni-Betriebe, die nur Frühstück bieten.

Pensión

Dieser Begriff für eine preiswerte und oftmals **einfache Unterkunft** setzt sich immer mehr durch. Die früher ziemlich häufig vor allem in Großstädten angebotenen Zimmer in einer Privatwohnung, genannt *Casa de Huéspedes* oder *Fonda* sind praktisch verschwunden. Unter einer *Pensión* versteht man heute das international übliche Angebot einer **einfachen, günstigen Herberge,** idealerweise mit eigenem Bad.

Albergues

Vorweg genommen: In Jugendherbergen kann man in der Regel altersunabhängig übernachten! **Jugendherbergen** sind auch an der Costa Blanca zu finden, z.B. in Alicante. Buchen kann man direkt über die Website der spanischen Jugendherbergen: **www. reaj.com.** Hat man noch keinen Jugendherbergsausweis aus dem

⌄ Das riesige Hotel Melia in Alicante liegt direkt am Strand

Heimatland, kann man bei der spanischen Jugendherberge als Erwachsener für 11 € und als Familie für 22 € Mitglied werden.

■ **Spartipp:** Hat man einen Internationalen Jugendherbergsausweis, schläft man zum günstigeren Tarif, sonst muss man eine Tagesmitgliedschaft erwerben (zu den Herbergen siehe www.hihostels.com). Eine Jahresmitgliedschaft bei den Verbänden daheim kostet jährlich 7 € (bis 26 Jahre) bzw. 22,50 € (ab 27 Jahre oder Familie) in Deutschland (www.jugendherberge.de), 15 € (16–26 Jahre) bzw. 25 € (ab 27 Jahre oder Familie) in Österreich (www.oejhv.at) und 22 SFr (18–26 Jahre), 33 SFr (ab 27 Jahre) bzw. 44 SFr (Familie) in der Schweiz (www.youthostel.ch). Lebenspartner und eigene Kinder sind im Preis für eine Familienkarte mit inbegriffen (in D Kinder bis max. 26 Jahre, in Ö bis max. 15 Jahre, in CH bis max. 17 Jahre).

Weitere Kategorien

■ **HA = Hotel Apartamentos:** ein Aparthotel, also ein Haus, das Apartments vermietet, auch für längere Zeiträume, aber nicht für die Ewigkeit.
■ **RA = Residencia Apartamentos:** ein Aparthotel ohne Restaurant.
■ **M = Motel:** wie international üblich.

Preise

Die Unterkunftspreise müssen an der Rezeption aushängen sowie in den Zimmern an der Tür oder am Schrank, dies ist eine Gesetzesvorschrift. **Sie gelten grundsätzlich für ein Doppelzimmer** (zwei Personen). Einzelzimmer sind selten und kosten meist 60–70 % des Doppelzimmers. Nur in seltenen Fällen ist die **Preisliste** gezielt unterteilt.

Natürlich schwanken die Preise je nach **Saison,** und bei der Festlegung der Saisonzeiten entwickeln die Hoteliers ein gehöriges Maß an Kreativität – nichts ist klar, alles möglich. Der eine bietet lediglich einen einzigen Preis im Jahr, der nächste führt alle möglichen Gründe ins Feld, die Tarife schwanken zu lassen, z.B. „N" *(Navidad),* also Weihnachten, aber wann beginnt „Weihnachten"? SS *(Semana Santa)* wäre Ostern und, ganz besonders schick, FL *(Fiestas locales),* also örtliche Feste.

Die **Hotelpreise in diesem Buch** (siehe Kasten unten) sind in Kategorien angegeben, die über den Preisrahmen für ein Doppelzimmer in der Hauptsaison informieren. Es handelt sich hier nicht um „offizielle" Sternekategorien. Nur bei absoluten Ausreißern ist der tatsächliche Preis angegeben, damit niemand eine Überraschung erlebt. In den Sommermonaten liegen auch die Hotelpreise am oberen Limit, sie können jedoch sehr schnell fallen, schon im Juni bzw. September (Betonung liegt auf „können").

Wer nach einem Doppelzimmer fragt, sollte übrigens bedenken, dass *cama matrimonial* „Ehebett" heißt, zumeist ist damit ein etwas kleineres französisches gemeint. Ansonsten stehen zwei Betten hübsch getrennt im Raum.

Hotelpreise in diesem Buch

① bis 40 €
② 40–70 €
③ 70–100 €
④ über 100 €
(jeweils DZ in der Hauptsaison)

Beschwerdeblätter

Hojas de reclamación („Beschwerdeblätter") müssen überall vorrätig liegen. Wer einen Mangel anzeigen will, füllt das Formular aus. Die rosa Kopie erhält der Wirt, das weiße Original schickt man nach Madrid an die Touristikbehörde (die Adresse steht drauf), und der grüne Teil verbleibt beim Gast.

> Hotel Posada del Mar in Dénia

Das Geheimnis der Adressen

- **Pl., Plz.** oder **Pza.** = *Plaza, Plaça* (Platz)
- **c/** = *Calle, Carrer* (Straße)
- **P°** = *Paseo, Passeig* (Promenade)
- **Av., Avda., Avgda.** = *Avenida, Avinguda* (Allee, Chaussee)
- **Ctra.** = *Carretera* (Fernstraße)
- **s/n** = *sin número* (ohne Hausnummer), wird gewählt, wenn es sich um ein markantes Gebäude handelt.

Bei Wohnungen gibt es so gut wie nie Namensschildchen, stattdessen wird auf das Stockwerk und die Lage im Flur (links, rechts, zentral) hingewiesen.

- **i** oder **iz.** bzw. **izqu.** = *izquierda* (links)
- **c** = *centro* (Mitte)
- **d** oder **derr.** = *derrecha*, (rechts)

Als ich noch in Madrid wohnte, lautete meine Adresse: „c/ Ave María 50, 1° i", das bedeutet „Calle Ave María Hausnummer 50, erster Stock links", alles klar?

Versicherungen

Die wichtigste Versicherung dürfte eine **Auslandskrankenversicherung** sein, Näheres dazu im Kapitel „Gesundheit".

Ist man mit einem Fahrzeug unterwegs, ist der **Europaschutzbrief** eines Automobilclubs eine Überlegung wert. Wird man erst in der Notsituation in der Schweiz Mitglied, gilt diese Mitgliedschaft auch nur für dieses Land und man ist in der Regel verpflichtet, fast einen Jahresbeitrag zu zahlen, obwohl die Mitgliedschaft nur für einen Monat gültig ist. Autofahrer benötigen außerdem immer noch die **Grüne Versicherungskarte,** auch wenn dies heute kein Mensch mehr an der Grenze kontrolliert. Sollte es aber zu einem Unfall kommen, wird die Polizei danach fragen.

Beabsichtigt man vor Ort einen Pkw zu mieten, sollte man über eine **Zusatz-Kfz-Haftpflichtversicherung** nachdenken. Die Deckungssummen der normalen Kfz-Haftpflicht im Ausland sind in der Regel sehr gering. Für die Mehrkosten bei einem Unfall haftet der Urlauber mit seinem eigenen Geld. Interessant ist daher auch die Erweiterung der Deckungssumme der Kfz-Haftpflichtversicherung, die für einen Mietwagen abgeschlossen wurde, auf die in Deutschland gesetzlich geforderte Versicherungssumme von mindestens 2,5 Millionen Euro pro Person und Unfall bzw. 500.000 Euro Sachschaden pro Unfall.

Ob es sich lohnt, weitere Versicherungen wie eine Reiserücktritts-, Reisegepäck-, Reisehaftpflicht- oder Reiseunfallversicherung abzuschließen, ist individuell abzuklären. Speziell diese Versi-

cherungen enthalten viele Ausschlussklauseln, sodass sie nicht immer und für jeden Urlauber sinnvoll sind.

Eine **Reiserücktrittsversicherung** für 35–80 € lohnt sich nur für teure Reisen und greift nur für den Fall, dass man vor der Abreise einen schweren Unfall hat, schwer erkrankt, schwanger wird, gekündigt wird, die Wohnung abgebrannt ist und Ähnliches. Ausgeschlossen sind hingegen Terroranschläge, Streiks, Naturkatastrophen etc.

Eine **Reisegepäckversicherung** lohnt sich selten, da z.B. bei Flugreisen verlorenes Gepäck oft nur nach Kilopreis und auch sonst nur der Zeitwert nach Vorlage der Rechnung ersetzt wird. Wurde eine Wertsache nicht im Safe aufbewahrt, gibt es bei Diebstahl auch keinen Ersatz. Kameraausrüstung und Laptop dürfen beim Flug nicht als Gepäck aufgegeben worden sein. Gepäck im unbeaufsichtigt abgestellten Fahrzeug ist ebenfalls nicht versichert. Die Liste der Ausschlussgründe ist endlos … Überdies deckt häufig die Hausratsversicherung schon Einbruch, Raub und Beschädigung von Eigentum auch im Ausland. Für den Fall, dass etwas passiert ist, muss der Versicherung als Schadensnachweis ein Polizeiprotokoll vorgelegt werden.

Eine **Privathaftpflichtversicherung** hat man in der Regel schon. Hat man eine **Unfallversicherung,** sollte man prüfen, ob diese im Falle plötzlicher Arbeitsunfähigkeit aufgrund eines Unfalls im Urlaub zahlt. Auch durch manche (Gold-)Kreditkarten oder eine Automobilclubmitgliedschaft ist man für bestimmte Fälle schon versichert. Die Versicherung über die Kreditkarte gilt jedoch meist nur für den Karteninhaber!

Zollbestimmungen

Der Warenverkehr für den privaten Gebrauch ist innerhalb der EU frei (gilt nicht für die Schweiz und damit auch nicht bei Transitreisen durch die Schweiz, s.u.!). Dennoch muss man insbesondere beim Flugverkehr auf die geltenden Freigrenzen für Genussmittel (z.B. Alkohol, Tabakerzeugnisse, Kaffee), Verbote und Einschränkungen achten, um böse Überraschungen mit dem Zoll zu vermeiden. Innerhalb der EU-Länder gelten folgende Mengen- und Wertgrenzen pro Person:

- **Für mind. 17-Jährige:** 800 Zigaretten, 400 Zigarillos, 200 Zigarren und 1 kg Tabak (müssen EU-Steuerbanderole haben, sonst vorschriftswidrig!); 10 l Spirituosen bzw. Alkopops, 20 l Zwischenerzeugnisse (Sherry, Portwein, Marsala), 60 l Schaumwein (in D keine Begrenzung von Wein, in Österreich 90 l Wein und davon max. 60 l Schaumwein) und 110 l Bier; Kaffee 10 kg (keine Mengengrenze in Österreich).

Für die **Rückkehr in die Schweiz und Transit durch die Schweiz** gelten folgende Freimengen pro Person:

- **Für mind. 17-Jährige:** 250 Zigaretten/Zigarren oder andere Tabakprodukte; 1 l Spirituosen über 18 Vol.-% oder 5 l bis max. 18 Vol.-%; ohne Altersbeschränkung: 1 kg Fleisch; 1 kg Butter; 5 kg Öle und andere Pflanzenfette.

Einfuhrverbote und -beschränkungen bestehen z.B. für Tiere, Tierprodukte, Pflanzen (Vorsicht auch bezüglich Saatgut und Artenschutz!), Medikamente, Betäubungsmittel und Drogen, Feuerwerkskörper, Lebensmittel, Fälschungen, Kulturgüter, Waffen und Munition; in Deutschland und Österreich auch für Pornografie und verfassungswidrige Schriften, Rohdiamanten; in der Schweiz auch für Radarwarngeräte u.v.m.

Nähere Informationen

- **Deutschland:** www.zoll.de; Zoll- und Reise-App
- **Österreich:** www.bmf.gv.at; BMF-App
- **Schweiz:** www.ezv.admin.ch; QuickZoll-App
  Die Apps sind gratis für Android und iOS.

Haustiere

Für die EU-Länder und damit auch für Spanien gilt, dass man einen Nachweis für die **Tollwutschutzimpfung** und einen gültigen **EU-Heimtierausweis** für Hund oder Katze haben muss. Dieser gilt in allen EU-Staaten sowie in der Schweiz und kostet 15–25 € (zzgl. der Kosten für Impfungen und Untersuchung). Darüber hinaus muss das Tier mit einem **Microchip** gekennzeichnet sein (für Tiere, die vor dem 3. Juli 2011 registriert wurden, reicht ihre bestehende Tätowierung mit der Identifikationsnummer aus, wenn diese gut lesbar ist). Weitere Informationen beim Tierarzt.

Üppiges Warenangebot auf dem Markt von Valencia

Geografie | 252
Klima | 256
Die Menschen | 258

6 Land und Leute

◁ Abendspaziergang in Benidorm

Geografie

Wo liegt die Costa Blanca?

Der Name „Costa Blanca" ist ein **künstlich geschaffener Begriff,** der keine historischen Wurzeln hat – geschaffen von Tourismusmanagern, die einen griffigen Slogan für einen bestimmten Küstenabschnitt suchten. Deswegen gibt es auch keine eindeutige Definition, die genau abgrenzt, welche Landesteile zur Costa Blanca gehören. Im Allgemeinen versteht man heute darunter die **Küstenlinie der Provinz Alicante.**

Manche sehen es aber auch großzügiger und ziehen die Costa Blanca noch bis weit hinter das südlich gelegene Mar Menor. Dieses Gebiet liegt aber schon in der Provinz Murcia, wo die heimischen Tourismusmanager ebenfalls versuchen, ihre Küste mit einem eigenen Namen abzugrenzen. Man spricht hier von der „Costa Cálida".

Andere ziehen die Costa Blanca bis hoch nach **Valencia.** Dieser Reiseführer konzentriert sich aber auf das Kerngebiet der Costa Blanca, die Küste der Provinz Alicante, und beschreibt anschließend einen Ausflug nach Valencia.

Comunitat Valenciana

Die Costa Blanca (im engeren Sinne) verläuft über 212 km von Dénia bis San Pedro del Pinatar und liegt innerhalb der Grenzen der **Provinz Alicante.** Diese bildet zusammen mit den Provinzen Castellón und Valencia die autonome Region *Comunitat Valenciana,* was etwa einem deutschen Bundesland entspricht. Die *Comunitat Valenciana* nimmt eine Fläche von 23.305 km² ein und misst in der Nord-Süd-Ausdehnung 317 km. Damit ist sie eher im Mittelfeld der 17 autonomen Regionen Spaniens angesiedelt. Innerhalb der *Comunitat Valenciana* liegt die Provinz Alicante im südlichen Bereich und ist flächenmäßig die kleinste der drei. Unter touristischen Gesichtspunkten darf sie sich aber klar die Nummer eins nennen.

Die Küste

Die alicantinische Küste zeichnet sich durch zumeist sehr **schöne hellsandige Strände** aus sowie durch eine Reihe von Ortschaften, die sich im Laufe der Zeit von kleinen Fischerdörfern zu großen, touristisch geprägten Städten gewandelt haben.

Bei Torrevieja und Santa Pola befinden sich mehrere größere **Salinen,** die zur Salzgewinnung genutzt werden.

> Die weißen Gassen von Altea erinnern an ein andalusisches Dorf

Flüsse

Der größte Fluss der Region ist der **Río Segura**, der bei Guardamar del Segura ins Meer mündet. Ansonsten ist die Costa Blanca nicht gerade von vielen Flussläufen durchzogen, und so mancher „Strom" wird sogar **río rambla** genannt, weil er überwiegend ausgetrocknet ist. Ramblas sind gewissermaßen Täler oder Einschnitte, die eben kein Wasser führen. So beispielsweise der Vinalopó, der durch Elche „fließt".

Gebirge

Nur wenige Kilometer von der Küste entfernt zeigt sich das **Hinterland** äußerst gebirgig. Aber nur selten reichen Gebirgsausläufer direkt an die Küste heran. Fast ein Drittel des gesamten Territoriums der *Comunitat Valenciana* ist von Gebirge durchzogen. Und nicht gerade von geringer Höhe: Fünfzehn Gipfel übersteigen allein in der Provinz Alicante die 1200-Meter-Marke, vier sind sogar höher als 1300 m. Die höchste Er-

hebung, der Pico Aitana mit 1558 m, befindet sich in der Sierra de Aitana, keine 20 km Luftlinie von Benidorm entfernt.

Erschließung

Das hat Konsequenzen: Die größeren Orte liegen alle an der Küste, nur wenige im Hinterland. Nur zwei Straßen folgen dem Küstenverlauf, die gebührenpflichtige **Autobahn** AP-7 und die **Nationalstraße N-332**, die die Ortschaften am Meer miteinander verbindet. Oft quält sich der Verkehr durch die Ortskerne. Nur ganz wenige Straßen führen von der Küste durchs Gebirge ins Hinterland.

⌄ Das Hinterland der Costa Blanca ist gebirgig

Klima

Das Gebirge im Hinterland beschert der Costa Blanca ein durchgehend **angenehmes Klima.** Überwiegend weht der Wind aus westlicher Richtung, eventuelle Wolken regnen sich also regelmäßig vor Erreichen der Küste im Gebirge aus.

Wetterdaten

Viel Sonne und wenig Regen kennzeichnen das Wetter an der Küste. Etwas mehr als **300 Sonnentage** zählt die Statistik und im jährlichen Mittel kaum 340 mm **Niederschlag** in Benidorm beziehungsweise 320 mm in Villajoyosa. (Zum Vergleich: Hamburg hat mehr als das Doppelte.) Insgesamt fallen in der gesamten Region etwa 400–600 mm jährlich, dies allerdings mit großer Streubreite. Die jährliche Durchschnittstemperatur der ganzen Provinz wird mit 18–19 °C angegeben. Das sagt noch wenig aus, aber tatsächlich bleibt es das ganze Jahr über relativ warm. Selbst im Januar liegen die **Temperaturen** noch im Bereich von bis zu 16 °C, fallen nur vereinzelt auf „arktische" 6 °C. Der absolute Tiefpunkt wurde einmal mit minus 4,6 °C gemessen – am 2. Februar 1956.

Ein Blick aufs Detail: Meteorologische Aufzeichnungen am Flughafen Alicante

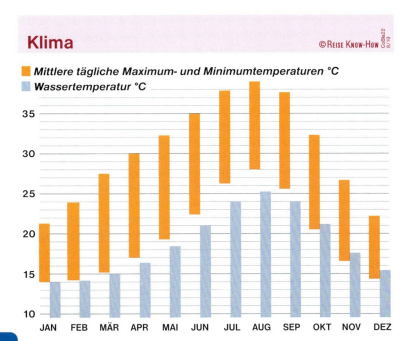

zeigen runde 3000 Stunden Sonnenschein im Jahr und nur 340 mm Regenfall, die sich auf 61 Tage verteilen. 94 Tage bleiben komplett wolkenfrei, und selbst der Januar bietet durchschnittlich angenehme 11 °C. Die Sommer sind generell sehr heiß und sehr trocken.

Der „kalte Tropfen"

Statistisch muss im **Oktober** und im April mit verstärktem Regenfall gerechnet werden. Auch der September kann einige Regentage bringen. In der Vergangenheit kam es speziell im Oktober ein paar Mal zu ziemlich heftigen **Regen-güssen,** die teilweise katastrophale Ausmaße erreichten. *Gota fría* („kalter Tropfen") wird dieses Phänomen auch genannt, das früher in größeren Abständen (1957, 1973, 1982, 1987 und 1999) zu beobachten war. In jüngster Zeit tritt der „kalte Tropfen" jedoch häufiger auf: So kam es beispielsweise im Oktober 2007 zu sintflutartigen Regenfällen mit einem Spitzenwert von 407 l in 24 Std., in Calpe wurde der Strand stark beschädigt. Im staubtrockenen Murcia fielen in 48 Std. 240 l Regen, was der gesamten sonstigen Jahresmenge entspricht. Und die Stadt Alicante verzeichnete 300 l in zwei Wochen, der höchste Wert seit 1877!

Auch 2012 prasselte ein fast schon tropischer Regen herunter, den der Autor in **Alicante** erlebte. Der Niederschlag fiel so dicht, dass man wie durch einen Wasservorhang kaum 100 m gucken konnte. Für einige Orte südlich von Alicante waren diese Wassermengen verhängnisvoll, da der staubtrockene Boden

Der „kalte Tropfen" sorgt dafür, dass Straßen zuweilen zu Wasserstraßen werden

den Regen nicht aufnehmen konnte und zu **reißenden Sturzbächen** anschwoll. Schienen einer Bahnlinie wurden weggespült, eine Autobahnbrücke brach zusammen, zehn Tote waren zu beklagen, zwei Menschen wurden vom Schlamm verschluckt und verschwanden unauffindbar. In Alicante fielen 57 l in einer Stunde (!), und in einem kleinen Ort bei Valencia waren es 226 l in 24 Std. (zum Vergleich: in Hamburg fallen ca. 750 l in einem Jahr!).

Die Menschen

Die Provinz Alicante befindet sich am Rande und doch **im Schnittpunkt.** Alicante liegt zwischen dem Meer und den trockenen Weiten Kastiliens, zwischen den Orangenfeldern Valencias und der kargen Wüstenregion von Almería, eingeklemmt zwischen Extremen. Hier der weite Blick übers Meer, halb neugierig,

halb furchtsam, da der sinnliche Genuss der süßen Früchte. Dort die Kargheit und Armut, hier Industrie, Ackerbau und Tourismus. Im Vergleich zu vielen anderen spanischen Gegenden ist Alicante ein **gesegnetes Land.** Was die Bewohner durchaus ähnlich sehen und mit einem gewissen Stolz betrachten. *Alacant, la millor terra del mon* („Alicante, die beste Erde der Welt"), ist ein geflügeltes Wort. Mit den nördlichen Nachbarn, den **Katalanen,** teilt man die Sprache, mit den westlichen, den **Kastiliern,** den Stolz und mit den südlichen, den **Andalusiern,** die Leichtigkeit des Seins.

Die drückt sich besonders im Gebrauch der **Sprache** aus. Valencianisch, das zur katalanischen Sprachenfamilie zählt, wird zwar in der gesamten Provinz gesprochen, aber mit einer gewissen Lässigkeit gepflegt. Keine verbissene Hervorhebung ihrer Sprache, wie es die Katalanen praktizieren. Alle Straßenschilder sind selbstverständlich zweisprachig gehalten, ohne die harsche Forderung an alle Fremden – inklusive Spanier anderer Landesteile – unbedingt Valencianisch zu lernen. Es gibt zwar Gebiete, in denen im Alltag Valencianisch vorherrscht, in anderen Landesteilen dagegen aber fast ausschließlich Spanisch. Sprachforscher ziehen eine Grenze der katalanisch-valencianischen Sprachfamilie, die von der französischen Grenze bis hinunter zum Ort Guardamar del Segura reicht. Dies ist der letzte, der südlichste Ort mit valencianischen Muttersprachlern, weiter südlich (ab Torrevieja) wird Spanisch gesprochen (siehe auch die „Sprachhilfe" im Anhang dieses Buches sowie im Kapitel „Praktische Reisetipps von A bis Z" unter „Sprache").

◁ Am Hafen von Alicante

Die Menschen

Beobachtet man die Einheimischen, wie sie in Alicante die Flanierpromenade entlangspazieren, wird deutlich: Man nimmt die Dinge ein bisschen **lockerer,** genießt das Leben. Und arbeitet doch fleißig. Katalanischer Fleiß und andalusische Lebensweise – bei 3000 Sonnenstunden im Jahr geht das gut zusammen.

Stolz ertragen werden auch die Heerscharen von Touristen und ausländischen Residenten, wenn auch nicht jeder gewisse Antipathien verbergen kann. Zu viele kamen in den letzten Jahren, trugen ihren Anteil an steigenden Preisen und verbauten Landschaften. Aber das bleiben Ausnahmen. Viele Menschen fanden im **Tourismussektor** Arbeit, andere wurden reich durch Landverkäufe.

Mit **Fleiß** beackerten die Alicantiner schon immer ihre Felder, schickten große Fischereiflotten hinaus aufs Meer und errichteten eine nicht zu kleine Industrie. Vor allem Textilien, Schuhe und Leder werden im größeren Stil produziert.

Findige Unternehmer konnten ihre Produkte so gut absetzen, dass deren Heimatort mittlerweile als Synonym für eine bestimmte Ware steht, so wie Lübeck für Marzipan: Spielzeug aus Ibi oder Onil, Teppiche aus Crevillente oder die Süßspeise Turrón aus Jijona.

Die Alicantiner wissen ziemlich genau, was sie haben. Man zeigt es, aber durchaus nicht überbordend. Man arbeitet hart und weiß doch zu leben. Man grenzt sich auch nicht so krass ab von der Zentralregierung in Madrid, wie es die Katalanen gerne machen. Als Alicantiner lebt man ja auch viel dichter am kastilischen Kernland. Im Zweifel arrangiert man sich, zumal die Menschen hier lange Erfahrungen mit fremden Zungen und Herrschern haben.

Man gewinnt den Eindruck, dass die Costa Blanca ein angenehmer Ort ist, um alt zu werden

Buchtipps
- **KulturSchock Spanien,** Reise Know-How Verlag, Bielefeld. Informationen und Hintergründe zu Alltagskultur, Traditionen, Verhaltensregeln usw.
- **So sind sie, die Spanier,** Reise Know-How Verlag, Bielefeld. Aus der Reihe „Die Fremdenversteher", welche einen humorvollen Blick auf die europäischen Nachbarn bietet.

Hacer puente – eine Brücke bauen

Wie baut man eine Brücke? Benötigt werden zwei Stützpfeiler und eine Verbindung, ganz einfach. Warum baut man Brücken? Um eine Lücke – einen Fluss, eine Tiefe – zu über-brücken. Das ist in Spanien genauso, hier aber baut man auch **symbolische Brücken.** *Hacer puente* heißt es dann, „Brücke machen". Besser passen würde aber „Pause machen" oder noch besser „ein verlängertes Wochenende einlegen".

Eine Brücke wird immer dann gemacht, wenn sich ein **Feiertag** störrisch, irgendwie quer zur Arbeitswoche stellt. Beispielsweise Christi Himmelfahrt, das ja nun ungünstig immer auf einen Donnerstag fällt. Wer die halbe Woche schon geschuftet hat, mit freudigem Blick auf die kurze Unterbrechung, der würde nur sehr ermattet den Freitag im Büro überstehen und völlig aus dem Tritt geraten. Was nicht gut wäre für die Firma. Lieber deshalb gleich eine Brücke bauen und erst am Montag erfrischt neu starten.

Eine Brücke kann man aber auch bauen, wenn sich Feiertage geschmeidig ums Wochenende legen wie zu Ostern. Karfreitag ist Feiertag. Die vorhergehende Woche von Palmsonntag bis Ostersonntag zählt zu den wichtigsten christlich-religiösen Phasen. Man spricht deshalb auch von der Semana Santa, von der „heiligen Woche". Da kann man schon mal hübsche Brücken bauen.

Manchmal wird eine Brücke auch **ganz pragmatisch** gebaut. Fällt beispielsweise das wichtigste Fest eines Dorfes, das Patronatsfest, auf einen Mittwoch, herrscht Handlungsbedarf. Mittwoch ist ganz schlecht! Die Lösung: Verlegung der Feier auf Montag. Dann kann man eine prima Brücke bauen und am Mittwoch noch einmal feiern.

Selbst als Bürger einer Großstadt kann man schon mal Glück haben. Eines der wichtigsten Feste in Madrid ist die Fiesta zur Erinnerung an den 2. Mai (der historische Hintergrund ist eher tragischer Natur und soll hier nicht erklärt werden). *El dos de mayo* kann aber zum Glücksfall werden, wenn der 1. Mai, der Tag der Arbeit (Feiertag auch in Spanien), auf einen Montag fällt. Dann lohnt es sich gleich richtig, und man baut eine superlange Brücke. Und wer es sich leisten kann, sogar den Freitag davor frei zu nehmen, dem sagen die Spanier nach, der baue keine Brücke, sondern gleich ein ganzes **Aquädukt.**

▷ Womöglich ist diese Mußestunde geschicktem „Brückenbau" zu verdanken

Architektur –
   Bauliches und kulturelles Erbe | 285
Die autonome
   Region Valencia heute | 283
Die Comunitat Valenciana | 266
Geschichte | 267

7
Staat und Gesellschaft

◁ Blick über die Dächer von Altea

Die Comunitat Valenciana

Die autonome Region *Comunitat Valenciana* hat eine **Fläche** von 23.255 km² und zählt ca. **4 Mio. Einwohner.** Ihren **Autonomiestatus** erhielt sie 1982, was nicht ungewöhnlich ist, allen 17 spanischen Regionen wurde er in jener Epoche zuerkannt. Die **Flagge** der Comunitat ist gelb und hat vier rote Querstreifen sowie am inneren Rand einen blauen Längsstreifen mit einem schmaleren roten gleich daneben. **Hauptstadt** ist Valencia (valencianisch: València). Die Region gliedert sich in **drei Provinzen:** Valencia, Castellón und Alicante. Die hier vorgestellte Costa Blanca entspricht dem Küstenverlauf der Provinz Alicante.

Die Provinz Alicante

Die Provinz Alicante ist die kleinste der drei Provinzen innerhalb der Comunitat Valenciana. Sie ist aber die am **dichtesten bevölkerte** der drei. Etwa 1,9 Mio. Einwohner zählt die Provinz Alicante, darunter findet sich ein großer Anteil **Ausländer,** knapp 25 %, die größte Gruppe, stellen die Engländer (131.000), gefolgt von den Deutschen (37.000), Marokkanern (35.000) und Rumänen (32.000). Wobei sicher auch nach den Motiven der Emigration unterschieden werden muss, denn die Westeuropäer kommen eher, um die Sonne zu genie-

ßen, während die Osteuropäer, Nordafrikaner und Lateinamerikaner eher zum Arbeiten kommen. Dieser Zustrom hat jedenfalls dazu geführt, dass in einigen Orten **mehr Ausländer als Spanier** leben. Dies ist beispielsweise in Calpe, Teulada, Jávea und Torrevieja der Fall. Von 21 Orten mit über 10.000 Einwohnern in ganz Spanien, auf die dies zutrifft, liegen 15 in der Provinz Alicante. Da die westeuropäischen Neu-Bürger überwiegend **Pensionäre** sind, ergeben sich völlig neue Probleme in der medizinischen und sozialen Versorgung, wobei so manch kleiner Ort schlicht überfordert ist.

Spanisch und Valencianisch sind die beiden offiziellen **Sprachen** der Comunitat Valenciana. Es gibt einige wenige Zonen, in denen aus historischen Gründen nur Spanisch gesprochen wird, aber das bleiben kleine sprachliche Insel-Ausnahmen.

Día de la Comunitat Valenciana

Der **9. Oktober** ist in der Region so etwas wie ein Nationalfeiertag, auch wenn die *Comunitat* eher einem Bundesland entspricht. An diesem Tag wird die **Festa de Sant Dionís** gefeiert, die an die Befreiung der Region von den Mauren im Jahr 1238 unter König *Jaume I. von Aragón* erinnert. Valencia wurde ins Königreich Aragón eingegliedert und erhielt erstmals bestimmte Privilegien, Els Furs genannt.

Nach alter Tradition schenken Männer an diesem Tag ihren angebeteten Damen einen Schal oder ein Tuch voller Süßigkeiten aus Marzipan. Die Süßigkeiten tragen bestimmte Namen und werden hauptsächlich für dieses Fest produziert. Kein Wunder, dass der heilige Dionisio auch Schutzpatron der Bäcker und Konditoren ist.

Geschichte

Erste Besiedlung

Man vermutet, dass die ersten Siedler auf der Iberischen Halbinsel um 2000 v. Chr. die **Iberer** waren. Historische Zeugnisse verraten, dass um 1100 v. Chr. die **Phönizier** eine erste Siedlung gründeten, Gadir, das heutige Cádiz im Süden Spaniens. Um 800 v. Chr. verschlug es die **Kelten** nach Nordspanien. Keltische Stämme gelangten dann um 600 v. Chr. bis ins Zentrum des Landes, wo sie auf die Iberer trafen und sich mit ihnen zu

Die Flagge der autonomen Region Valencia weht neben der spanischen

den **Keltiberern** vermischten. Etwa um 300 v. Chr. wurde die keltiberische Stadt Numancia gegründet. Sie lag am Río Duero in der Provinz Soria, etwa zwischen Valladolid und Zaragoza.

Karthager und Römer

Um 250 v. Chr. betraten von Afrika aus **Karthager** spanischen Boden. Im Jahre 227 v. Chr. gründeten sie die Stadt **Cartagena.** *Hannibal,* ihr Anführer, begnügte sich aber nicht mit der Inbesitznahme dieses Landstriches, er wollte sogar das mächtige Rom angreifen. Die Geschichte ist bekannt: Mit einem riesigen Heer zog er über die Alpen, inklusive 37 Elefanten. Rom einzunehmen schaffte er jedoch trotz einiger Siege im Vorfeld nicht.

Die **Römer** waren aber so sehr verärgert, dass sie selbst auf der Iberischen Halbinsel einrückten. Man einigte sich zunächst auf eine Art Nichtangriffspakt, indem man den Río Ebro als Trennlinie festlegte, die von keiner Partei überschritten werden durfte. 219 v. Chr. brach *Hannibal* diesen Pakt, als er die Stadt Sagunto eroberte. Das war der Auslöser für den **Zweiten Punischen Krieg,** der von 218 bis 201 v. Chr. dauerte. 203 v. Chr. musste *Hannibal* spanischen Boden verlassen und nach Afrika zurückkehren. 197 v. Chr. wurde Cádiz eingenommen, die letzte Bastion der Karthager.

Hispania war unter römischer Kontrolle, beinahe jedenfalls. Aber die Römer wollten natürlich das ganze Land beherrschen. Die kleine Siedlung Numancia leistete jedoch anhaltend Widerstand. Der römische Feldherr ließ einen Wallring um die Stadt ziehen und belagerte sie neun Monate lang, bis sie sich im Jahr 133 v. Chr. ausgehungert ergab.

Etwa um die gleiche Zeit, 136 v. Chr., gründeten die Römer einen Ort namens **Valentia Edetanorum,** das spätere Valencia. Im 2. Jh. v. Chr. ist auch im Bereich des heutigen Alicante eine Siedlung bekannt, sie wird **Lucentum** genannt.

Westgoten

Dann kam die Zeitenwende, das römische Reich welkte langsam dahin. Im Jahre 258 n. Chr. kamen erstmals Stämme aus Gallien und Germanien nach Hispania: die **Sueben, Alanen** und **Vandalen.** Noch hielten die Römer Stand, aber als nach vielen Kämpfen – jeder gegen jeden – auch noch im Jahre 411 n. Chr. die **Westgoten** einfielen, war es schließlich aus. Die Römer verschwanden, die Goten blieben – ungefähr drei Jahrhunderte lang. Die ursprünglich besiegten Vandalen nisteten sich 425 n. Chr. kurzfristig in Nordafrika ein.

Arabische Herrschaft

Dann folgte die **700-jährige Phase** der arabischen Herrschaft. 711 n. Chr. sah die Situation so aus, dass ein gotischer Herrscher namens **Roderich** sich mit dem Clan der Witzia um die Macht stritt. Letztere, in Nordafrika schon fest verwurzelt, fragten bei einem **Berberstamm** um Unterstützung an. Die kam prompt. Im Maghreb residierte *Musa Ibn Nusayr,* ein Repräsentant des Kalifen von Damaskus. Er trug sich schon lange mit der Idee, den Islam über die Meerenge zu tragen, als ihn der Hilferuf erreichte. Sein Heerführer **Tariq Ibn Ziyab** wurde mit 7000 Männern losgeschickt. Sie setzten an einer schmalen Stelle über und landeten an einem steil aufragenden Felsen. Den nannten sie zu Ehren ihres Anführers „Berg von Tariq" (Yabal Tariq), woraus später einmal Gibraltar werden sollte.

Im andalusischen Barbate gab's den ersten Kampf mit den Goten, die schnell besiegt wurden. Das war das **Ende des gotischen Reiches** auf der Iberischen Halbinsel. Die Sieger marschierten gleich weiter nach Norden. Zuerst wurde Toledo eingenommen, der Hauptsitz der Goten. Da alles gut verlief, kam *Musa Ibn Nusayr* 712 selbst nach Hispania und brachte noch 18.000 Mann Verstärkung mit. So ging es dann Schlag auf Schlag: Bis 716 eroberten sie Zaragoza, Pamplona, Barcelona, Gerona und Narbonne, 719 sogar Toulouse.

Innerhalb von sieben Jahren war fast die gesamte Iberische Halbinsel erobert, nur das gebirgige Galicien und Asturien nicht. Der Vormarsch der Berber endete 732 vor Poitiers, wo sie die erste große Niederlage kassierten. 722 hatten sie bereits eine Schlacht in den asturischen Bergen bei Covadonga verloren. In den spanischen Geschichtsbüchern wird diese Schlacht bis heute als der Beginn der **Reconquista,** der Rückeroberung, gefeiert. Der lokale Häuptling **Pelayo** gilt seitdem als Held; in einer asturischen Höhle wurde ihm ein Denkmal gesetzt.

Aber nicht nur die Berber, die das Land erobert hatten, sondern auch eine arabische Kultur- und Oberschicht aus weiter östlich gelegenen Ländern setzte sich in Hispania fest. Während der Anfangszeit der maurischen Herrschaft wurden Münzen mit dem Aufdruck **al-Andalus** in Umlauf gebracht. Dieser Begriff stand für die unter maurischer Hoheit stehenden Gebiete, die zunächst von Córdoba aus regiert wurden. Die Grenzen von al-Andalus veränderten sich ständig, immer wieder kam es zu Kriegen. Aber alles in allem waren die Bewohner den neuen Herren gar nicht so abgeneigt. So manche gotische Stadt soll sogar freiwillig die Pforten geöffnet haben. Die Mauren zwangen die Bevölke-

„Römischer Soldat" in Lucentum

rung zu nichts, niemand musste konvertieren, Christen und Juden konnten ihre Religionen weiter ausüben.

714, gerade einmal drei Jahre nachdem die Mauren spanischen Boden betreten hatten, war auch das **Gebiet um Valencia** unter ihrer Kontrolle. Es war keine schlechte Zeit für die Bevölkerung, da die Araber u.a. Bewässerungssysteme einführten, Landwirtschaft planmäßig betrieben sowie Handwerk und Kunst förderten. Das Volk arrangierte sich mit den neuen Herren. Die Gegend um Valencia wurde **Al Sharquiyya** genannt, was „Östliches al-Andalus" bedeutet.

Interne Unruhen und die ständigen Kriege gegen attackierende christliche Heere führten jedoch dazu, dass die zentrale Macht der Mauren zu bröckeln begann und sie schließlich in viele lokale Herrschaftsgebiete zerfiel, die sogenannten **Reinos de Taifas** („Herrschaft der Kleingruppen"). So wurde Valencia als **Taifa de Valencia** seit 1010 von den Almanzor regiert. In jener Epoche wurden die meisten Orte gegründet, deren Namen auf „Beni-" lauten, wie Benimaurall, Benisanó oder Benidorm.

Aber die innere Zerstrittenheit half den Christen bei der Rückeroberung, und 1094 nahm der Feldherr **El Cid Campeador** Valencia ein. Zwar kehrten die Mauren bereits acht Jahre später zurück, letztlich aber vergebens, denn nach einer Phase unter der Herrschaft der **Almoraviden** und der **Almohaden** eroberte 1238 **Jaume I. von Aragón** die Stadt und beendete die arabische Epoche.

Königreich Valencia

Zwei Jahre später gründete der gleiche *Jaume* das Königreich Valencia, das der Krone von Aragón unterstand, aber in wichtigen Dingen eigenverantwortlich handeln konnte und bestimmte Privilegien, **Els Furs** genannt, behalten konnte. So blieb beispielsweise das heute noch existierende „Wassergericht" unangetastet. Es tagt noch immer jeden Donnerstag um Punkt 12 Uhr vor der Kathedrale in Valencia und schlichtet Streitigkeiten unter den Bauern.

1247 geriet auch **Alicante** unter aragonesische Herrschaft, und 1304 wurde es Teilgebiet des Königreichs Valencia. Aber die zwangsvereinten Reiche vertrugen sich nicht gut, es gab zahlreiche Konflikte und sogar Kriege. 1412 raufte man sich dann noch einmal zusammen und vereinbarte eine friedvolle Kooperation, die zur Überraschung aller sogar funktionierte. 1490 erhielt Alicante die Stadtrechte. Das 15. Jh. blieb ruhig, Wirtschaft und Künste florierten. Diese bis 1519 währende Epoche ging in die Historie als das sogenannte **Goldene Valencianische Zeitalter** *(siglo de oro valenciano)* ein.

Kolumbus entdeckt Amerika

Währenddessen ereignen sich fernab der Costa Blanca epochale Dinge. Am 12. Oktober **1492** entdeckt *Kolumbus* Amerika. *Cristóbal Colón* hatte Königin *Isabel*

Almoraviden u. Almohaden bis 1212

la Católica nach einigem Hin und Her von seiner Mission überzeugen können. Es dauerte noch ein paar Jahre, bis man überhaupt begriff, welche Reichtümer sich auftaten. 1519 erobert der spanische Abenteurer **Hernán Cortés** das legendäre Aztekenreich in **Mexiko,** schier unglaubliche Goldschätze fallen ihm in die Hände. 1535 unterwirft ein anderer Spanier, *Pizarro,* das Inkareich in **Peru,** Silberschätze in gigantischen Mengen sind die Beute. Diese Ereignisse führten dazu, dass Spaniens Politik mit einem Mal eine ganz neue Richtung erfuhr. Jenseits des Atlantiks sollten immer neue, immer reichere Länder erobert werden – „nur" einige Kulturen wurden dabei vernichtet.

Vertreibung der Morisken

Inzwischen hatten die spanischen Könige Granada erobert und die Mauren endgültig aus Spanien vertrieben. Im Königreich Valencia lebten jedoch noch viele Araber unter zum Teil prekären Umständen. 1519–1521 kam es daher zu Aufständen der Benachteiligten. Der herrschende Landadel setzte sich aber erfolgreich zur Wehr, und als eine der Folgen sollten die Mauren, die nicht das Land verließen, nun **zwangsgetauft** wer-

▷ Nachbauten der Karavellen von Kolumbus

den. Die so christianisierten Moslems wurden „Moriscos" genannt. Viele von ihnen gingen aber weiterhin ihrem ursprünglichen Glauben nach. Es half alles nichts, 1609 beschlossen die spanischen Könige, auch die Morisken aus dem Land zu vertreiben. Etwa 125.000 Menschen mussten allein das Gebiet Valencia verlassen, was 25 % der Bevölkerung entsprach.

Das hatte **gravierende Folgen,** die wirtschaftliche Lage verschlechterte sich dramatisch. Und auch die politische Großwetterlage zeigte sich in jenen Tagen nachteilig für die Region, denn der **Seehandel** verlagerte sich vom Mittelmeer zum Atlantik, zu den neu entdeckten Gebieten in Amerika. Dazu kam 1647 eine schlimme **Pestepidemie.**

Mühsam versuchten die Bewohner wieder Tritt zu fassen, u.a. mit einer gezielten Ansiedlungspolitik. Das festigte aber nur wieder die Position des Landadels und ließ abermals die **Unzufriedenheit** wachsen. 1693 kam es erneut zu (erfolglosen) Aufständen.

18. und 19. Jahrhundert

1700 starb der letzte Habsburger König, *Carlos II.,* und der sogenannte **Erbfolgekrieg** brach aus. Die immer noch unzufriedenen Valencianer nahmen Partei – für die falsche Seite. *Felipe V.,* ein Bourbone, bestieg den Königsthron und rächte sich heftig: Die jahrhundertealten Privilegien der Valencianer wurden gestrichen und das Königreich wurde **zur Provinz degradiert.** In den folgenden Jahrhunderten kam es zu vereinzelten kriegerischen Auseinandersetzungen, u.a. gegen die französische Besatzung unter *Napoleon.* Einschneidend blieb je-

Geschichte

doch die Einteilung in die noch heute existierenden drei Provinzen Valencia, Castellón und Alicante.

Bürgerkrieg

Im 20. Jh. erlebte Spanien unruhige Jahre, die im fürchterlichen Bürgerkrieg 1936–1939 kulminierten. Valencia war zeitweise Hauptstadt der **republikanischen Seite,** musste sich aber im März 1939 den Franco-Truppen ergeben. Eine Tragödie spielte sich in den letzten Kriegstagen in Alicante ab. Tausende versuchten von hier zu fliehen. Sie hatten den Gerüchten geglaubt, dass im Hafen von Alicante Schiffe lägen, die sie in Sicherheit brächten – vergeblich.

Autonomie

1982 erhielt die Region Valencia als eine von 17 **comunidades autónomas** den Status der Autonomie zugesprochen.

Am heute so idyllischen Hafen von Alicante spielte sich während des Spanischen Bürgerkriegs eine Tragödie ab

Spanische Geschichte im Überblick

2000 v. Chr.	Erste Besiedlung durch Iberer.
1100 v. Chr.	Phönizier gründen Cádiz.
800 v. Chr.	Kelten siedeln sich in Nordspanien an.
600 v. Chr.	Die Kelten erreichen Zentralspanien.
480 v. Chr.	Die iberische Skulptur „Dama de Elche" wird erschaffen, sie ist Sinnbild einer noch existierenden iberischen Epoche.
300 v. Chr.	Gründung der keltiberischen Stadt Numancia.
237 v. Chr.	*Amilcar Bara* besetzt mit Truppen aus Karthago den Süden des Landes.
226 v. Chr.	Nichtangriffs-Vertrag zwischen Römern und Karthagern. Der Fluss Ebro wird als Trennlinie festgelegt.
225 v. Chr.	Carthago Nova (Cartagena) wird gegründet.
219 v. Chr.	*Hannibal* bricht den Ebro-Vertrag, erobert Sagunto und löst damit den Zweiten Punischen Krieg aus (218–201).
197 v. Chr.	Cádiz wird von den Römern erobert, das Ende der Karthager.
136 v. Chr.	Die Römer gründen Valentia Edetanorum (Valencia).
133 v. Chr.	Die Römer bauen ihr hispanisches Reich aus, besetzen den Ebro und erobern Numancia.
45 v. Chr.	*Cäsar* regiert.
29 v. Chr.	Die Römer besiegen asturische und kantabrische Stämme, festigen so ihre hispanischen Siedlungen.
25 v. Chr.	Emérita Augustas (Mérida) wird als römische Kolonie gegründet.
74 n. Chr.	Roms Herrscher *Vespasian* erteilt die Bürgerechte an hispanische Bewohner.
166 n. Chr.	Die Pest wütet, das römische Reich wird langsam instabil.
258	Gallier und Germanen fallen ein, verschwinden aber nach knapp zehn Jahren wieder.
306	Konzil von Elvira, erste Synode der hispanischen Kirche.
409	Alanen und Sueben gelangen auf die Iberische Halbinsel.
411	Die Westgoten überwinden die Pyrenäen.
425	Die Vandalen überqueren die Meerenge von Gibraltar.
441	Suebenkönig *Rekhila* erobert Sevilla.
456	Die Westgoten unter *Teodorico II.* bekämpfen die Sueben.
475	Unter Führung *Euricos* besetzen die Westgoten das Land.
507	Schwere Niederlage der Westgoten in Vouillé.
542	Die Pest wütet.
585	Der Gotenhäuptling *Leovigildo* erobert Galicien und vertreibt die Sueben.
589	Im III. Konzil von Toledo wird beschlossen, dass die gotische Bevölkerung zum Katholizismus konvertieren soll.
615	*Sisebuto,* ein westgotischer Fürst, verlangt, dass die Juden zum christlichen Glauben konvertieren sollen, eine erste antijüdische Handlung auf iberischem Boden.
711	Gotische Stämme bekriegen sich untereinander. *Tariq* vom Stamm der in Nordafrika residierenden Witzia betritt bei Gibraltar spanischen Boden. Binnen kürzester Zeit ist die Halbinsel unter arabischer Herrschaft.
714	Valencia wird von den Mauren eingenommen.
718	Unter der Führung des asturischen Fürsten *Pelayo* setzt der Widerstand gegen die Mauren in Asturien ein.
722	Erster Sieg von *Pelayo* über die Mauren bei Covadonga. Dieses

	Ereignis gilt in spanischen Geschichtsbüchern als der Beginn der Rückeroberung *(reconquista)*.
750	Berberstämme ziehen sich nach Afrika zurück, ein asturischer Fürst weitet daraufhin sein Herrschaftsgebiet nach Galicien aus.
756	*Abd Al-Rahman I.* wird Emir in der großen Moschee *(mezquita)* von Córdoba.
807	Erste Spuren vom Grab des Apostels *Jacobus* tauchen in Compostela auf.
834	*Abd Al-Rahman II.* regiert Córdoba. Er lässt die Moschee erweitern.
844	Normannen überfallen Gijón und Cádiz.
929	*Abd Al-Rahman III.* wird Kalif von Córdoba.
939	*Abd Al-Rahman III.* verliert die Schlacht von Simancas gegen ein christliches Heer.
985	Barcelona wird von den Almanzor geplündert.
1000	*Sancho III.* wird König von Navarra und dominiert die verbliebenen christlichen Landesteile.
1009	Die Herrschaft der Almanzor endet durch Tod des letzten Vertreters *Sanchuelo*.
1031	Das Kalifat von Córdoba wird nach einer Rebellion aufgelöst.
1085	Toledo wird durch *Alfonso VI.*, Herrscher von Kastilien, erobert.
1118	Zaragoza kapituliert vor dem Heer von *Alfonso I. von Aragón*.
1135	*Alfonso VII.* wird zum König von Kastilien gekrönt.
1171	Kalif *Yusuf I.* kommt nach Sevilla und veranlasst den Bau der Giralda (Domturm).
1195	*Alfonso VIII.* verliert eine Schlacht gegen die Almohaden in Alarcos.
1230	*Fernando III.* vereint die Königreiche Kastilien und León.
1236	Córdoba kapituliert vor den christlichen Heeren.
1238	Valencia wird von den Mauren „befreit".
1264	Vergeblicher Aufstand arabischer Stämme in Andalusien.
1300	Bilbao wird gegründet.
1304	Alicante wird Teil des Königreichs Valencia.
1306	Die Kathedrale von Palma de Mallorca wird gebaut.
1328	*Alfonso IV. von Aragón* verkündet die Untrennbarkeit aller vereinten Königreiche.
1343	*Juan Ruiz* (auch bekannt als Arcipreste de Hita, also Erzbischof von Hita) veröffentlicht das „Libro del buen amor", das heute als eines der ältesten literarischen Werke Spaniens gilt.
1377	In Granada wird mit dem Bau des Löwenhofs in der Alhambra begonnen.
1381	Die Pest wütet auf der Iberischen Halbinsel.
1391	Antijüdische Ausschreitungen in Kastilien und Aragón.
1415	Die Portugiesen erobern Ceuta, eine Stadt auf marokkanischem Territorium, die noch heute unter spanischer Hoheit steht.
1475	Beginn des Erbfolgekrieges in Kastilien zwischen den Anhängern von *Isabel I.* und der Prinzessin *Juana*. Diese wird später als *Juana la Loca* (Juana die Verrückte) „weggeschlossen".

◁ Die Skulptur „Dama de Elche"

Geschichte

1478	Durch eine päpstliche Bulle wird die Inquisition in Kastilien eingeführt.
1482	Beginn der Kämpfe um Granada.
1490	Alicante erhält die Stadtrechte.
1492	Am 1. Januar wird Granada den Katholischen Königen *Fernando* und *Isabel* übergeben, die Mauren ziehen ab. Dieser Sieg beschließt nach spanischer Lesart die 700-jährige „Rückeroberung", die 722 mit Pelayo begann. *Kolumbus* entdeckt außerdem am 12. Oktober Amerika.
1494	*Isabel* und *Fernando* erhalten offiziell den Beinamen „Katholische Könige". Im gleichen Jahr teilen Portugal und Spanien unter sich die Welt auf. Im Vertrag von Tordessillas wird festgelegt, dass alle neu entdeckten Länder westlich einer Linie, die 370 Meilen westlich der Azoren verläuft, zu Spanien gehören sollen und alle östlichen an Portugal gehen.
1497	Der Dukado wird als Zahlungsmittel eingeführt.
1501	Das berühmte und noch heute auf spanischen Bühnen viel gespielte Theaterstück um die Kupplerin La Celestina wird in Sevilla aufgeführt.
1503	In Sevilla wird die Monopolbehörde „Casa de Contratación" gegründet, sie kontrolliert den kompletten Überseehandel.
1511	Padre *Montesinos* beklagt öffentlich in Santo Domingo (Dominikanische Republik) die miserable Behandlung der heimischen Bevölkerung durch die Spanier.
1516	*Carlos I.* wird König von Kastilien und Aragón.
1518	Die Könige erlauben die „Einfuhr" von schwarzen Sklaven in die Kolonien.
1522	*Juan Sebastián Elcano* kehrt nach dreijähriger unfreiwilliger Weltumseglung mit seinem Schiff nach Spanien zurück.
1530	Carlos V. lässt in der Alhambra einen Palast bauen.
1532	Pizarro erobert das Inkareich in Perú.

Geschichte

Staat und Gesellschaft

1549	Die Universität von Alcalá de Henares (bei Madrid) wird gegründet.
1556	*Felipe II.* wird König.
1559	Die ersten Ketzergerichte in Valladolid und Sevilla, die Inquisition setzt ein.
1561	*Felipe II.* verlegt seinen Thron nach Madrid.
1568	Aufstand der Morisken in Granada.
1581	In Andalusien herrscht die Pest.
1588	Die „unsinkbare" Armada geht vor Schottland unter.
1598	*Felipe III.* wird König.
1605	Der erste Teil des „Don Quichote" erscheint.
1609	Ausweisungsbeschluss der Morisken.
1621	*Felipe IV.* wird König.
1640	Vergeblicher Aufstand der Katalanen gegen die kastilische Herrschaft.
1665	*Carlos II.* wird König.
1700	*Carlos II.* stirbt in Madrid kinderlos, er ist der letzte Habsburger. In seinem Testament verfügt er, dass *Felipe de Anjou* ihn beerben soll, die Familie der Habsburger akzeptiert dies nicht.
1702	Der Erbfolgekrieg bricht aus.
1704	England besetzt Gibraltar.
1713	Friedensvertrag von Utrecht, *Felipe V.* wird König und bestraft die Katalanen wegen ihrer „falschen" Parteinahme.
1746	*Fernando VI.* wird König.
1759	*Carlos III.* wird König.
1765	Fünf Häfen wird der Handel mit Amerika erlaubt, ein fast dreihundertjähriges Monopol fällt.
1788	*Carlos IV.* wird König.
1805	Vor Trafalgar in Südspanien zerschlägt eine britische Flotte unter Lord *Nelson* die französisch-spanische Armada. Zur Erinnerung daran wird noch heute in allen Einrichtungen der Royal Navy das sogenannte Trafalgar Night Dinner am 21. Oktober veranstaltet.
1808	Französische Truppen marschieren in Spanien ein, *Carlos IV.* tritt zurück, *Joseph Bonaparte* regiert. In Madrid kommt es am 2. Mai zum Aufstand, zahlreiche Straßen sind danach benannt (Calle dos del mayo), *Goya* malt ein anklagendes Bild.
1810	Die Cortes, das Parlament, konstituiert sich erstmals in Cádiz.
1811	Venezuela und Paraguay erklären sich unabhängig.
1812	Die erste Verfassung wird formuliert.
1813	Die Cortes schaffen die Inquisition ab.
1822	Ecuador wird befreit.
1824	Peru erklärt sich unabhängig.
1833	*Fernando VII.* stirbt, der Karlistenkrieg beginnt, sie wollen einen Bourbonen zum König, *Isabel II.* regiert.
1839	Ende des Karlistenkrieges, eine Militärherrschaft mit insgesamt dreißig ständig wechselnden Regierungen beginnt.
1844	Die Guardia Civil wird gegründet.
1859	Krieg mit Marokko.
1868	Provisorische Regierung unter *Francisco Serrano*.
1871	*Amadao I.* aus dem Hause Savoyen regiert.
1872	Der Zweite Karlistenkrieg beginnt.
1873	Die Erste Republik wird ausgerufen.
1874	*Alfonso XII.* wird König.
1876	Ende des Zweiten Karlistenkrieges.
1879	Die sozialistische Arbeiterpartei PSOE wird gegründet.
1885	*Alfonso XII.* stirbt.
1886	*Alfonso XIII.* wird König.
1898	Die USA erklären Spanien den Krieg und besiegen Truppen in Santiago de Cuba. Verlust der letzten Kolonien: Kuba, Puerto Rico und Philippinen.

◁ Die Alhambra in Granada wurde glücklicherweise kampflos übergeben

1904	Erste Autofabrik in Spanien, „Hispano-Suiza".
1910	Frauen dürfen an Unis studieren.
1914	Im Ersten Weltkrieg bleibt Spanien neutral.
1923	Staatsstreich von General *Primo de Rivera,* die Militärs regieren bis 1925.
1931	Die Zweite Republik wird ausgerufen.
1933	Rechte Parteien gewinnen die Wahlen, Frauen dürfen erstmals wählen.
1936	Wahlsieg der linken Volksfront, das Militär erhebt sich in Melilla, der Bürgerkrieg bricht aus.
1939	Ende des Bürgerkrieges, Beginn von *Francos* fast 40-jähriger diktatorischer Regierungszeit.
nach 1945	Spanien steht jahrelang sehr isoliert da, verbündete Diktatoren *(Hitler, Mussolini)* leben nicht mehr, nach 1940 brechen „Hungerjahre" aus.
1953	Militärabkommen mit den USA, vorsichtige Öffnung des Landes.
1959	Die baskische Untergrundorganisation ETA erscheint auf der Bildfläche. *Franco* lässt sich mit dem Valle de los Caídos ein gigantisches Ehrenmal bauen, errichtet vor allem durch Zwangsarbeiter.
1968	Erste Attentatsopfer der ETA.
1973	Der von *Franco* als Ministerpräsident eingesetzte *Carrero Blanco* wird durch die ETA ermordet.
1975	Hinrichtung von fünf Antifrankisten, im selben Jahr stirbt *Franco* friedlich.

Der alte Hafenbahnhof von Valencia

Geschichte

	Juan Carlos I. wird zum König ernannt, er regiert noch heute.
1977	Die ersten freien Wahlen gewinnt die UCD (Unión de Centro Democrático), eine Zentrumsunion.
1978	Die Verfassung wird verabschiedet.
1979	Bei den zweiten Wahlen gewinnt die UCD erneut.
1981	Ministerpräsident *Adolfo Suárez* tritt zurück, *Calvo-Sotelo* wird Regierungschef. Am 23. Februar versucht die Guardia Civil das Rad der Geschichte zurückzudrehen, besetzt das Parlament und will, dass Panzer rollen. Der Putschversuch scheitert aber am Eintreten König *Juan Carlos I.* für die verfassungsmäßige Ordnung, was die Spanier ihm nie vergessen werden. Frankisten haben keine Chance mehr in Spanien. Außerdem wird das Scheidungsrecht eingeführt.
1982	Spanien tritt der NATO bei, die sozialistische Partei PSOE gewinnt die Wahlen, *Felipe González* wird Ministerpräsident.
1983	Die UCD wird aufgelöst.
1986	Spanien wird Mitglied der EU, die Mehrwertsteuer wird eingeführt.
1988	Generalstreik gegen die Politik der Regierung. Das Privatfernsehen wird eingeführt.
1989	Dritter Wahlerfolg für die PSOE, *Camilo José Cela* erhält den Nobelpreis für Literatur. Frauen dürfen in die Armee eintreten.
1991	Vizepräsident *Alfonso Guerra* tritt zurück.
1992	Olympische Spiele in Barcelona, Madrid ist Kulturhauptstadt Europas, in Sevilla findet die Weltausstellung statt und die 500-Jahr-Feier der Entdeckung Amerikas wird feierlich begangen.
1993	Vorgezogene Wahlen, die Sozialisten gewinnen wieder.
1996	Bei vorgezogenen Neuwahlen gewinnt der konservative *José María Aznar* von der *PP (Partido Popular)*, der Volkspartei.
2000	Die PP gewinnt die absolute Mehrheit bei den Parlamentswahlen. *Aznar* bleibt Regierungschef, Spanien geht es aufgrund wirtschaftsliberaler Gesetze ziemlich gut.
2004	Drei Tage vor den Parlamentswahlen erschüttert ein Bombenanschlag auf den Bahnhof von Madrid das Land. Regierungschef *Aznar* beschuldigt die ETA, die die Tat abstreitet. Schließlich wird klar, dass es Islamisten waren. Die Konsequenz: *Aznar* wird abgewählt, der Sozialist *José Luis Rodríguez Zapatero* gewinnt deutlich.
2007	Die Urteile im Prozess gegen die Attentäter von Madrid werden gesprochen. Die 21 Hauptangeklagten werden zu langjährigen Haftstrafen verurteilt, sieben Angeklagte werden dagegen frei gesprochen.
2008/09	Beginn der weltweiten Finanz- und Wirtschaftskrise; in Spanien bricht der Immobilienmarkt zusammen.
2010	Spanien erlebt eine schlimme Wirtschaftskrise, 1,2 Mio. Jobs gehen verloren, Hunderttausende verlieren ihre Immobilien. Die Regierung will/muss 50 Milliarden Euro einsparen, u.a. wird deshalb die Mehrwertsteuer von 16 auf 18 % erhöht.
2011	Ab Januar gilt ein totales Rauchverbot in allen Lokalen.
2012	Die Krise hat das Land fest im Griff, 25 % der Spanier sind arbeitslos, bei Jugendlichen ist es sogar jeder zweite. Die Politik schnürt Sparpakete, so wird die Mehrwertsteuer erneut erhöht, nun auf 21 %.

Geschichte

2015 Die wirtschaftliche Krise führt zu großer Unzufriedenheit, in Madrid und Barcelona werden erstmals zwei Frauen ins Amt des Bürgermeisters gewählt, beide stammen aus der Protestbewegung.

2016 Spanien muss zweimal wählen, da sich nach der ersten Wahl keine Koalition bilden konnte, schließlich wird der konservative *Mariano Rajoy* Ministerpräsident.

2017 Die Wirtschaft erholt sich langsam. In Barceloma kommt es zu einem schlimmen Attentat auf der Rambla. Die Katalanen halten im Herbst ein Referendum über die Frage einer möglichen Unabhängigkeit ab, die spanische Zentralregierung reagiert mit Härte, da sie dieses Referendum als illegal betrachtet.

2018 Die Katalanen fordern immer stärker ihre Unabhängigkeit, einige katalanische Politiker enden deswegen im Gefängnis, andere flüchten ins Ausland. Der Sozialist *Pedro Sánchez* wird neuer Ministerpräsident.

Valencia ging es wirtschaftlich meist gut, die Menschen wissen zu genießen

Die autonome Region Valencia heute

Knapp 3,2 Mio. Einwohner leben in der autonomen Region Valencia, das sind etwas weniger als 10 % der spanischen Gesamtbevölkerung. Gut und gerne 10 % des spanischen Bruttosozialproduktes werden hier erwirtschaftet, und sogar 15 % des gesamtspanischen Exportes kommen aus der *Comunitat Valenciana*. Das Erstaunlichste aber: Bis auf wenige Ausnahmen gibt es keine riesigen Konzerne. Mehr als 300.000 kleine und mittlere Betriebe erwirtschaften diese Zahlen. Aber da eben auch an der Costa Blanca sehr viel gebaut wurde, bleibt die momentane spanische Wirtschaftskrise auch hier spürbar. Viele Hypothekenkredite sind geplatzt, unzählige Wohnungen stehen zum Verkauf und finden trotz deutlich gefallener Preise keinen Interessenten.

Unternehmertum

Nicht selten sind es immer noch **Familienbetriebe**, die sich auf bestimmte Sektoren spezialisiert haben. Beispielsweise die 1953 gegründete Keramikfabrik *Lladró*. Aus kleinsten Anfängen expandierten die Brüder *Lladró* zu einer der produktivsten valencianischen Firmen, die heute ihre wertvolle Ware in 123 Länder exportieren. Oder *Juan Roig*, Chef der Supermarktkette *Mercadona*. Seit Jahren erwirtschaftet seine Warenhäuser so viel wie kein anderes Unternehmen in der Region Valencia. Nicht einmal Ford schaffte das. Dabei sind die Autobauer eine der wenigen multinationalen Firmen, die hier arbeiten, und das schon seit fast drei Jahrzehnten. Es sind die kleinen Unternehmen, die das wirtschaftliche Bild prägen und dabei teilweise erstaunliche Erfolge erzielen.

Industrie

Zu erwähnen sind in erster Linie die **Schuhfabriken** rund um Elche. Mit Fleiß, Mut und einem Schuss innovativem Geist konnten sich hier einige nationale Marken derart gut etablieren, dass sie heute auch auf dem Weltmarkt konkurrieren können (z.B. *Kelme* oder *Panamá Jack*). Andere Branchen waren ähnlich erfolgreich, und zwar nicht unbedingt in den großen Metropolen Valencia oder Alicante, sondern in kleinen Orten, wo sie seit ihren Anfängen geblieben sind. So gilt Crevillente heute als das Zentrum der **Textilherstellung,** die Orte Ibi und Onil sind immer noch die Heimatstädte bekannter **Spielzeugfabrikanten,** und die leckere Nascherei **Turrón** kommt hauptsächlich aus Xixona.

Landwirtschaft

Nicht zu unterschätzen ist natürlich auch die Rolle der Landwirtschaft, denn die Region Valencia ist das Anbaugebiet schlechthin für **Orangen**. Allerdings wachsen diese nicht im Bereich der Costa Blanca, sondern weiter nördlich bei Valencia. Die Landwirtschaft im Gebiet von Alicante ist sowieso ein hartes Brot, denn die Erde ist trocken, steinig und relativ gebirgig. Und in der südlich von Alicante gelegenen Provinz Murcia, also im Bereich der hier auch beschriebenen Costa Cálida, wächst fast gar nichts mehr, da es dort staubtrocken ist.

Tourismus

Wenn man all die zu Tausenden entstandenen Ferienhäuser und Zweitwohnungen ausländischer Dauergäste dem touristischen Sektor zurechnet, wird deutlich, wie viele **Arbeitsplätze** hier entstanden sind, nicht nur auf dem Bau, sondern auch im Servicebereich, angefangen beim Makler und Notar über Supermärkte und Bäcker bis hin zum Gärtner und Klempner. Genau aus diesem Grunde hat es auch eine starke Einwanderung von Menschen aus Nordafrika, Osteuropa und Lateinamerika gegeben, die hier alle Arbeit suchten. Sehr viele fanden auch einen Job, aber im Zuge der Krise fallen nun auch viele dieser Arbeitsplätze wieder weg, beispielsweise liegt die Bauindustrie regelrecht brach. Für Einnahmen sorgen aber auch die „normalen" Touristen, die zwei bis drei Wochen bleiben. Ein paar Zahlen: 9,2 % der ca. 10 Mio. deutschen Spanienurlauber kommen an die Küste Valencias, das heißt nicht nur an die Costa Blanca. In der gesamten Region Valencia soll es 80.000 Hotelbetten geben (ca. 1 Mio. in ganz Spanien), Plätze für 68.000 Camper und 123.000 zu Vermietungszwecken re-

Architektur – Bauliches und kulturelles Erbe

gistrierte Apartments. Weitere 2 Mio. sollen unter der Hand vermietet werden. Allein nach Benidorm reisen Jahr für Jahr 4 Mio. Gäste, darunter allerdings sehr viele spanische Urlauber. Der touristische Sektor erwirtschaftet allein in der Provinz Alicante knapp 9 % des regionalen Bruttosozialproduktes.

Der Tourismus ist für ganz Spanien ein wichtiger Wirtschaftsfaktor

Die verschiedenen Kulturen, die über die Jahrhunderte im Bereich der heutigen Costa Blanca siedelten, hinterließen unterschiedlich ausgeprägte Spuren.

Aus der Epoche der **Phönizier** (um 1100 v.Chr.) wurden vor allem Keramiken oder Grabstätten, teilweise auch Haushaltsgeräte gefunden, meist im Bereich von Flussmündungen.

Die später hier siedelnden **Römer** (1. Jh. v.Chr. – 5. Jh. n.Chr.) hinterließen auch große Bauwerke, wie z.B. die Überreste der Stadt Lucentum in Alicante.

Die **maurisch-islamische** Zeit dauerte in ganz Spanien ab 711 n.Chr. gute acht Jahrhunderte, allerdings war sie im Bereich der Costa Blanca bereits Mitte des 13. Jh. beendet, als christliche Heere einen Ort nach dem anderen erobert und von den Mauren „befreit" hatten. 711 überschritt erstmals ein Berber-Stamm unter Führung von *Tarik* die Meerenge von Gibraltar. Ihm folgten alsbald arabische Stämme. Gemeinsam eroberten sie in nur wenigen Jahren fast die gesamte Iberische Halbinsel und gelangten bis nach Südfrankreich. Erster ernsthafter Widerstand kam 718 aus den asturischen Bergen in Nordspanien, als ein lokaler Fürst, *Pelayo,* den siegesgewohnten Berbern eine erste Niederlage zufügte. Die spanische Geschichtsschreibung feiert diesen Triumph bis heute als den „Beginn der Reconquista, der Rückeroberung", die 1492 mit der Einnahme von Granada endete. In den Jahrhunderten dazwischen wurde um fast jeden halbwegs größeren Ort eine Schlacht zwischen „Christen und Mauren" geschlagen, wie es noch heute etwas verkürzt in Spanien heißt. Diese Schlachten werden in vielen Orten an der Costa Blanca am Tag der „Befreiung" nachgespielt, wobei im Ort Alcoi die größte und spektakulärste Feier stattfindet – sie dauert dort drei Tage.

Über Jahrhunderte aber herrschten islamisch geprägte Stämme in Spanien und hinterließen überall ihre Spuren. In Südspanien hielt sich das **islamische Reich** am längsten, es wurde Al-Ándalus genannt und bestach lange Zeit durch eine hohe bauliche und kulturelle Präsenz. Zunächst wurde Al-Ándalus von Córdoba durch die Dynastie der Omaijaden regiert. Währenddessen kam es zu einer kulturellen Blütezeit. 1031 wurde Córdoba von den Christen erobert, danach regierten zunächst einige lokale Fürsten verschiedene kleinere Zonen (*taifas* auf Spanisch, eine davon war die *Taifa de Valencia*), die sich aber auf Dauer als zu schwach erwiesen. Schließlich folgten die strenggläubigen Almohaden, die sich mehr nach Norden orientierten, mehrere Schlachten gegen christliche Heere in Zentralspanien (Kastilien) schlugen, diese aber verloren. Zu Beginn des 13. Jh. verloren sie endgültig die Macht, und die Dynastie der Nasriden regierte nun das verbliebene Al-Ándalus von Granada aus. Man versuchte sich mit den christlichen Königen zu arrangieren, letztlich vergebens.

In dieser langen, fast 800-jährigen Zeit entstanden in ganz Spanien einige **beeindruckende Bauwerke,** die noch heute staunen lassen. Zu diesen gehört besonders die schöne Alhambra in Granada. Aus der Frühzeit stammt vor allem die Große Moschee von Córdoba und der Alcázar von Sevilla. Zu allen Zeiten entstanden überall zahlreiche Moscheen, die allerdings nach der jeweiligen christlichen Eroberung zuerst zerstört oder aber in eine christliche Kirche umgewandelt wurden. Auch die Iglesia de Santa María in Alicante steht auf den Resten einer ehemaligen Moschee.

Das vielleicht berühmteste islamische Bauwerk, die **Alhambra** in Granada, wurde in einer relativ späten islamischen Phase, etwa ab dem 13. Jh., unter den Nasriden gebaut. Die „rote Burg", so der übersetzte Name, thront noch heute auf einem Hügel oberhalb der Stadt Granada. Sie ist von einer hohen Außenmauer umgeben und hat eine wehrhafte Burg, die räumlich getrennt von den wunderschönen Palasträumen ist. Die Burg ist noch einmal mit einer eigenen Mauer geschützt und hat auch eigene wuchtige Tore, die man als Feind nur schwer überwinden konnte. Selbiges lässt sich auch gut an der Festung **Castillo de Santa Bárbara** von Alicante erkennen.

Ein weiteres besonders schönes kulturelles Erbe der maurischen Epoche im Bereich der Costa Blanca ist der riesige **Palmenwald** von **Elche,** der hier das Stadtbild bestimmt. Hunderttausende von Palmen wachsen dort und geben der Stadt nicht nur eine grüne Note, sondern auch einen Flair, den keine andere spanische Stadt aufweist.

▷ Das vielleicht schönste bauliche Erbe der islamischen Zeit ist die Alhambra in Granada

Architektur – Bauliches und kulturelles Erbe

Architektur – Bauliches und kulturelles Erbe

An einigen Orten an der Costa Blanca ist das **Straßenbild einer ehemals orientalisch geprägten Ortschaft** mit engen Gassen erhalten geblieben. So kann man dieses in **Altea** noch recht gut in der Altstadt erkennen. Vielleicht auch noch mit etwas Fantasie in der kleinen **Altstadt von Benidorm,** und eigentlich auch in den meisten Orten, deren Namen mit „Beni" beginnen, denn die gehen auf eine maurische Gründung zurück. Im Kern lag meist die **Medina,** ein wichtiges, oftmals ummauertes Zentrum mit Markt, Moschee und Festung (soweit vorhanden), das von bewohnten Vierteln umgeben war. Von den Stadttoren führten Straßen zur Medina, die restlichen Gassen entstanden eher planlos. Innerhalb der Medina konzentrierten sich die einzelnen Berufsgruppen in bestimmten Vierteln, was sich gelegentlich noch heute an den Straßennamen ablesen lässt, wenn beispielsweise eine Gasse „Straße der Silberschmiede" heißt. Nach der christlichen Machtergreifung wurde dieses Bild in etlichen Orten entscheidend verändert. Vor allem durch die Erschaffung eines **großen, zentralen Platzes,** an dem repräsentative Gebäude stehen sollten, wie beispielsweise das Rathaus oder ein kirchlicher Bischofspalast. Zusätzlich entstanden auch große, breite Straßen, die zum jeweiligen Stadttor führten, welche ein klares Gegenbild zum früheren, etwas chaotischen Straßenbild setzen sollten.

Nach dieser großen Umwälzung, die mit der Vertreibung der letzten islamgläubigen Menschen (und übrigens wenig später auch der zum Christentum konvertierten Araber, sowie ebenfalls der Juden) ein trauriges Ende fand, geschah für lange Zeit baulich eher wenig Spektakuläres. Vor allem wurden **Kirchen** gebaut, vereinzelt auch herrschaftliche Paläste, aber eine generelle neue Linie gab es nicht. Weitere Veränderungen im Stadtbild fanden, wenn überhaupt, nur in großen Orten statt. In den kleinen Bergdörfern oder Fischersiedlungen spielte sich das Leben so ab wie eh und je, baulich-kulturelle Hinterlassenschaften sind Mangelware.

Erst das **20. Jahrhundert** bescherte der Küste durch den **Tourismus** wieder tiefgreifende bauliche Veränderungen. Urlauber brauchten Unterkünfte am Meer, die gab es jedoch anfänglich kaum. Da die Nachfrage aber rasant anstieg, wurden rasch **Apartmentblocks** hochgezogen, die funktionell sein mussten, aber nicht unbedingt schön. Tausen-

Architektur – Bauliches und kulturelles Erbe

de von diesen Komplexen entstanden vor allem zwischen 1970 und 1990 an Spaniens Küsten – in einigen Orten wuchsen diese Blöcke buchstäblich in den Himmel. In **Benidorm** stehen heute über 100 Wolkenkratzer. Auch andere Orte, wie **Torrevieja,** wurden mit Appartment-Blocks zugepflastert. So entstanden viele Gebäude mit Abertausenden von Ferienwohnungen, die auch unter Spaniern sehr gefragt waren. Das angenehme Klima der Costa Blanca spülte immer mehr Menschen aus dem Norden an die Küsten, was schließlich zu einem einzigartigen **Bauboom** führte. Neben den Hochhäusern wurden großflächig ganze Siedlungen von kleinen Häusern, Villen und Reihenhäusern gebaut, die dann Fantasienamen bekamen und immer in relativer Nähe zum Meer standen. So wuchs der ursprünglich kleine Ort **Dénia** zu einem riesigen Wohngebiet. Ähnlich verlief die Entwicklung in **Altea** und **Jávea.** Auch dies ist natürlich ein bauliches Erbe, das noch lange das Küstenbild prägen wird.

▽ Ein bauliches Erbe der heutigen Zeit – Wolkenkratzer in Benidorm

Der Autor | 300
Literaturtipps | 292
Register | 297
Sprachhilfe | 293

8 Anhang

◁ Ob man wohl mitsegeln darf?

Literaturtipps

■ *Allebrand, Raimund:* **Alles unter der Sonne.** Halbwahrheiten, Irrtümer, Gemeinplätze zu Spanien werden beleuchtet und der spanischen Realität gegenübergestellt. Für ein tieferes Verständnis empfehlenswert. Manche Passagen sind nicht ohne Humor geschrieben. Horlemann Verlag.

■ *Chirbes, Rafael:* **Krematorium.** Bauunternehmer *Rubén Bertomeu*, reich geworden durch Bauprojekte an der Costa Blanca, reflektiert sein Leben und das seiner Familie anlässlich des Todes seines Bruders. Der Autor geht dabei über das Schicksal der Familie hinaus und zeigt das Bild einer Mittelmeerküste, die der Tourismus zerstört und zugleich einige ziemlich reich gemacht hat. Er illustriert auch das Schicksal der Linken nach der *Franco*-Zeit und was aus ihren Visionen geworden ist, alles verdichtet auf einen einzigen Tag. Kunstmann Verlag.

■ Der *Costa-Nachrichten*-Verlag hat seinen Sitz an der Costa Blanca und gibt mehrere Bücher zur Region heraus, z.B.: **Kleiner Naturführer, Faszinierende Meereswelt** oder **Wanderfreuden Costa Blanca.** Zu beziehen sind die Bücher über den Verlag W. Jenior in Kassel.

■ *Arturo Pérez-Reverte:* **Der Preis, den man zahlt.** Auftakt einer Reihe um den Agenten *Lorenzo Falcó*, der in den Wirren des spanischen Bürgerkrieges (1936–1939) mit einem wichtigen Auftrag betraut wird, der ihn nach Alicante führt. Auch wenn die Hauptaktion dort spielt, erfährt man nicht so sehr viel über die Stadt, aber *Pérez-Reverte* hat ganz ausgezeichnet die damalige Situation mit den verschiedenen militärischen und ideologischen Gruppen dargestellt. Er gibt so einen lebendigen und tiefen Einblick in eine Zeitspanne, die uns Heutigen doch sonst verschlossen ist. Insel Verlag.

■ *Pielow, Winfried:* **Das Alphabet.** Briefe aus Spanien an eine daheim Gebliebene. Sie schildern den Alltag der gelangweilten Nordeuropäer in einer Feriensiedlung unter spanischer Sonne. Erschienen im Verlag W. Jenior.

■ *Sobik, Helge:* **Der Mann, der mit den Gambas zaubert. Funkelnde Costa Blanca.** Der Autor blickt hinter die Kulissen der Ferienküste. Schaut den Einheimischen über die Schulter, beschreibt aber selbstironisch und kritisch seine eigenen Erfahrungen beim Bau eines Ferienhauses. Erläutert den Erfolg einer deutschsprachigen Zeitung und folgt dem Duft der Orangen. *Helge Sobik* bietet somit dem Leser, der sich vielleicht gerade auf „seinem" Costa-Blanca-Strand sonnt, tiefgründige Einblicke, die es auch an einer zubetonierten Küste gibt. Picus Verlag.

Sprachführer

■ **Spanisch – Wort für Wort,** Kauderwelsch Bd. 16. Spanisch zum Einsteigen und Auffrischen, ermöglicht die schnelle Verständigung. Ergänzend hierzu gibt es den AusspracheTrainer auf Audio-CD oder als mp3-Download. Reise Know-How Verlag.

■ **Spanisch Slang,** Kauderwelsch Band 57. Alltagsspanisch für Fortgeschrittene, vom Autor dieses Buches. Reise Know-How Verlag.

■ **Spanisch Kulinarisch,** Kauderwelsch Band 151. Die Verständigungshilfe für Restaurant und Supermarkt, mit Vokabeln von *tapa* bis *tortilla*. Reise Know-How Verlag.

■ **Spanisch 3 in 1.** Dieser Jubiläumsband zum 25-jährigen Bestehen der Kauderwelsch-Reihe vereint die oben vorgestellten Einzelbände. Reise Know-How Verlag.

■ **KulturSchock Spanien,** Reise Know-How Verlag, Bielefeld. Informationen und Hintergründe zu Alltagskultur, Traditionen, Verhaltensregeln usw.

■ **So sind sie, die Spanier,** Reise Know-How Verlag, Bielefeld. Aus der Reihe „Die Fremdenversteher", welche einen humorvollen Blick auf die europäischen Nachbarn bietet.

Sprachhilfe

An der Costa Blanca wird **Spanisch** gesprochen. **Valencianisch** ist aber auch verbreitet, vor allem in den nördlicheren Regionen. Beide Sprachen existieren heute gleichwertig nebeneinander. Viele Schilder sind **zweisprachig** gehalten. Die wichtigsten Floskeln werden deshalb hier sowohl auf Spanisch als auch auf Valencianisch vorgestellt.

Es können an dieser Stelle jedoch nur ein paar Phrasen genannt werden, die man schnell erlernen kann und auf die keine komplizierte Antwort zu erwarten ist. Das reicht natürlich nicht zur Kommunikation. Angebracht ist deshalb ein vertiefender Blick in den Kauderwelschband Nr. 16 **„Spanisch – Wort für Wort"** aus diesem Verlag. Er führt den Leser auf leichte, aber unterhaltsame Weise in das Sprachsystem ein (siehe „Literaturtipps").

Aussprache und Betonung

Spanisch

Zur Aussprache

- Jedes Wort wird so ausgesprochen, wie es geschrieben wird, d.h. es werden keine Buchstaben zusammengezogen.
  Beispiel: **bien** (gut) wird „bi-en" gesprochen.
- Einzige Ausnahme: **gue** und **gui** werden „ge" und „gi" gesprochen.
  Beispiel: *guerra* (Krieg) – „gerra".
- **c** wird weich gesprochen, wie englisches „th", wenn „e" oder „i" folgt.
- **c** wird wie „k" gesprochen, wenn a, u, o folgt. Beispiel: *casa* (Haus) – „kasa".
- **ch** – „tsch". Beispiel: *mucho* (viel) – „mutscho".
- **j** – „ch", wie in „acht". Beispiel: *Juan* – „chuan".
- **ll** – „lj", fast wie deutsches „j". Beispiel: *Mallorca* – „Majorka".
- **ñ** – „nj". Beispiel: *España* – „Espanja".

Ein Hinweis auf ein vom Deutschen abweichendes Phänomen: Das **umgedrehte Fragezeichen** (¿) vor dem Fragesatz ist eine typische spanische Besonderheit. Analog wird vor einem Befehlssatz ein umgedrehtes Ausrufungszeichen gesetzt (¡).

Bei der **Betonung** gibt es **zwei Grundregeln:**
- Grundsätzlich werden die Wörter auf der **vorletzten Silbe** betont, wenn sie auf einem **Vokal** (a, e, i, o, u) bzw. auf -n oder -s enden.
- Endet ein Wort auf einem **Konsonanten** (außer: -n und -s), wird die **letzte Silbe** betont.
- Abweichungen von dieser Regel zeigen die **Akzente** an. In diesem Fall wird dann der Buchstabe betont, über dem der Akzent steht.

Valencianisch

- Die **Betonungsregeln** lauten wie im Spanischen, die Betonung liegt meist auf der vorletzten Silbe. Steht ein Akzent auf einem Buchstaben, wird dieser betont. Wörter, die auf -r enden, werden auf der letzten Silbe betont.
- Es gilt ebenfalls, dass die Worte so **ausgesprochen** werden, wie sie geschrieben sind, also auch bei französisch anmutenden Begriffen nicht in eine französische Aussprache fallen.
- Unbekannt dürfte die **Buchstabenkombination ll** sein, hier wird das „l" lang ausgesprochen, nicht zum „lj" zusammengezogen, wie im Spanischen.
- Die spanische *ñ* wird meist durch **ny** ersetzt und „nj" ausgesprochen.
- **tx** wird zu „tsch", wie in „Matsch".
- Ähnlich hören sich **eig, aig, uig, oig** an, sie werden „tsch" gesprochen, also *Passeig* = „Passetsch".

- **ç** wie in *Plaça* (Platz) wird wie „ß" gesprochen, also: „Plassa".
- **tge** oder **tje** wie in *Platges* (Strände) oder *Platja* (Strand) wird wie „dsch" gesprochen, also wie „Pladsche" oder „Pladscha".

Wichtige Begriffe und Phrasen

Höflichkeitsfloskeln

Deutsch	Spanisch	Valencianisch
Hallo	*hola*	*hola*
Guten Tag	*Buenos días*	*Bon dia*
Auf Wiedersehen	*Adiós*	*Adéu*
Gute Nacht	*Buenas noches*	*Bona nit*
Bis später	*Hasta luego*	*Fins després*
Wie heißt du?	*¿Cómo te llamas?*	*Com et dius?*
Ich heiße	*Me llamo ...*	*Em dic ...*
Wie geht's?	*¿Cómo estás?*	*Com estàs?*
Sehr gut, danke	*Muy bien, gracias*	*Molt bé, gràcies*
Bitte	*Por favor*	*Si us plau*
Vielen Dank	*Muchas gracias*	*Moltes gràcies*
Gern geschehen, macht nichts	*De nada*	*De rès*
Ja	*Sí*	*Sí*
Nein	*No*	*No*
In Ordnung	*Vale*	*Val, d'acord*

Verständigung

Ich verstehe nichts	*No entiendo*	*No entenc*
Sprechen Sie Deutsch?	*¿Habla Usted alemán?*	*Parla alemany?*
Tut mir leid, ich spreche kein Spanisch	*Lo siento, no hablo español*	*Ho sento, no parlo espanyol*
Tut mir leid, ich spreche kein Katalanisch	*Lo siento, no hablo catalán*	*Ho sento, no parlo català*

Zeiten

Jetzt	*Ahora*	*Ara*
Spät	*Tarde*	*Tard*
Später	*Más tarde*	*Més tard, després*
(der) Morgen	*Mañana*	*Matí*
Nachmittag	*Tarde*	*Tarda*
Nacht	*Noche*	*Nit*
Gestern	*Ayer*	*Ahir*
Heute	*Hoy*	*Avui*
Morgen	*Mañana*	*Demà*
Tag	*Día*	*Dia*
Woche	*Semana*	*Setmana*
Monat	*Més*	*Mes*
Jahr	*Año*	*Any*

Wochentage

Montag	*Lunes*	*Dilluns*
Dienstag	*Martes*	*Dimarts*
Mittwoch	*Miércoles*	*Dimecres*
Donnerstag	*Jueves*	*Dijous*
Freitag	*Viernes*	*Divendres*
Samstag	*Sábado*	*Dissabte*
Sonntag	*Domingo*	*Diumenge*

> Ein paar Sprachkenntnisse verschönern den Urlaub noch, denn viele Einheimische freuen sich, wenn man eine kleine Konversation auf Spanisch oder gar Valencianisch wagt

Sprachhilfe

Monate

Januar	*Enero*	*Gener*
Februar	*Febrero*	*Febrer*
März	*Marzo*	*Març*
April	*Abril*	*Abril*
Mai	*Mayo*	*Maig*
Juni	*Junio*	*Juny*
Juli	*Julio*	*Juliol*
August	*Agosto*	*Agost*
September	*Septiembre*	*Setembre*
Oktober	*Octubre*	*Octubre*
November	*Noviembre*	*Novembre*
Dezember	*Diciembre*	*Desembre*

Straßen

Straße	*Calle*	*Carrer*
Platz	*Plaza*	*Plaça*
Prachtstraße	*Avenida*	*Avinguda*
Promenade	*Paseo*	*Passeig*

Touristische Begriffe

Geschlossen	*Cerrado*	*Tancat*
Geöffnet	*Abierto*	*Obert*
Toiletten	*Servicio, Baño*	*Serveis, Bany*
Männer	*Hombres*	*Homes*
Frauen	*Señoras*	*Dones*
Doppelzimmer	*Habitación doble*	*Habitació doble*
Einzelzimmer	*Habitación simple*	*Habitació senzilla*
Zimmer ...	*Habitación*	*Habitació*
... mit Bad	*... con baño*	*... amb bany*
... mit Dusche	*... con ducha*	*...amb dutxa*
Flugplatz	*Aeropuerto*	*Aeroport*
Hafen	*Puerto*	*Port*
Bahnhof	*Estación de tren*	*Estació de tren*
Busbahnhof	*Terminal de Autobús*	*Estació d'autobusos*
Preis	*Precio*	*Preu*
Eintritt	*Entrada*	*Entrada*
Eintrittskarte	*Billete*	*Bitlet*
Rückfahrkarte	*Billete de ida ... y vuelta*	*Bitllet d'anada ... i tornada*

Wichtige Phrasen

Wie teuer ist es?	*¿Cuánto vale?*	*Quant val?*
Wie kann ich ...	*¿Cómo podría ...*	*Com puc ...*
nach ... gehen?	*... ir a ...?*	*... anar a ...?*
Wo liegt ...?	*¿Dónde está ...?*	*A on està ...?*
Wie spät ist es?	*¿Qué hora es?*	*Quina hora és?*
Ich suche ...	*Estoy buscando ...*	*Estic buscant...*
Ich benötige...	*Necesito ...*	*Necessito ...*
Ich möchte...	*Quiero ...*	*Vull...*
Ich hätte gerne...	*Querría ...*	*Voldría ...*
Geben Sie mir...	*Déme ...*	*Doni'm ...*
Haben Sie...?	*¿Tiene ... ?*	*Té ... ?*

Zahlen

0	*cero*	*zero*
1	*uno*	*un/una*
	(aber: *un kilo, una cerveza*)	
2	*dos*	*dos/dues*
3	*tres*	*tres*
4	*cuatro*	*quatre*
5	*cinco*	*cinc*
6	*seis*	*sis*
7	*siete*	*set*
8	*ocho*	*vuit*
9	*nueve*	*nou*
10	*diez*	*deu*
11	*once*	*onze*
12	*doce*	*dotze*
13	*trece*	*tretze*
14	*catorce*	*catorze*
15	*quince*	*quinze*
16	*dieciséis*	*setze*
17	*diecisiete*	*disset*
18	*dieciocho*	*divuit*
19	*diecinueve*	*dinou*
20	*veinte*	*vint*
21	*veintiuno*	*vint-i-un*
22	*veintidós*	*vint-i-dos*
29	*veintinueve*	*vint-i-nou*
30	*treinta*	*trenta*
31	*treinta y uno*	*trenta-i-un*
40	*cuarenta*	*quaranta*
50	*cincuenta*	*cinquanta*
60	*sesenta*	*seixanta*
70	*setenta*	*setanta*
80	*ochenta*	*vuitanta*
90	*noventa*	*noranta*
100	*cien*	*cent*
101	*ciento uno*	*cent u*
102	*ciento dos*	*cent dos*
110	*ciento diez*	*cent deu*
138	*ciento treinta y ocho*	*cent trenta-i-vuit*
200	*doscientos*	*dos-cent*
300	*trescientos*	*tres-cent*
400	*cuatrocientos*	*quatre-cent*
500	*qinientos*	*cinc-cent*
600	*seiscientos*	*sis-cent*
700	*setecientos*	*set-cent*
800	*ochocientos*	*vuit-cent*
900	*novecientos*	*nou-cent*
1000	*mil*	*mil*
2000	*dos mil*	*dos-mil*

Die Zahlen ab 1000 aufwärts werden wie im Deutschen gebildet, indem jeweils *mil* angehängt wird.

Register

A
Abendessen 202
Abkürzungen 9
Al Sharquiyya 270
Alanen 268
Albergues 244
Alcoi 77
Alfás del Pí 19, 64
Algar 63
Alhambra 286
Alicante 17, 18, 91
Alicante, Provinz 266
Alkohol 195
Almohaden 270
Almoraviden 270
Altea 18, 57, 288
Amerika 271
Anreise 221
Anreise, Valencia 149
Aqualandia 71
Araber 269
Architektur 285
Autobahn 194
Autofahren 194, 221
Automobilclubs 229
Autonomie 274
Autopista 194
Autounfall 197, 229
Autovía 194

B
Bäder, arabische 121
Bahn 33, 223, 231
Banken 218
Bar 208
Begriffe, spanische 9
Benidorm 18, 65, 288
Benissa 47

Benutzung, Buch 9
Berber 269
Beschwerdeblätter 246
Bezahlen 208
Bier 206
Bocadillos 205
Botschaften 201, 218
Briefkästen 233
Briefmarken 233
Brückentage 262
Bürgerkrieg 274
Bus 225, 232

C
Cabo de la Nao 43
Cabo de Sant Antoni 42
Cabo de Santa Pola 128
Cafetería 208
Cala Portitxol 43
Callosa d'en Sarrià 63
Calpe 50
Camping 200
Canelobre 16, 88
Casa de Huéspedes 244
Castillo de
 Santa Bárbara 103
Chiringuitos 208
Chorgesang 138
Christianisierung 273
Ciutat de les Arts
 i les Ciències 174
Colón, Cristóbal 271
Comunitat
 Valenciana 252, 266
Cortés, Hernán 272
Cova de Benidoleig 33
Cruces de Mayo 212

D
Dama de Elche 120
Delfinarium 71
Dénia 25
Deutschland direkt 237
Día de la Comunitat
 Valenciana 267
Diplomatische
 Vertretungen 201, 218
Dokumente 201, 218
Duftpark 139
Dünen 130
Durchschnitts-
 temperaturen 256

E
Einreise 218
Einwohnerzahlen 266
El Campello 85
El Cid Campeador 270
El Misteri d'Elx 120
Elche 16, 115, 288
Els Furs 271
Erbfolgekrieg 273
Erholung 235
Essen 201
Estació del Nord,
 Valencia 155, 159
Europaschutzbrief 246
Explanada, Alicante 95

F
Fahrrad 234
Fallas 188, 215
Feiertage 215, 267
Ferienwohnungen 238
Ferienzeit 73
Festa de Sant Dionís 267
Feste 188, 210, 267
Fiestas 212
Fischauktion 30

Flagge 266
Flanieren 31
Flug-Know-how 226
Flugzeug 225
Flüsse 254
Fonda 244
Fortaleza de
 Santa Pola 124
Freizeitbäder 71
Freizeitpark 70
Fremden-
 verkehrsamt 227
Frühstück 202

G
Gebirge 254
Geldautomaten 219
Geld 218
Geldkarten 219, 230
Geldtransfer 230
Geografie 252
Geschichte 267
Geschichte, Valencia 149
Geschichtstabelle 275
Gesellschaft 265
Gesundheit 220
Getränke 206
Goten 269
Grenzkontrollen 218
GRÚA 196
Guadalest 17, 62
Guardamar del
 Segura 16, 130

H
Habaneras 138
Haftpflicht-
 versicherung 247
Handy 195, 237
Hannibal 268
Haustiere 249

Register

Höchstgeschwindigkeiten 196
Hogueras de San Juan 216
Höhlen 33, 88
Hostal 244
Hotel Residencia 244
Hotelpreise 245
Hotels 238

I
Iberer 267
Ibiza 33
Iglesia Santa Catalina, Valencia 165
Industrie 283
Infostellen 227
Internet 227
Isla de Tabarca 18, 129
Islam 269

J
Jardín de Turia 172
Jaume I. von Aragón 270
Jávea 17, 35
Jugendherbergen 244

K
Kaffee 202
Kalter Tropfen 257
Karten 194
Karthager 268
Kaufkraft 218
Kelten 267
Keltiberer 268
Kinder 218, 228
Klima 256
Kolumbus, Christoph 271
Königreich Valencia 271
Konsulate 201
Kosten 218, 245
Krankenversicherung 220
Krankenversicherungskarte, Europäische 220
Kreditkarte 219
Kreisverkehr 195
Kriminalität 234
Kuba 138
Küstenbahn 25, 33

L
L'Àgora 178
L'Oceanogràfic 179
La Estrecha 19, 165
La Mare de Déu dels Desemparats 191
Ladenschluss 232
Lagunas de la Mata y Torrevieja 141
Landwirtschaft 283
Las Fallas 188, 215
Les Fonts de L'Algar 16, 63
L'Hèmisféric 175
Literaturtipps 292
Llotja de la Seda 163
Lokale 208
Lucentum 19, 89
L'Umbracle 174

M
Mauren 285
Maut 194, 222
Mentalität 258
Mietwagen 199
Mirador Cap Negre 43
Mirador La Falzia 43
Mirador La Granadella 43
Misterio de Elche 120
Mittagessen 202
Mittelmeerkulturen 70
Mobiltelefon 195, 237
Molins de les Planes 42
Montgó 42
Moraira 44
Morisken 272
Moros y Cristianos 217
Mundomar 71
Museu de les Ciències Príncipe Felipe 179

N
Nachtleben 76
Name der Region 252
Nationalstraßen 194
Naturphänomene 25
Niederschlag 256
Nit de Foc 217
Notfälle 229
Numancia 268

O
Öffnungszeiten 232
Orangen 283
Orihuela 142

P
Paella 204, 206
Palau de les Arts Reina Sofía 175
Palau de la Música 174
Palmen 115, 124
Panne 199, 229
Papiere 218
Parador 238
Parken 196
Parque Aromático 139
Parque Gulliver 172
Parque Natural del Montgó 42
Patronatsfeste 212
Pauschalreisen 238
Pelayo 269
Peñón de Ifach 16, 52
Pensión 244
Personalausweis 218
Pest 273
Phönizier 267, 285
Plaça de l'Ajuntament 155, 160
Plaça de la Mare de Déu 170
Platja de la Malvarosa 181
Platja del Cabanyal Les Arenes 181
Plaza 104
Porto 233
Post 233
Preisliste 208
Promillegrenze 195
Provinz 252
Provinzen 266
Punischer Krieg, Zweiter 268

R
R-Gespräch 237
Radfahren 234
Ramblas 254
Rauchen 210
Reconquista 269
Regen 257
Reinos de Taifas 270
Reisegepäckversicherung 247
Reisekosten 218, 245
Reisepass 218
Reiserücktrittsversicherung 247

Register

Reisezeit 234
Reisspezialitäten 206
Restaurant-Knigge 208
Río Turia 117, 72
Roderich 269
Römer 268, 285
Romerías 215
Route Anreise 221

S

Saison 245
Saladar de Calpe 54
Salinas de Santa Pola 128
Salinen 252
Salz 128, 139, 141
Salzsee 54
Sanddünen 130
San Juan de Alicante 88
San Vicente Ferrer 191
Santa Maria de Valencía 166
Santa Pola 17, 123
Santuari de la Mare de Dèu dels Ángels 42
Schiffstouren 33, 57, 141
Schmalspurbahn 19, 25
Schokolade 81
Schuhe 283
Schweizer 218
Segeln 235
Segura 254

Seidenbörse 163
Semana Santa 210
Semana Santa Marinera 190
Sicherheit 234
Sierra del Montgó 42
Sonnentage 256
Spanisch 236, 293
Spezialitäten 203
Sport 235
Sprache 99, 236
Sprachhilfe 293
Staat 265
Stau 222
Sternekategorien, Hotels 238
Stierkampf 240
Strände 252
Straßenkarten 194
Straßennetz 194
Sueben 268

T

Tabarca 129
Tapas 203
Tariq Ibn Ziyab 269
Tauchen 235
Telefonieren 236
Temperaturen 256
Terra Mítica 70
Teulada-Moraira 44
Themenpark 70

Torre de la Horadada 144
Torrevieja 135
Tourismus 284
Touristeninformation 227
Trachten 121
Tram 25
Trinken 201
Tropfsteinhöhlen 33
Turrón 83

U

U-Boot 139
Unfall 197
Unfallversicherung 247
Unterkunft 238
Unternehmer 283
Urbanizaciónes 22, 238
Urlaubsorte 12

V

Valencia 19, 146
Valencianisch 236
Valentia Edetanorum 268
Vandalen 268
Vegetarier 206
Verhaltenstipps 208
Verkehrsmittel 231
Verkehrsregeln 195

Verkehrsschilder 197
Versicherungen 200, 220, 246
Versicherungskarte, Grüne 246
Vila Museum 81
Villajoyosa 18, 78
Visum 201, 218
Vögel 54
Vorwahlen 237

W

Wahrzeichen 52
Wallfahrten 215
Wandern 235
Wasserfälle 63
Wassergericht 158, 169
Weihnachten 212
Wein 206
Werkstätten 199
Westgoten 268
Wetter 256
Windmühlen 42
Wirtschaft 283

X/Z

Xixona 83
Zelten 200
Zollbestimmungen 248
Zug 223, 231
Zwangstaufe 272

Der Autor

Hans-Jürgen Fründt rauschte 1975 als gehetzter Interrailer erstmals durch Spanien. 1984 kam er dann als Sprachstudent nach Madrid. Seitdem beschäftigt er sich auch journalistisch mit Spanien. Mittlerweile sind mehr als zwanzig Bücher über das Land entstanden. Ein Titel wurde bereits in mehrere Sprachen übersetzt. Insgesamt hat Fründt fast sechzig Bücher geschrieben, erschienen in verschiedenen Verlagen.

Neben Spanien, inzwischen fast so etwas wie die zweite Heimat des Autors, schreibt er auch über seine erste Heimat, Schleswig-Holstein. Im REISE KNOW-How Verlag sind insgesamt vier Titel zum Land zwischen den Meeren erschienen („Sylt", „Fehmarn", „Ostseeküste Schleswig-Holstein" und „Nordseeküste Schleswig-Holstein").

Als kleines zusätzliches Schmankerl publiziert er seit mittlerweile 30 Jahren zur Dominikanischen Republik, unter anderem auch bei REISE KNOW-HOW.

Zwei seiner Bücher – der Band „Ostseeküste Schleswig-Holstein" und der Titel zur Dominikanischen Republik – wurden auf der weltgrößten Tourismus-Messe, der *Internationalen Tourismus-Börse* in Berlin, ausgezeichnet,